U0479537

百十守望
砥砺前行

首都图书馆110周年纪念文集

首都图书馆 编

学苑出版社

图书在版编目（CIP）数据

百十守望　砥砺前行：首都图书馆110周年纪念文集／首都图书馆编 . — 北京：学苑出版社，2023.10
ISBN 978-7-5077-6765-0

Ⅰ．①百… Ⅱ．①首… Ⅲ．①首都图书馆－纪念文集 Ⅳ．① G259.271-53

中国国家版本馆 CIP 数据核字（2023）第 183567 号

责任编辑：战葆红　刘　悦
出版发行：学苑出版社
社　　址：北京市丰台区南方庄 2 号院 1 号楼
邮政编码：100079
网　　址：www.book001.com
电子信箱：xueyuanpress@163.com
联系电话：010-67601101（销售部）　010-67603091（总编室）
印 刷 厂：河北赛文印刷有限公司
开本尺寸：710 mm×1000 mm　1/16
印　　张：23.5
字　　数：320 千字
版　　次：2023 年 10 月第 1 版
印　　次：2023 年 10 月第 1 次印刷
定　　价：100.00 元

编委会

主　任　毛雅君　　许　博
副主任　胡启军　　李念祖　　刘　朝　　张　娟　　谢　鹏

委　员（以姓氏笔画排序）
　　　　马文大　　王　梅　　王　璐　　王玉平　　王松霞
　　　　田　峰　　史丽君　　冯　薇　　朱　丹　　朱悦梅
　　　　仲爱红　　任雪征　　刘　杨　　刘　艳　　李　光
　　　　李凌霄　　李晶莹　　杨芳怀　　吴洪珺　　邸晓平
　　　　宋治国　　宋艳萍　　张　皖　　张震宇　　陈　琼
　　　　林　岫　　罗　丹　　周　莉　　孟云剑　　赵春雨
　　　　赵雪峰　　段瑞林　　姚雪霞　　晋兰颖　　贾　峥
　　　　贾　蕾　　顾梦陶　　徐　冰　　高　莹　　韩　滨
　　　　潘　淼　　薛　蕾

编　辑　马文大　　刘　壕　　杨　洲　　张　田　　李梦楠
　　　　王静斯　　闫　虹　　张小野　　朱艺凡

为更好担负新的文化使命贡献图书馆力量

（序言）

　　首都图书馆建馆110年来，为传承文明、服务社会、推动城市发展作出了重要贡献。特别是新中国成立以来，首都图书馆人秉持"以人民为中心"的服务理念，积极发挥在首都文化发展中的引领作用，对传承和弘扬中华民族优秀传统文化，提升城市文化素养，助力北京推进全国文化中心建设发挥了重要作用。首都图书馆是全国乃至世界图书馆界有重要影响的公共图书馆。值此首都图书馆建馆110周年之际，我谨表示诚挚的祝贺！

　　近年来，首都图书馆牢牢把握北京"四个中心"的战略定位，以首善标准与首善精神推进新时代文明实践中心建设，构筑增强精神力量的文化高地，带领北京市四级公共图书馆逐步形成覆盖全市街乡的公共图书馆服务体系，带动了城市图书馆的发展，对全国城市公共文化保障体系建设起到了引领和示范作用。首都图书馆从人民群众的现实文化需求出发，以文化惠民品牌活动为引领，解读中华文明特性，提升公众文化认同感，满足公众终身学习需求，探索多层次多方面融合发展，建设新型阅读空间，铸就丰富群众生活的智慧型文化粮仓。

　　首都图书馆积极履行公共文化服务职能，坚持把满足人民精神文化需要作为出发点和落脚点，带领全市公共图书馆共筑公共图书馆服务体系，加强馆际联动，实现全市一盘棋，共同构筑贯通北京公共文化服务之"基"。首都图书馆重视大数据、人工智能等科技力量的利用，着力加快智慧化建设，主动适应公众阅读习惯和媒介传播方式变化，对图书馆传统业务进行智能升级，以可视化、沉浸式等阅读体验方式，创造图书馆服务与用户空间的有机融合、跨界融合，不断拓展自身功能外延，在云端搭起传递文化自信的新阵地，实现"掌上阅古今"。

首都图书馆大力传承中华民族优秀传统文化，始终围绕"文脉"，以多种形式展示中华文化的独特魅力和首都北京的形象，讲好中国故事，传播好中国声音。首都图书馆坚持做好古籍文献、历史文献及北京地方文献的收藏和保护工作，深入整理、挖掘、揭示、展现首都的优秀传统文化、红色文化等资源，使之服务当代、服务社会。首都图书馆打造的北京特色数据库和珍善本库全部免费向公众开放；以"沟通历史、传承未来"为目标创建的"首图讲坛"大型公益讲座平台，让典籍中的优秀基因活起来，让珍贵文化遗产走到市民身边，成为滋养民族心灵、培育文化自信的重要场所。

首都图书馆充分发挥北京全国文化中心的作用，作为北京市重要的知识信息枢纽和精神文明建设基地，致力于成为首都先进文化的辐射源、学习型城市的策源地、市民学习休闲的目的地，以及文化之都的标志载体。针对首都党政机关、企业和特色产业的发展需求，首都图书馆主动作为，提供专业化的政务服务和企业服务，拓展深化文献信息服务内涵，为首都经济社会创新发展提出具有较高价值的决策参考。同时，首都图书馆注重整合全市各区的优势资源，聚合社会各界的力量，统筹谋划、深入推进全民阅读，培育出覆盖面广、影响力深的"阅读北京"活动品牌，推动、引导、服务全民阅读。围绕北京"建设具有世界影响力的中国特色国际交往中心"的目标，积极"走出去"，以"服务首都文化外交"和"服务首都文化发展"为主线，与国外图书馆合作海外文献和活动专区，并定期组织形式多样的交流活动，以更加自信的态度积极推广中华民族优秀文化和北京特色地域文化，让世界人民了解中国、了解北京。

习近平总书记强调，在新的起点上继续推动文化繁荣、建设文化强国、建设中华民族现代文明，是我们在新时代新的文化使命。为更好担负新的文化使命，图书馆要立足文化高质量发展，发扬中华优秀传统文化的宝贵精神和价值观念，高质量推动文化传承创新水平，高标准提供文化服务，赓续历史文脉，谱写当代华章。

北京城市图书馆将于2023年年底建成开放，首都图书馆将以"一馆三址"的全新面貌站在新的历史起点。希望首都图书馆牢记使命不忘初心，发挥公共文化服务全国引领作用，用文化力量为北京城市经济社会发展赋能，为北京全国文化中心建设作出更大贡献。

值建馆110周年之际，首都图书馆启动《百十守望 砥砺前行：首都图书馆110周年纪念文集》的编辑出版工作，为馆庆献礼，供业界研读。付梓之际，欣然为序。

周和平

（周和平 原文化部副部长，国家图书馆原馆长）

前　言

历史是不能忘记的——今天的我们，既立足于历史的深厚土壤，又在亲手续写着历史。

对一座图书馆而言，历史就是对办馆足迹的追寻。前辈筚路蓝缕、艰苦创业，后人铢积寸累、不辍奋斗，联结成一段从无到有、从小到大的发展历程，更是几代人不忘初心、传递文化之灯的风雨兼程。

对广大员工、读者来说，历史就是与图书馆共同成长的经历。清静的庭院，绵长的书香，学习的甘苦，事业的得失，凝聚着一种历久弥坚的情怀，也是首图人同担责任、守正创新的不竭动力。

2023年，首都图书馆喜迎建馆110周年华诞。为了展现110年来首都图书馆的文化底蕴和精神风貌，我们把全体员工对事业的追求与奉献、广大读者对图书馆的感恩与期待、各界专家学者的寄语和祝福汇集成书，就是这一部朴素而深情的纪念文集。

全书分为四个部分：

1."专家寄语"收录老领导对首都图书馆事业发展中关键阶段的全局性回顾与评价，还有各界专家学者对首都图书馆的评说与期望。

2."事业发展"记述首都图书馆110年发展历史，收录各部门业务骨干以及区县馆馆员对事业发展和经验得失的总结性文章。

3."从业抒怀"讲述本馆员工以及参与图书馆建设者、合作者职业生涯中最令自己感动的成长回忆。

4."趣闻逸事"选取新老读者在首都图书馆与书结缘、用学习充实人生的有趣故事。

本书的突出特点，一是真实亲切：由主事者、办事人、亲历者讲述自己的回忆和心得，叙议结合，笔端含情，构成宏观大历史下的独特小叙事；二是资料翔实：出于图书馆人的职业素养，文中多采用首都图书馆各时期的文献、照片、统计数据和实物来叙述，多角度记录一段历史的截面和纵深，还原现场感。

书海无涯，前路正长，与中国现代化发展共同走过110年历程的首都图书馆依然年轻；走进新时代、踏上新征程，首都图书馆将在文献典藏、阅读推广、文化交流等方面继续努力，在此与各位同仁、忠实的读者以及所有关心热爱它的人们共勉。

编者

2023年9月

目 录

专家寄语

我和首都图书馆……于光远 /3
于光远《我和首都图书馆》一文补记……胡冀燕 /8
灵魂归处是书房
　　——首图建馆110周年庆……阎崇年 /11
记忆中的国家图书馆和首图……张永和 /15
我与就职于首图的学生们……郝志群 /22
康熙朝的京城"盛世画卷"
　　——为首都图书馆建馆110周年而书……马建农 /29
绥中吴氏藏书与首图……于润琦 /35
写给首都图书馆的年青人……倪晓建 /41
我与首图的北京地方文献事业……韩朴 /46
首图琐忆……周心慧 /63

事业发展

首图文献资源建设十年的总结与思考……张娟 /71
首图情怀
　　——从志愿服务说起……李小苏 /79
沧海浮沉　岁月如歌
　　——首图工作杂记……林岫 /84
采编中心2013—2022年业务发展概况……宋艳萍 /93

机场里的图书馆
　　——参与大兴机场分馆建设的那些回忆……刘艳 /101

镇库之宝《清车王府藏曲本》的来源及整理出版纪事……马文大 /108

一百一十年华诞金樽举　十七载蒙恩风雨情……马佳 /115

从卡片式书目到智慧化图书馆
　　——一个图书馆信息化建设者的讲述……陈建新 /118

周殿福先生藏书捐赠始末……刘乃英 /125

开专业教育之风尚　育社会专业之人才
　　——社会教育中心的成长历程……董占华　王岩玮 /130

首都图书馆春明簃阅读空间诞生记……孔令波　马文大　仲爱红 /133

挖掘百年馆藏智慧　开创首都图书馆数字资源建设与服务新篇章……王菲菲 /138

我所亲历的首都图书馆发展……刘波 /144

我与公共文化数字化建设
　　——从文化共享到智慧图书馆……王雪屏 /149

首图的味道……韩佳 /154

百年话沧桑　再谱新辉煌
　　——庆祝首都图书馆建馆110周年……张田 /157

一部"古书"贯通古今中外　一方"赤印"喜迎八方宾朋……谷曦 /164

首图印记
　　——藏书章与书标中的馆史……王静斯 /170

首都图书馆近十年（2013—2022）读者证（群）数据统计分析……于妍 /179

文化活动浸书香　躬身而上谱华章
　　——首都图书馆文化活动中心廿年记……盛静 /185

筚路蓝缕百又十载　笃行致远砥砺前行
　　——首都图书馆建馆110周年感怀……张颖 /193

坚守初心使命，做新时代合格图书馆员……康迪 /199

时光飞逝，初心不变……李雅莲 /202

从业抒怀

我与首图的四分之一世纪……李念祖 /209

我与首图的二十年……徐健 /213

我与首图共成长……顾梦陶 /219

春风拂面人情暖
　　——记我对首都图书馆的感受……韩芳 /224

回　忆
　　——写在首都图书馆建馆110周年之际……李诚 /228

人生与你相遇……田红 /233

忙碌让人生变得充实而有意义
　　——我在首都图书馆文献典藏组工作的几个片段……张晓梅 /237

图书馆情节……吴秉惠 /241

忆往昔……黄菁 /244

十年徘徊：首图研讨交流工作侧记……孙慧明 /248

百年伟业，十载见证……刘雅婷 /254

首图北京地方文献工作所学、所悟……刘堍 /261

共创首图辉煌　再续今朝华章……张文静 /264

走过百年　你依旧如此美丽……李梦楠 /268

首都图书馆工作二三事……刘雅丹 /272

成长在首都图书馆……赵娟 /278

首图古籍书库从业抒怀
　　——古籍修复前后留证书影的拍摄经验谈……马小龙 /283

与书结缘　如遇美好
　　——记与首图的点点滴滴……李秋辰 /288

在陪伴中成长
　　——工作十年小记……王宁 /294

馆际协作促提升 军民共建书香园

  ——记首都图书馆与火箭军图书馆馆际协作……高雪 /297

且以芳华浸书香……缪文娜 /300

我与首图这十年……马英 /302

趣闻逸事

爱在图书馆……李杰 /309

首都图书馆的两件美事……王德新 /311

我与首图共成长……王涛 /314

我追随首图十八年……张廷赏 /317

跟着国家级非遗传承人学染纸……王静斯 /321

旧　友……李晓东 /326

来过了就来过了……邱永宏 /329

我与首都图书馆的不解之缘……孙家汇 /331

遇上你是我的缘

  ——致首都图书馆诞辰110周年……钱海 /337

无　题……母宗美 /340

也谈我和"首图"的缘分

  ——从"联合读者卡"说起……史光亮 /345

一路有你真好

  ——致首都图书馆……晓宇 /349

图书馆温馨如家……彭波 /352

钟情图书馆……彭霞 /355

谢谢你，首图的好姐姐……田甜 /358

专家寄语

我和首都图书馆

于光远

我在1996年出版的《我的编年故事·1915—1935(20岁以前)》中，写了一节"我的学历——上图书馆"。在这一节当中我写道：

"填写履历表时，人们通常要填写自己进过什么学校。每当我填这种表的时候，我就想填一下我曾经是哪个图书馆的读者。因为图书馆，对我学业长进的作用，似乎不低于学校，因此似乎上图书馆，也应该视作自己学历的一部分。

"在上小学时，我还不知道利用图书馆。那时我不知道图书馆是怎样的一个东西。我想今天的小学生，恐怕也还有不少同我当时的情况相似。那些年，家中我父亲的那一点点可怜的藏书，虽然对我的成长起了很大的作用，而且这件事使我养成自学的习惯，并对我以后学会利用图书馆是有影响的，但是无论如何总不能说是我上的第一个图书馆。"

我上第一个图书馆的时间是在1927年我从上海到了北京，将要进北京京兆公立第三中学的那个暑假。我小学最后一个学期，是在北平西四北礼士胡同铭贤小学学习的。一个偶然的机会，使我在宣武门内的头发胡同（今天新华社总社的所在地），发现了一个公共图书馆。进去一看，那么多的书！什么书都有！那个地方离我家住的西四南兵马司胡同不太远。小孩子不怕走路，不到半小时就到了。发现这个图书馆之后，在暑假期间没有什么事，就常常跑到这个图书馆。在那里一坐就是两三个小时。以后初中三年，我一直是那个图书馆的读者。

在那个图书馆，一开头我还是借小说之类的文艺作品，而且主要是白话小说。接着就看起文言文的笔记小说，如《聊斋》《子不语》《狐谐》那样的文言小说。再进一步就开始看纪晓岚的《阅微草堂笔记》、袁枚的《随园诗话》之类的笔记随笔。偶尔也借两本先秦哲学的书望望。在那三年没有借什么自然科学书籍。

这是我在图书馆的学历中的第一个图书馆。接着第二个图书馆是我从北平回到上海之后1931年去的"东方图书馆"；第三个图书馆是"上海中华学艺社图书馆"；第四个是"大同大学图书馆"；第五个是"清华大学图书馆"。每一个图书馆我作为读者看的东西不一样，就好像在学校中，学习某个专业，上某个年级那样。

在上面所说的五个图书馆当中，"东方图书馆"是在"一·二八"战火中被烧掉了，其他的图书馆后来也再没有联系。唯独这个头发胡同图书馆，以后断断续续发生关系。

我手边保存着这个图书馆在1983年10月20日举行建馆七十周年邀请我参加的请柬。这次纪念活动我到了。一到，我就发现，这个图书馆已经有了很大很大的变化。首先它已不在头发胡同，而是在安定门内国子监。我记得那天我同接待我的图书馆负责人，讲了50多年前我上这个图书馆的经历。也就是在这次活动中我了解到这个图书馆的历史。原来当初我最早去的时候，它的正式的名称是京师通俗图书馆和京师图书分馆。京师通俗图书馆是在伟大的文学家、思想家和革命家鲁迅的关怀和指导下，于1913年创建的，开馆的10月21日鲁迅先生亲自参加了典礼仪式。它是辛亥革命后我国最早的一个大众化的图书馆。同年，京师图书馆建立分馆。两馆均属北京政府教育部管辖。1926年京师图书分馆改为京师第一普通图书馆，通俗图书馆改为第二普通图书馆。1927年，两馆合并，改称京师第一普通图书馆。馆址在

图1 作者参加"首都图书馆建馆七十周年纪念活动"与全馆同志合影

宣内头发胡同前翰林院讲习馆旧址。1927年我第一次去的时候,没有弄清楚它的正式名称,所以我一直叫它头发胡同图书馆。直到1983年纪念这个图书馆70周年的时候,看到发给我的图书馆的简介,才知道1928年它由北平市接管,改名北平特别市市立第一普通图书馆。

这个简介还介绍1949年新中国成立后,图书馆由人民政府接管,更名为北京图书馆,1953年迁到西华门。而在头发胡同原址的那部分成了西单分馆。1957年,元、明、清时代的最高学府国子监修缮一新,作为图书馆的新址,3月17日开始,定名首都图书馆,开始了一个新的发展时期。在这个图书馆纪念它的建馆70周年时它已经在国子监26年了。

又过了19年,到了2001年,我所在的单位给我在东三环附近分配了一套房子。在我考虑从居住了40多年的史家胡同的寓所迁往华威西里新居的时候,家中的书没有地方放这件事让我发愁。这时候,我的秘书告诉我,附近有一个首都图书馆,有可能给我一些帮助。我一听,那不就是原先在头发胡同,后来搬到国子监的那个同我有特殊关系的图书馆吗?

于是应首都图书馆的邀请,我很快就去现在在东三环建立的新馆做了第一次参观。

首都图书馆的倪晓建馆长陪同我参观。他知道我和这个图书馆有特殊关系,提出聘请我做这个图书馆的顾问。我当然用不着考虑,很高兴地就答应了。他也已经知道我需要图书馆来存放我的藏书，表示可以提供给我一间工作室，而且能够配备电脑。我非常高兴，立即表示接受。不久，我的工作室的房子安置好了，我也把家中的书装了许多纸箱，除留下在史家胡同寓所尚需用的一部分以外，其余陆续运往首都图书馆。

图2 作者在自己赠予首都图书馆的藏书前留影

在我的思想中，我这个首都图书馆的顾问不是挂名的，我想自己可以为首都图书馆做出某些贡献。这时候，我想起我们国家有一个几乎被湮没的伟人，他的名字叫杨匏安。他对我们中国共产党建立起了重要的作用。他在改造我们党的事业当中也立下了伟大的功绩。还有一点是，他和李大钊是同一年，即最早把马克思主义介绍到中国来的。不过，李大钊的文章是发表在著名的《新青年》刊物上，而杨匏安的文章是发表在广州《中华新报》上。这《中华新报》也散失了。广州中山大学有个名叫李坚的教授因为非常偶然的原因，得到我们中国唯一的若干张有杨匏安文章的报纸。据我所知，全中国所有图书馆都没有保存这样的一个重要的历史文物。我想让它成为首都图书馆的藏书，而且希望这个图书馆能够复制若干份，作为研究当代中国历史和我们中国共产党历史的重要参考资料保存下来。为了这件事，我们有关的同志，包括北京的和广东的，以及杨匏安烈士的后代，在首都图书馆举行了一次会议。之后，我就设法把这些报纸从广东让人带到北京来，交给了首都图书馆。这中间有可能发生的责任，我愿意承担。首都图书馆把有关的部分复制出来后，交给珠海市博物馆，在珠海的"杨匏安和他的革命家庭"展览中长期展出。

没有想到，就在 2001 年底，发现在我的肠子里有了可疑为癌的肿块，医院决定让我住院手术。手术是成功的，但是原先计划到图书馆开箱整理的工作就将近一年没有能进行。现在我的身体也还不算好，然而我还是会去首都图书馆，在同志们的帮助下，完成开箱整理的工作。坐到工作室去，对首都图书馆的工作顾问顾问。

首都图书馆建馆九十周年的时间到了。还有十年就是一百周年，我不敢承诺到那个时候还能为首都图书馆做些什么工作，但是今天写这样一篇纪念文章我是很愿意做的。过几天，我还要去出席首都图书馆的九十周年馆庆。我衷心祝愿首都图书馆越办越好！我想这不只是我个人的愿望，也是广大首都人民的愿望！

（于光远　马克思主义理论家、哲学家、经济学家，中国科学院学部委员）

于光远《我和首都图书馆》一文补记

胡冀燕

于老在《我和首都图书馆》一文中把他与首都图书馆的缘分做了详细的记述。作为他的秘书，我想在这里再做几点补充。

于老文章中提到"2001年，我所在的单位给我在东三环附近分配了一套房子……这时候，我的秘书告诉我，附近有一个首都图书馆，有可能给我一些帮助。"这里我想感谢一位朋友，他叫杨冀农。他是我先生在八一学校上学时的同学、好朋友。听说他在首都图书馆工作，我立刻找到了他，把于老的藏书太多，搬家后房子小、无法存放的困难告诉了他，希望他能与首都图书馆的领导商量，帮助于老解决一下。他非常热心，很快就找到了倪晓建馆长，反映了于老的请求。倪馆长得知后，立即到于老史家胡同的家中登门拜访。得知倪馆长是北京大学图书馆系毕业的，于老很高兴。他说："1950年北京大学校务委员会主任汤用彤聘请我担任北京大学文学院图书馆系教授，教图书馆学。"倪馆长真诚地聘请于老担任首都图书馆的顾问。于老欣然接受了。之后，于老在搬家时，就把家中的大量珍贵藏书交给了首都图书馆保管。在整理于老的藏书和运送到首都图书馆，并在首都图书馆存放的过程中，杨冀农不辞辛苦、认真负责，帮了于老很大的忙。为此，于老曾多次表达了对首都图书馆领导和杨冀农的感谢。

考虑到于老工作和写作查阅图书方便，首都图书馆还专门为于老安

图1 2014年初，倪晓建馆长和陈坚副馆长与于老亲属、秘书等见面，提出建立"于光远书房"的构想

图2 于光远夫人孟苏女士查看首都图书馆保管的于老藏书，并将之捐赠给首都图书馆

排了一间办公室，配备了办公书柜、桌椅和电话。于老家搬到华威西里后，还多次到过这间办公室。2013年于老去世后，这间办公室一直保留至今。

于老去世后，2014年1月，于老夫人孟苏及家人和我一道前往首都图书馆查看于老藏书，并遵照于老的遗愿把这些藏书捐赠给了首都图书馆。当时的馆领导倪晓建馆长、陈坚副馆长等接见了我们，提出由首都图书馆来复原于老生前办公室的想法，通过永久保留和对外展示，以示对知识和知识分子的尊重，及对于老永久的纪念。

我在整理于老社科院办公室的过程中，将之前收集和保存的于老生前的大量手稿和修改过程稿，以及于老生前在各地和各种会议上讲话的几百盘录音带交给了首都图书馆。具体和我联系的首都图书馆办公室负责人刘乃英同志工作非常认真负责。她把于老的录音带交给馆里的有关部门，很快将这些宝贵的录音带转成了便于长期保存的数字化文件，并给于老的家人和我都做了备份。对此，于老家人和我都非常感谢。

2015年7月5日是于老诞辰一百周年。于老的老朋友、学术界同人及学生打算举办一场纪念活动。首都图书馆的倪馆长得知后，主动

图3 2015年于光远诞辰一百周年之际，在首都图书馆举行"于光远学术思想研讨会"。

图4 "于光远书房"展柜中于老的手稿和他的"特殊收藏"——用过的铅笔头

提出由首都图书馆来承办这次纪念活动。倪馆长亲自出马，由陈坚副馆长和刘乃英等同志具体操办。为此，他们与于老的家人和工作人员多次开会商议各项筹备事宜。纪念会召开那天，到会近百位学者和于老的生前好友。于老的老伴孟苏和女儿出席了会议。会上播放了山东电视台在于老生前拍摄的纪录片《老马嘶风》，与会者深受感动。倪馆长亲自到会并发言。在首都图书馆领导的高度重视和亲力亲为下，纪念会举办得隆重、圆满。

（胡冀燕　于光远先生秘书）

灵魂归处是书房

——首图建馆110周年庆

阎崇年

今年是首都图书馆建馆110周年。大家今天为了"书"而相聚在首都图书馆。在座有著书的（作者），出书的（出版社），卖书的（新华书店），藏书的（图书馆），评书的（媒体），管书的（领导）等等，都是跟"书"有关的人，也都是爱书之人。我爱书、买书、借书、读书、著书、评书、藏书、教书，书是我的第二生命，也是我的灵魂归处。

我以90年的人生经历，深切地感到：读书——既是个常谈常新的话题，也是个跨越时空的话题。自从人类有书以来，世界上只有书可以与人相伴终生，父母、夫妻、子女、亲友等都不能，金钱、地位、权力、荣誉也都不能，只有书是人的终身朋友。有人说：爱情是人生永恒的主题。我说：同样，读书也是人生永恒的主题。

记得在首都图书馆建馆90周年的时候，我写过一篇纪念文章，题目是《学人与"粮仓"》，图书馆是读书人精神的食堂和粮仓。我青年和中年的人生，在首都图书馆度过了许多美好的时光。那个时候，首都图书馆还在国子监的古建筑里，看书、查资料，首选首都图书馆。我人生最大的愿望，是有一个美好的书房。书房既是我学术研究的基地，也是我学术灵魂的依托。

读书人应该有书房，但我很长时间没有书房。我的书房经过从无到有、从小到大、从私到公三个时期。这要从很早以前说起。我小时候生活在一个半山半海的小乡村。小时候跟祖母住一个房间，自己没有单独的屋子，自然也就没有自己的小书房。五岁（虚岁）开始识字、写字、读书，就在堂屋里。堂屋在节日时，请出家谱，摆上牌位，陈列各种供品，进行祭祖活动。平时，也是客厅。来了客人，在此落座。没有活动、没有客人的时候，这里就成为孩子们读书的书房。堂屋是倒座，临街，没有南窗，屋里昏暗。

到20世纪50年代，我仍然没有专用的书房。曾花8元钱买了一个小书架，到1976年我才有了一个大一点的书架，是用搭抗震棚的木板和砖头搭起来的，宽和高各两米多，摆不下的书仍然是摆在地上。直到北京市社会科学院分房子，我50岁才开始有了专用的小书房。后来又有了大些的客厅做书房，三面有了用钢板焊接的书架，高大、适用、坚实，书房、卧室、客厅、阳台和玄关的墙面全是书柜或书架。几次搬家，这个格局始终未变。家里采光最好、最宽敞的位置——客厅，做了我的书房。后来书不断增多，书架改成书柜，书还是装不下，干脆挤出一间房子做书库，摆满两面放书的专用书架。家里的这些藏书，每天与我相伴，成为我最好的朋友。研究历史使我悟出一个道理：一个人要取得成功，在读书的同时，需要努力趋向天合、地合、人合、己合，因此我给自己的书房取名"四合书屋"。

我藏书有个特点，因为藏书是为了读书，为了学术研究，所以买书的时候是一本一本地精心选择，专业性强，质量很高，也相对比较系统和完整。首都图书馆的几位领导，如书记肖维平、馆长毛雅君，一致邀请我在首都图书馆设一处"四合书屋"，并对所藏图书实行专藏管理。我欣然接受这个邀请，开始将自己所有的藏书，无偿分批地捐赠给首都图书馆。2023年4月21日，首都图书馆"四合书屋"作为主题研修性阅览室，正式向社会开放，从而开始了书房由私到公的阶段。我实现了"灵魂归处在书房"的愿望。人寿期颐一百二十年后，躯体化为青烟、回归自然，灵魂凝成书文、藏于书房。所以我说："灵魂归处是书房"。

我藏书有一个缺憾，就是缺一部《百衲本二十四史》，在我刚步入史门时就有这个心愿，但一直未能实现。借着这次捐书建首都图书馆"四合书屋"契机，中国版权协会阎晓宏理事长热心牵线搭桥，中国书店张东晓和张晓东二总精心挑选并给予优惠，民营企业家史超董事长和阙超总经理慷慨解囊，以人民币40万元买下这部珍籍，捐赠给四合书屋，我们再一起捐赠给首都图书馆。在这里，我向玉成此事的阎理事长、两位超总和两位张总、首都图书馆肖维平书记和毛雅君馆长，表示衷心的感谢和崇高的敬意！

还有一件与书相关的是《阎崇年文集》26卷、1000余万字，由中国出版集团华文出版社出版，雅昌公司印制。这26卷分作三个板块：一是学术专著，有《森林帝国》《清朝开国史》(上下)《努尔哈赤传》《北京文化史》等书；二是学术论文，有《清史论文集》(上中下)《满学论文集》《燕史论文集》《历史评论集》《袁崇焕研究集》等合计约500余万字；三是大众读物，如《古都北京》《正说清朝十二帝》《明亡清兴六十年》《康熙大帝》《大故宫》《御窑千年》《故宫六百年》《演讲集》《序跋集》等书，也500余万字；还有附录两卷。

我从1952年上中学时发表第一篇小文章，至今整70年；从1963年确定研究清史至今整60年。我自知自己是中等智力，但勤能补拙，60年来，无闲寒暑，心一力一，矢志如一，不敢旁骛，一以贯之。这么厚重的文集得以出版，有朋友问我：您最想说的话是什么？两个字——感谢！

一谢天，天时，新中国结束了晚清、民国以来一个多世纪的内外战乱，70多年中原地区没有战争，又逢改革开放的文化环境，这在中国历史上是极为难得的天时。我，幸遇了。

二谢地，地利，我身在首都北京、职在北京市社会科学院。这里独具丰富历史文献典籍、宫廷汉文满文档案、宫殿坛庙园林、著名高等学府、研究院所，以及学界名流、学术报刊、出版单位、传媒平台等，还是国际学术文化交流的重要中心。从改革开放初的80年代，我多次应邀走出国门，进行国际学术交流，开阔学术视野，沟通学术信息，提升学术水平。这在中国大地上是极为难得的地利。我，也幸遇了。

三谢人，人助，感谢在我学术旅程中，给我指导、帮助、交流和关怀的贵人、恩人、友人、亲人，当然，也有小人。我，又幸遇了。

首都图书馆"四合书屋"开放，《阎崇年文集》出版，我要特别感谢首都图书馆肖维平书记、毛雅君馆长等馆领导，北京地方文献中心马文大主任、孟云剑副主任和郭炜副研究馆员等；特别感谢中国出版集团黄志坚、常勃、李岩等领导，华文出版社包岩社长、余佐赞总编以及参与此项工作的各位年轻朋友；特别感谢北京市委宣传部王野霏副部长等领导、中国版权协会阎晓宏理事长及北京社会科学院前任唐立军书记、现任谢辉书记。

有朋友问我：您有什么遗憾？回答是：学既无涯，生却有涯！我们携手，惜时如金，不断求新，将读书视作自己的第二生命。

仅以此文，并以向首都图书馆捐献"四合书屋"，既作为我向首都图书馆建馆110周年的一个诚挚的感谢，也作为我向首都图书馆建馆110周年敬献的一份微薄的礼物！

（阎崇年　北京社会科学院研究员）

记忆中的国家图书馆和首图

张永和

回忆起我和国家图书馆与首都图书馆，颇有些故事可以解颐。我首去首都图书馆，那是我20多岁工作以后的事；年轻十几岁时，我经常光顾的是北海边上的国家图书馆。我读初高中都是在坐落于南长街南口的北京六中，距离那时的国家图书馆，仅有一箭之地，坐公交车也只有两站的距离。1957年，我高中一年级就开始给报社写稿，为找资料我去了学校附近的这座大图书馆。外观气派，里面藏书丰富。我那时年轻，又没有什么学识，常常是冲着这个馆里面的工具书去的。在宽敞的阅览室里，有一个敞开了的书柜，里面放了许多工具书，对我来说最有用的两本：《中国人名大辞典》和《中国地理大辞典》。我给原北京市文化局主办的《演员剧目介绍》周报写北昆的几出昆剧剧评：《钟馗嫁妹》《昭君出塞》等，给刚刚出版发行的《北京晚报》"夜读拾零"栏目写的唐朝的秦琼、宋朝的牛皋、张宪和岳云等文章都参考借鉴了这两本辞书的内容，另外，每次去基本我都还要借阅一本《国剧画报》画册，这是20世纪30年代，由梅兰芳、程砚秋、余叔岩、张伯驹、齐如山等艺术家创办的《国剧学会》的机关刊物！厚厚的一大本，内容多和京剧（国剧）有关，还配有一些艺术家的书法、绘画，很珍贵。我在这本画册中，看到一篇介绍百年前京剧初兴时，名伶卢胜奎、谭鑫培当年演出皮黄名剧《失·空·斩》时，剧作和舞台呈现的样子。明确指出当下京剧舞台演出的这出名剧，是谭鑫培对卢胜奎等的演出本进行了大刀阔斧的改革和创新的结果。这一发现使我非常兴奋，以前我是没有听任何人说过这些的，于是我写了一篇千字文《京剧〈失·空·斩〉发展变化》，并发表在原市文化局主办的《演员剧目介绍》周报上。这还没有完，1958年《北京晚报》创刊，我对这篇文章进行修改，题目改成《老戏要不要改进？》，也很快就发表了。而且没过几天，有陌生人敲开我家的门，一问：说是《北京晚报》的，给我送来8块钱的稿费！当时真把我乐得屁颠屁颠的，一是我没想到，稿费还有专人给送到家！再有，当时一个学徒工每月的工资是16块钱，我这篇小稿竟然是人家的半个月工资，这稿费可够高的！可是这种待遇我只遇到过一次，以后稿费的发放都是通过邮局的汇款单来完成的，再也没有笑嘻嘻的人送稿费了。

  还有就是我要给当时的著名青年演员马长礼写《张良进履》这个戏。于是我又进国家图书馆去找相关材料。我还真从卡片柜里找到了有关张良这个人这件事的《元曲》剧本。只是年深日久，元曲剧本的名字我记不很清了？是叫《张良进履》还是叫《博浪沙张良击秦》？不管叫什么名吧，反正我从国家图书馆找到了有关"张良圯桥三进履"的元曲曲文。可惜该剧本文字比较古奥，都是文言文，我只吸收了其中的情节，至于唱词和念白，都是我重新写的。但是这个戏没有被推上舞台，其原因还是我当时没有写戏的实践经验，写的这个剧本比较稚嫩，但是我依然不死心，最近我给华文出版社写的一本叫《开蒙——送给青少年的一本京剧书》中，我们写了25个京剧小戏，其中我还是把"张良进履"这个题材重新下挂，又写了一个小戏刊印发表了。以上种种，说明国家图书馆收藏的图书资料非常丰富，能让你乘兴而来尽兴而去，可满足你各方面的需求。

  国家图书馆阅读的条件非常之棒，宽敞的阅览室，窗明几净，长长的条案上，每一个座位前都有台灯，开关由你自己掌握。室内特别安静，几乎连咳嗽两声都非常刺耳。室外备有饮水处，有开水和水杯供应，我有时看书到了晚饭时，就着开水伴自带的面包就凑合了，直到闭馆时才离去。

北海附近的国家图书馆，是我上高中时的好伙伴，有好几个周日，整天我都是在这里度过的，我在那里看书，非常老实，规规矩矩地遵守馆里的规章制度，看不完的书可以交给管理员存在那里，过两天还可以再去接着看，真是人性化到了极点，只是我不认识这里的任何图书管理员！这和几年后我转移到首都图书馆去看书，最大的不同是，我认识那里许多的图书管理员，他们和我都成了好朋友，下面我就要讲讲这方面的经历！

从我高中毕业离开了位于南长街上的北京六中以后，我也就再没有去光顾过国家图书馆。因为我去了外地，我到了吉林省京剧院和内蒙古京剧团去工作，任编剧，直到1964年回到北京参加北京新燕京剧团，也就是现在的风雷京剧团的前身，我身为剧团的编剧，自然要去找材料，于是我就转移到安定门内坐落在国子监的首都图书馆去借阅图书。

然而细想起来，我与首都图书馆的渊源，早在20世纪50年代就有了，我有好友，当时是我六中的高年级同窗，后来成了治北京史、清史专家姜纬堂，他与我另一同窗，治明清史大专家阎崇年为同班学友。这位姜兄比我高三班，他高三，我初三时，他曾带我去过两个地方，当时的首都图书馆一部分在北京天坛内，另一部分在当时的宣武门内（今西城区）的头发胡同。姜兄到这两个地方去借书、看书，我都跟着去了。姜兄跟当时那里的两位权威图书管理员朱英和张玉环都较熟，因此我和这两位也有了一面之缘。

1964年春末夏初，我首次去国子监内的首都图书馆。这里曾是元、明、清三代最高的学府。当我想到数百年前有多少后来成了高官贵胄的人是从这里走出来的，不禁掩口失笑……进红色的广亮大门内，步行数步，便又见一大门，进这个二门后，下坡便看见一宽阔院落，房屋林立，绿树掩映，迎面便能看见一个高大的三个门的琉璃牌坊，它的后面是一个高大亭子形的建筑，上面高悬一个立式的匾额，上书"辟雍"。啊，原来这里，就是中外驰名的皇帝讲学的课堂所在地。我曾经查过资料，这个"辟雍"是清朝乾隆皇帝委派老百姓熟悉的刘墉与和珅修的，乾隆皇帝还在这里给国子监的学员们讲过学呢，想到这儿，我对这个建筑物有了几分敬仰。围绕着"辟雍"的是环形的流水，并有东西南北四座小桥。据介绍，此水叫"泮水"，是指学宫前的流水而言。面对这一组古色古香的建筑，想到昔日我去过的西式建筑的国家图书馆，倒有一种新颖的感觉，不免一阵欣喜！

来之前我已经和朱英先生取得了联系！他告诉我，到参考研究部去找他。我环视这个大院子，在"辟雍"后面，是一个大殿式的房子，作为普通阅览室，从外面看，里面的管灯都亮着，可见这房子很大很深，故而采光不太好。院子左右是一排长长的东西厢房。我在西边一排厢房的门楣上，看到钉着写有"参考研究部"的小牌。啊！是这里了，推门进去，长桌木椅，原来是这个部门的阅览室，很奇怪是室内仅有一两个老年人在阅览。这厢房是打通的，快到北头是办理借阅的窗口！我在这里找到了朱英，那时他有50多岁，熟人相见，彼此都很高兴，我问朱老师，为什么阅览室内看书的人这样少？他告诉我，到这个参考研究部看书、借书，是有条件的，是为研究人员服务的，我是专职编剧，是符合条件的，所以才接待。他要我办一个图书阅览证，我交上剧团给我开的介绍信，便给我办了一个图书阅览借阅证。朱老师还告诉我，这里的藏书大部分只能在这里阅读，是不能借阅的，他让我打开卡片柜，看今天能看点什么。当我打开柜门并翻阅卡片时，我真是欣喜若狂：这个部门所藏历代的词曲小说，还有弹词宝卷，太丰富了，其中绝大部分是外边看不到的，有不少是过去听到过的善本，特别是还有《车王府曲本》所藏的戏曲、曲艺的诸多抄本，这对于作为戏曲编剧的我来说是太需要阅读了（但后来在特殊年代，我连一个曲本都没有看成）。此外，还有一些不适合阅读但有文献记载的所谓禁忌书籍等等，简直是太丰富而难以见到了，难怪来这里看书是要有条件的，难怪绝大部分的藏书是不能拿走借阅的。

一定有读者会问：说得这么热闹，到底都有哪些藏书呢？我觉得，还是不要详述吧。我只能说，在中国文学史上记载了的那些脍炙人口的优秀著作，或是不那么优秀却有特点的书籍，这里都有，这是多么可贵呀！特别是在1964年那个年代，在戏曲舞台上，传统戏、新编历史剧通通被赶下舞台的时候，在这里还能读到这些古代的善本书籍，以及元、明、清时代的优秀的词曲小说，可以说是很大的幸事！

为什么首都图书馆能收藏这么多中华民族优秀传统文化宝物呢？这些藏书从何处而来呢？后来我了解到：一部分来自民国时代的京师图书馆等几个老馆的藏书，但这不是主要的，最多最宝贵的是接受了北京东华门边上的孔德中学的藏书。一个中学的藏书能有什么好宝贝？还真有宝贝，原来在这个中学里，有一位研究中国词曲小说的大家在主政，他就是继鲁迅之后研究中国小说史的大家马廉马隅卿。他实际上是孔德中学的校长，他不惜重金为孔德中学图书馆购买了大量的中国古代优秀的词曲小说，也培养了不少热爱中国文学的学者，如钱三强、吴祖光等都是此校的毕业生！马廉不惜一切把市面上散失的这些宝贝抢到手，使得许多藏书成为今天首都图书馆的镇馆之宝。

此时，我不但浏览了许多难得一见的古书，还有一个重大的收获，就是认识了这个部里的许多老人，主任冯秉文、馆员朱英、张玉环不用说了，还有初识的年轻的刚刚从北京大学图书馆系毕业的南方人小侯。虽然年轻，但是他对于馆藏图书，还是很熟悉，不过经常露出一副骄傲的样子，听说他和馆里的老人关系都不太好，但他对我尚好，也经常向我介绍馆内珍藏的好书。再有便是结交了一位四五十岁的馆员，叫穆江山，这可是位了不起的人物，他姓爱新觉罗，是黄带子，他的远祖穆尔哈齐是努尔哈赤的二弟。道光年间的大学士（丞相）穆彰阿是他的近祖。身世够显赫吧！当然到了他这一辈是贫困出身了。穆老师为人和善、热情，面上总带笑，衣着甚合体，让我与他一拍即合的是穆老师极爱京戏，于是我请他去大栅栏庆乐戏院，看我改编的京剧《节振国》《南海长城》，而且见面除了谈书以外就是谈戏，大有相见恨晚之憾，他也给我许多方便，不用写借书卡片，可以进到他们的小书库里边去挑书看，在琳琅满目的书架子上，我经常拿一本外面看不到的书到阅览室去读，有时周日，我一天都会在这个阅览室里面度过。

往事如烟，1966年，在那个特殊的时代到来之后，我也就没有条件再到这个国子监内的首都图书馆看书了。直到十七八年后，改革开放后，我才又重新身怀壮志步入首都图书馆，可惜这时那些老人除改名叫向东的小侯同志尚在外（疫情前也去世了），其他大半均已或退休或逝世而不在馆内了。

2001年，新的首都图书馆大厦在北京朝阳区东南三环拔地而起，成为亚洲最大的图书馆，我不但又可以借书，而且还被邀去该图书馆办的"乡土课堂"上，讲"京华旧事"！当时这个讲座办得很红火，请了很多熟悉北京文献的专家来讲北京的事、北京的人。刚刚他们邀请了我的大学长阎崇年先生讲完了故宫，接着又邀请我来讲座。记得是北京地方文献中心的主任李诚出面，安排我在图书馆的一层"多功能大厅"开讲。当时我创作的京剧《风雨同仁堂》正在火火实实演出，听戏的观众不少！李主任和我商量，能不能讲讲同仁堂药铺这个老字号，但不要再讲和京剧相同的话题，这也真算给我出了个难题。但是我也答应了，于是做了几天的功课，那天我讲的是《同仁堂老铺和铺东老乐家》。基本上是讲了老乐家如何遵守"济世养生治病救人"的原则，十三代人始终遵循两个"必不敢"的祖训，即"炮制虽繁必不敢省人工；品味虽贵必不敢减物力"，所以老字号同仁堂才300多年屹立而不倒。那天大厅内坐满来听讲座的听众，也获得了多次的掌声，主要是同仁堂老乐家的这种匠心精神、自律精神赢得了观众的认可。散会后李诚主任很高兴，并自己花钱请我到外边一个饭店，好好地搓了一顿！

　　我曾经想，随着年岁越老，以后去首都图书馆借书的机会也会越来越少了，但前缘未尽，又续今缘，我万想不到我的女儿张田毕业后，竟分配到了首都图书馆工作，为首都广大爱读书的读者服务！并使我又可以再读首都图书馆的藏书，并再次和此馆的领导和许多工作人员成了朋友，真是世事难料，沧海桑田，图书真是连接人友谊和增长知识的桥梁与纽带！

　　另，今年恰逢首都图书馆建馆110周年，衷心祝贺老馆弥健，更加辉煌，并以此拙文作为纪念！

　　　　　　　　（张永和　《新剧本》杂志原副主编，国家一级编剧）

我与就职于首图的学生们

郝志群

在北京的文教系统中，被冠以"首都"之名的单位并不多，文化机构里以首都图书馆、首都博物馆最为有名，高校中我本人所在的首都师范大学当列前茅。由于都是市属单位，平时工作上交接之处很多，遂形成良好的合作关系。2018年，当首都图书馆北京地方文献中心举办成立六十周年庆典时，我撰写了《回忆我们与北京地方文献中心的那些往事》，记述了我本人及首都师范大学历史系（2007年改称历史学院）的学生与首都图书馆北京地方文献中心合作的往事。还记得庆典当天，轮到我发言时，为了活跃气氛，我略带调侃地说："参加这样隆重的庆典，本该带点有意义的礼品。但我转念一想，目前在首都图书馆工作的历史学院的学生们不就是首师大奉献出的最有价值和意义的礼物嘛！"全场笑声一片。

值此首都图书馆110周年华诞之际，我商之郭炜（历史系2003届历史教育专业本科毕业生）、李晶莹（历史系2004届历史教育专业本科毕业生、2007届中国古代史硕士毕业生）、孙潇潇（历史学院2011届城市传统与文化管理专业本科毕业生）三位同学，合作记述一下他们学习中的经历以及工作上的历练，也包括我与他们之间交往、合作的点滴往事。

一、学习期间的熏陶与感知

1. "北京史专家论坛"的影响和趣闻

郭炜和孙潇潇不约而同地都提到了"北京史专家论坛"这门课。此课是当年由我提议设立并出面邀请北京史研究众多专家做系列讲座形成的一门课,目的就是在我讲授的《北京史》课程之外,让学生们了解更多的北京历史文化知识,认识更多的北京史大咖,开拓他们的学术视野,引导他们对北京史的兴趣和爱好。郭炜和孙潇潇的记录虽然角度和感受迥然不同,却都颇为生动有趣。现在看来,这个目的基本达到了。

郭炜记道:上大二时,系里组织讲座,请到了北京史专家王玲先生。当时我还对北京史没有太多概念,只知道大三要开北京史的专业课,但听了王玲先生生动的讲座后,激发了我对北京史的兴趣,大三选专业时,毫不犹豫地选择了北京史,直到今天,20 余年,再没离开北京历史文化的圈子。

孙潇潇记道:大二第二学期开"北京史专家论坛"课,每课延请北京史专家进行讲座,计十二次,全由郗志群老师主持。第一次讲座时,郗老师说:"期末我会收大家的听课笔记,根据笔记给出本课的成绩。"我遂决定用手机录音,以防漏听。某次,请来北京社科院历史研究所研究员尹钧科先生。尹先生一上讲台就说:"我是山东人,普通话讲得不好。"尽管打了预防针,但先生讲起来齐鲁方言浓厚,而且语速很快,令人印象深刻。晚上回到宿舍,我开始按照录音整理笔记,录音中有一句话,是尹先生不到两秒钟说了十几个字,但闻"该杯京地域温化瞎哥该念",其间毫无抑扬顿挫,"笑果"明显,宿舍里的同学听后都乐不可支。后来大家逐字进行破解,原来尹先生说的是"给北京地域文化下个概念"。一众人不禁慨叹尹先生真不愧是"乡音未改"的北京史研究大咖!

2.《中国历史文选》播下的古籍研究的种子

李晶莹提到她印象最深刻的一门课《中国历史文选》,该课由历史系名师孙文泱老师讲授。孙老师曾多次被学生评为"首都师范大学十佳教师",以讲课幽默精彩著称,何况讲的还是一门内容枯燥,听起来就令人昏昏欲睡的一年级本科必修课。

李晶莹记道:本科一年级时,系里的孙文泱老师开设《中国历史文选》。孙老师外表看似严厉,实则为人可亲,尤其是他那幽默风趣的语言经常能够活跃课堂气氛。有次上课,老师讲句读,古文的断句标点可是历史系学生的基本功。课堂上他发给我们一篇做句读的小练习,对于高中毕业没多久的我们来说,还是有一定难度的。孙老师让我们自己试着给这段小古文加标点,而后便请一位男同学读一读他做的断句。那位同学有点儿为难地站起来,看看手里的小卷子又看看老师。孙老师不紧不慢地示意他勇敢地读出来,无奈之下只见他深吸一口气,开启诵经式朗读,全程没有卡顿,"一气呵成"。孙老师听后一言不发,若有所思的样子,男同学见状已有些不知所措,开始抓耳挠腮。孙老师转而一笑,竖着大拇指说:"佩服!这位同学的一口丹田气,可真够足的!"顿时,课堂里爆发出一阵欢笑。虽然离开校园已有十几年,这笑声始终回荡在我的脑海中。2007年我毕业来到首都图书馆,一直在历史文献中心从事古籍整理工作。在对古籍进行编目,著录书目信息时,往往要从古籍序跋中挖掘书的版本信息,这就需要读古文、明句读,每每因断句有误文意不通时,就会想起当年的那个情景。这段回忆能够成为我大学时代印象最深的片段之一,这也可能是我后来参加工作与古籍结缘的开端。

3.《史学文献检索与利用》初识考据之学

《史学文献检索与利用》是我在历史学院开设时间最长的一门专业选修课,以介绍评价中国历代史籍及相关检索工具书为主。为达到学以致用的教学目标,我会在课堂上讲解历史考证的例子,还在发给学生的教学大纲后专门列出三十多道小考证的题目，要求学生自选二题写成作业。此课枯燥无味的程度堪比《中国历史文选》，但从1992年到2020年，我每年必讲，每年都有学生选修，人数保持在20—30人。在我看来，他们基本上都是对历史真正感兴趣的学生，是一批未来研究历史的种子。孙潇潇就是其中之一。

孙潇潇记道：某次与宁霄同学（与我有八拜之交，现就职于故宫博物院考古部）同上郗志群老师《史学文献检索与利用》一课，由郗老师讲解《新唐书·地理志》诸本中"黄丹泉"与"黄母泉"之辨误。我虽听得趣味盎然，却也怀疑此类纠正文字的本事对于历史研究有多大意义。宁霄不以我的态度为然，告诫我说："学问之大道，不治小学，何以治显学？史学研究就是要从基本文献的考证下功夫，方能见微知著，推陈出新。"听了这番话，我愈益认真听讲，得以在郗老师课上初窥治学的门径，受益洵非浅显。毕业时，我以两部较为罕见的台版史料为基础，撰写毕业论文《浅析抗战前军统局第二处北平站的历史作用》，谬蒙郗老师嘉许"这篇文章写出了东西"，令我备受鼓舞。

二、工作中的历练与收获

三位同学到首都图书馆工作以后，我与郭炜的接触最多。于公而言，我主持的"城市传统与文化管理"和"文化遗产"两个本科专业部分学生近20年的实习指导工作，郭炜一直是亲力亲为者之一。从开始带几个学生做指导老师，到后来参与实习基地的建设，具体负责实习计划的实施等等，身兼指导老师和学姐的双重身份，勤勤恳恳，从无怨言，得到学弟学妹们的一致好评，反哺母校的力度可谓大矣！

于私而言，我在北京史的教学研究中需要查找系统资料或珍稀史料、图片时，往往第一个想到的就是求助于郭炜，并且很快就会收到满意的结果。她还参与我主编的《建国门地区史话》《通州大历史》《将台地区史话》等北京史图书的撰写工作，显现出良好的学术研究能力和志趣。

还有一件堪称佳话的事情值得记录。2003年，郭炜毕业后，由于喜爱北京历史的缘故，遂一门心思想进首都图书馆北京地方文献中心工作。不巧的是错过了当年首都图书馆的招聘考试，这时候的郭炜显出了北京女孩的果敢与大气，一口答应在中心不要身份，不拿工资地义务工作一年。用个老北京的词，那叫一个"飒"！郭炜自己记道："因为选择了北京史专业，知道了首都图书馆的北京地方文献中心，知道了这里有大量的地方文献馆藏，对图书馆起了向往之心。毕业之后，克服种种困难，终于圆梦，到首都图书馆北京地方文献中心工作。至今已有19年。"

毕业之后，我与李晶莹、孙潇潇接触不多，尤其是他们在首都图书馆工作的情况，看看他们自己的记述吧。

李晶莹记道：我自2007年参加工作至今，在首都图书馆主要从事古籍整理与保护工作。毕业那年正值国家开始实施"中华古籍保护计划"，跟着有经验的老师，边学边做古籍普查，著录书目。历史系学习的这些年所积累的知识和形成的能力，给了我面对新工作的底气和信心，翻阅古籍基本上能够做到看得懂繁体字、读得了文言文、认得出篆文印、了解古籍四部分类法、懂得目录学的基本常识……这一切都得益于在历史系接受的专业学习，历史文献学、中国古代通史、专门史等课程的开设以及跟着硕士导师阎守诚先生做论文、查资料的过程都成为我知识积累和能力锻炼的丰厚土壤。

与李晶莹同在一个部门的孙潇潇则记录了更细致的工作经历和自己的研究旨趣。

他记道：2013年8月，我调至历史文献中心典藏组工作，至今整整10年。这里谈一件印象深刻的事：2021年7月，典藏组在取书过程中，发现书库若干区域湿度在60以上，有时逼近70，已严重超标。于是将此种情形上报部门刘乃英主任转报馆领导，并与后勤部门同事及物业会同查看，经反复调试恒温恒湿机系统，书库湿度仍未明显下降。最终各方得出一致结论：恒温恒湿机系统使用年限过久，机件老化，在气候较为潮湿的夏季尤其是雨季，已无法将古籍书库的湿度控制在符合古籍存放标准的范围内，书库湿度过高这一问题已不能通过调试现有系统来解决，而需更换新系统。由于采购新系统需时较久，在新系统未安装期间，库内湿度仍不合格，为使古籍保存条件不受影响，我随部门刘乃英、邸晓平两位主任及书库其他三位同志协助函套制作公司人员入库清理霉变函套1000余个、放置干燥剂数百包；带物业人员入库检查湿度、安装线路、装置除湿机10余次；并每日监测书库湿度，查看除湿机运行情况。其工作内容之繁复与过程之曲折，非笔墨所能尽述。

在此过程中，为及时处理除湿机产生的废水，馆领导要求书库人员在夜间值守。对于这个要求，书库人员颇感意外，一是书库办公室并不具备上夜班的条件，二是夜间产生的废水完全可以排至预先准备的大水盆内，次日清晨清理即可，似无必要派人夜间值守。只因古籍书库乃首都图书馆要害，万一有失，后果严重，现在的紧急情况又为十余年来所未有，故馆领导坚持此要求。此时我想起大学期间，由郗老师负责指导我们毕业实习，他曾切切叮嘱："历史专业的学生找工作本就很难，你们要珍惜工作机会，到了工作岗位要牢记两点，一是任劳，二是任怨，任劳容易，任怨不容易。"现在值夜班这件事，任劳而已，尚谈不到任怨，今日不为其易，将来何以为其难，又如何对得起当年恩师的谆谆教诲。且当时书库其他三位同志家居较远，而我家离单位较近，我可以下班后回家暂憩，只在夜间来馆清理废水即可，想到这里，我觉得责无旁贷，便承担了这项任务。后来雨季平安度过，新的恒温恒湿机系统也安装成功，一切恢复正常，我因先前的劳绩，荣获首都图书馆2021年度突出贡献奖。

另一差堪自慰的是，我在书库工作之余，笔耕不辍，继续从事民国文献的整理研究工作。自2013年2月起，在民革中央主办的《团结报》、人民日报社主办的《国家人文历史》等平台发表史实考证类文章30余篇。2016年6月，我在团结出版社出版《军统抗战史稿》一书，此系中国大陆首部依据原始档案文献撰写的此类题材专书。2022年7月，我在台湾民国历史文化学社出版《秘档解读:戴笠与军统》上下册，此系海峡两岸首部依据戴笠原始档案对相关史事进行考证的著作，曾获中国社科院荣誉学部委员杨天石先生与台湾政治大学兼任教授刘维开先生作序推荐。

看到自己学生们的进步，看到他们努力工作，得到各方面的肯定，看到他们不忘初心，追寻自己的学术梦想，作为教导过他们的老师，我心亦欣欣然也！

（郗志群 首都师范大学北京文化遗产研究中心主任，教授、博士生导师）

康熙朝的京城"盛世画卷"

——为首都图书馆建馆 110 周年而书

马建农

2023 年首都图书馆建馆已经 110 周年了，110 年前的 1913 年京师图书分馆、京师通俗图书馆相继成立。尤其是京师图书分馆，是辛亥革命以后北京城首家面向普通民众开放的图书馆，在近现代北京文化发展的历史上有着显著的影响，也是北京城近现代化的文化标志之一。京师图书分馆、京师通俗图书馆以及后来成立的中央公园图书阅览所经历了几番曲折反复，到新中国成立之后的 1956 年正式更名为首都图书馆。2001 年首都图书馆又搬到今天的华威桥边，一座书卷式的建筑造型，成为北京东南三环路上赫然醒目的地标。

时值首都图书馆建馆 110 周年，马文大兄相邀，让我以一个老朋友、老读者的身份为首都图书馆 110 周年撰写一篇文章。领命之后颇有些踌躇。我与首都图书馆以及首都图书馆诸君已有 40 余年的交往和交情。首都图书馆 100 周年的时候，我曾经写过《与首图的两代情缘》的小文，回忆了家母王玲和我两代人与首都图书馆的交往，从原副馆长韩朴兄，到当时地方文献部主任李诚兄等诸君对家母王玲和我的帮助。首都图书馆地方文献中心成立 60 周年，我也撰文回忆，除了在古籍编辑出版以及北京史研究上给予我的巨大帮助之外，还禁不住地回忆起与韩朴、李诚兄畅饮的场景，回忆起我与李诚兄一度意欲结为儿女亲家的无用之功的"努力"。一谈到首都图书馆，总有说不尽的情节，忆不完的趣事。如今首都图书馆110周年馆庆，文大兄的嘱托自然不能怠慢。可提起笔总是有好多想说的、想写的。思来想去，还是写写马文大等诸君帮助中国书店整理出版的康熙《万寿盛典图》吧。

在首都图书馆丰富的馆藏中，不乏一些颇具特色的珍贵版本，而且极具地方特色，其中就包括清康熙五十六年（1717年）雕版刊行的《万寿盛典初集》，记述了康熙五十二年（1713年）康熙皇帝六十岁寿辰时京城官民为之贺寿而举办万寿节庆典的详细内容。

说到康熙皇帝，大家并不陌生。他8岁登基，14岁亲政，经历了铲除权臣鳌拜、平定三番、收复台湾、签约尼布楚、三征噶尔丹等一系列重大政治、军事斗争，逐渐稳固了清王朝的统治，并不断强化中央集权，采取笼络汉族士子阶层的诸多政策，并注重休养生息，发展经济。在民族关系上，康熙除了平定噶尔丹叛乱之外，非常注意联络蒙古各部，对西藏等地采取了积极统治策略，奠定了清王朝兴盛的基础，清朝开始进入康乾盛世发展时期。康熙朝的"盛世"出现，让康熙颇为得意，他曾很是炫耀地说过："览自秦汉以下，称帝者一百九十有三。享祚绵长，无如朕之久者。"

正是由于康熙颇为得意的"自秦汉以下，称帝者……无如朕之久者"，所以当康熙皇帝六十寿辰的那年万岁节格外的隆重。这一年的万岁节庆典活动，除清廷内府、京城六部之外，各总督及各省巡抚纷纷在京城各处搭设锦坊、松亭、柏亭、画廊、彩棚、戏台等，并举办各种献寿活动，以示盛世盛典。《万寿盛典初集》记载："时京师九门内外张彩燃灯，建立锦坊彩亭，层楼宝榭，云霞瑰丽，金碧焜煌，万状千名，莫能殚述。百官黎庶、各省耆民，捧觞候驾，填街溢巷。琳宇珠容，钟鼓迭喧，火树银花，笙歌瓦起，祝嘏之盛，旷古未有……"在康熙六十万寿节诸多庆典活动中，除三月十八日康熙"正诞"在紫禁城太和殿受王公及文武百官拜贺之外，颇为重要的是"正诞"前一日的三月十七日，从西郊畅春园到紫禁城神武门沿途京城及各地臣民跪拜康熙及皇太后、为康熙拜寿的庆典活动。康熙皇帝为彰显其"天下第一帝"的龙威，特意在三月十七日从畅春园回北京内城紫禁城时"不施警跸，令臣民咸得仰瞻天颜"。其时，"直隶各省官员、士庶夹道罗拜，欢迎御辇，耆老进前，跪献万年寿觞。上辄止辇慰劳，命人给寿桃各一。又夙办桌食，遍行颁赐。于是群情感悦，动地高呼。上至近关，诸王、贝勒、贝子、公、宗室、觉罗人等，在诵经处排班跪迎。进西直门，文武大臣、官员、兵丁，亦各在诵经处跪迎，瞻仰天颜。上霁容俯视，亦令给寿桃及桌食"。（《康熙起居注》）

为这样一场规模浩大的庆典活动留下历史的"记忆"，成为当时一些大臣赢得康熙皇帝恩宠的"文化盛举"。万寿节刚过，四月初一兵部右侍郎宋骏业奏请，以三月十七日康熙回銮紫禁城，从畅春园到紫禁城神武门的过程中，将"都城内外经棚黄幕，万姓擎花献果之诚，遮辇迎銮之盛，共五十余处，汇写全图"，以表现"以昭盛典"。康熙皇帝对宋骏业奏请颇为满意，遂由宋骏业开始描绘庆典画稿。但是宋骏业没多久便去世，画稿也只是勾描了畅春园到西直门的基本场景的轮廓。为尽早将康熙六十万寿盛典长卷完成，康熙随即选定户部侍郎王原祁继续绘制该长卷。于是康熙五十二年（1713年）五月三日，"养心殿监造赵昌等传旨发下兵部右侍郎宋骏业所画万寿图稿"。王原祁作为清前期画坛大家，对宋骏业所绘万寿盛典画稿并不满意，甚至认为宋氏画稿"不无疏密参差之处"。为此他特意上奏："臣细阅已钩稿中，其长短疏密尚未有尽善处，臣愚识斟酌，指示另为钩稿。其未钩者，亦为续钩。"（《万寿盛典初集》卷四十）对王原祁的奏请，康熙皇帝深以为然，同意王原祁的奏请。于是，王原祁"随即率同冷枚，更选工画人物、界画者，就私寓绘画"。（《万寿盛典初集》卷四十）经过半年多的努力，康熙五十二年（1713年）十二月王原祁将绘制完成的《万寿盛典图》画稿进呈，由康熙皇帝审阅。康熙看到王原祁进呈的《万寿盛典图》画稿甚为满意，谕："万寿图画得甚好，无有更改处。"随即下旨"即领绢钩摹正本"。王原祁得到康熙皇帝的首肯后，也颇受鼓励，遂于次年元月八日再次奏请在《万寿盛典图》的基础上，编纂《万寿盛典初集》，完整地记录康熙六十寿辰的全过程，并自告奋勇由自己承担《万寿盛典初集》的编纂工作。对于王原祁这样的恳请，康熙皇帝欣然采纳，遂由王原祁领衔，组织人员开始钩摹《万寿盛典图》绢本和编纂《万寿盛典初集》。绢本《万寿盛典图》在王原祁的指导下，由冷枚、徐名世、金昆等人勾绘。同时，他带领冷枚、王敬铭等人在绢本《万寿盛典图》基础上绘制《万寿盛典图》木刻画稿，由康熙朝刻工名家朱圭等人镌刻，作为一百二十卷本的《万寿盛典初集》的第四十一、四十二卷内容，收录于该书之中。遗憾的是王原祁在康熙五十四年（1715年）病逝，《万寿盛典初集》的后续工作由其堂弟王奕清等人在康熙五十五年（1716年）十一月完成。

《万寿盛典初集》编撰完成后，由武英殿雕版刊行，全书一百二十卷，白口、单鱼尾，版面疏朗豪气，线装一函十册，函套为皇家特用的黄色锦面，上织绣双龙图案。书中根据清廷各衙门档案章奏等史料，仿照纪事本末体式进行记述。一百二十卷分为宸藻、圣德、典礼、恩赉、庆祝和歌颂六门，将康熙五十二年（1713年）万寿节京城的庆典活动详尽地记录下来。

尤为值得大书特书的，是《万寿盛典初集》的第四十一、第四十二两卷木刻画《万寿盛典图》，更是以图画的表现形式再现了康熙五十二年（1713年）三月十七日这一天康熙从畅春园返回内城紫禁城的这段场景。同时，客观记载和反映了清康熙时期北京城内街巷的基本面貌，成为清代具有极大影响的皇家重要活动的历史长卷。值得重视的是，康熙年绘制的绢本《万寿盛典图》后来下落不明。有学者认为该画卷应该是在清嘉庆二年（1797年）十月乾清宫的大火中被焚毁，但并无明确的文献记述，仅为学者研究推测。清嘉庆初年，嘉庆皇帝曾命江南织造府出面安排江南画家依据武英殿刻本《万寿盛典初集》第四十一、四十二卷画本重新绘制一幅设色绢本，也就是目前收藏于故宫博物院的彩色长卷康熙《万寿盛典图》。但是该卷只是绘制了康熙六十大寿回銮紫禁城的一段场景，并没有完整绘制全部。另据有关学者研究，认为嘉庆年间重绘的康熙《万寿盛典图》，参与绘制的江南画师对80多年前的康熙六十万寿节了解不多，重绘时诸多场景，特别是有关沿途彩棚、松亭、柏亭、仪仗及当时万寿节的具体内容进行重现时，谬误甚多，无法与王原祁的绘本相比拟。因此，武英殿刻本《万寿盛典初集》第四十一、四十二卷木刻画本便成为最原始和最接近康熙五十二年（1713年）万寿节庆典场景的历史画卷。郑振铎先生在评价这幅历史长卷时说："《万寿盛典图》……除写皇家的卤簿仪仗外，并把当时北京城内外的社会生活，民间情况的形形式式，都穿插进去了，是重要的历史文献。绘者固尽心竭力以为之，刻者也发挥其手眼的所长，精巧地传达出这画卷的意境来。在美术史，这样长的绵绵不断的画卷，是空前的，其所包罗的事物景象的多种多样，也是空前的。从山水、花卉、界画、人物到马、牛、道、释无一不有，该有多么大的魄力和修养才行啊。我们老祖宗的魄力之大，往往出人意料。不要说政治、经济、文化的建设，就是艺术创作也往往是高人一等的。像这样的宏伟的长卷恐怕世界上是不会有二的。"（郑振铎《中国古代木刻画史略》）王伯敏在《中国版画史》中谈到这幅长卷时也评价说："这是康熙时代皇家的巨制，也是统治者作为自我夸耀的精心杰作。为画计一百四十八页。如果给以相连伸展，便是一幅长约二十丈的伟丽长卷。绘画者初为宋骏业及冷枚等，于康熙五十年（1711年）又诏王原祁补成，其中人物，颇多冷枚手笔，而所绘山水，便由王原祁总其成。从绘画的布置来说，这不能不说它是一幅巨构，也是宫廷集体创作的示范作品。此画镌刻者仍为朱圭，至康熙五十二年（1713年）才镌刊完工，影响极大。乾隆六十年（1795年）所刊《八旬万寿盛典图》，几乎全部摹仿《万寿盛典图》而作，很少见其独创，而刻工也不及朱圭之精了。"(王伯敏《中国版画史》)从这些评论中我们可以看到康熙《万寿盛典图》的历史价值及其艺术影响。

2021年机缘巧合，中国书店出版社与首都图书馆合作，以经折装的形式对《万寿盛典初集》的第四十一、第四十二两卷的《万寿盛典图》进行整理和出版。在首都图书馆地方文献部马文大和中国书店董事长张东晓先生等人的共同努力下，历经近两年的时间，一部上下两册、经折装的全新《万寿盛典图》展现在世人面前，其校勘之细、整理之精令人赞叹。中国书店出版社经折装的《万寿盛典图》出版后，曾经多次在全国大型文化活动中进行展示，受到有关专家、各级领导以及社会各界朋友的高度赞扬，纷纷表示这部康熙朝的京城"盛世画卷"，让人们更为形象、真实地了解到清康熙年间北京城内外的基本历史面貌。它以丰富的内容直接反映了康熙五十二年（1713年）万寿节的盛况，为我们复原康乾盛世的历史原貌提供了重要的参考。与此同时，这部历史画卷也将清代帝后出行的场景真实地呈现出来，为清代皇家文化研究，清代帝王礼制、仪仗以及重大庆典的研究，提供了珍贵的历史文献。同时，它又以形象多彩的人物和丰富逼真的北京街景、店肆再现了清代北京城的基本面貌，成为研究清代北京城市生活的重要参考依据。有关专家的高度赞扬和充分肯定，让《万寿盛典图》的文献价值和文化意义鲜明地呈现在世人面前，也让大家看到了首都图书馆馆藏珍品的重要版本价值和文化影响，更加映衬出已经走过了110个春秋寒暑的首都图书馆，作为北京市重要公共文化机构的文化积淀作用和文献传承的突出贡献。

（马建农 北京史研究会副会长，中国书店出版社名誉总编辑）

绥中吴氏藏书与首图

于润琦

一、捐书始末

吴晓铃先生是现代著名的藏书家，在藏书的数量上虽不及近代的某些大藏书家，但系统严整、特色鲜明。其中古代戏曲小说的藏书具有极高的学术价值，不少专家在谈及绥中吴氏藏书时，都认为先生是继吴梅、马廉、郑振铎之后，最具特色的戏曲小说的最大藏书家。我曾在"双梧书屋"亲见乾隆年间《金瓶梅》的八十回钞本、《归元镜》抄本、《红楼梦》舒序本等，真是大饱眼福。

1995年先生过世后，石真师母秉承先生的遗愿，绥中吴氏藏书绝不可散佚，定要完好保存。经过几载多方的努力，吴氏藏书得以入藏首都图书馆。

1978年上大学后，经友人引荐得入吴门，拜访久仰的"绿云山馆小主人"。一来二去，已和吴家厮熟，得允可以随时到访，不必预约。记得那是2000年末的某天上午，来到吴家，进入北屋后，只见两间外屋挤满了人——还有站票，站票之一者是周心慧（当时的首都图书馆副馆长，曾是我的同届学友，他是图书馆系的，我是中文系的）。他一见到我，开口就问，你干嘛来了？来看师母。这时，师母接过话来，他都来20年了。心慧听后直咂舌。这种场合，不是我俩说话的时候。

知道他们在谈正事，不便多言，就侧身靠在一旁。仔细一看，在座的还有中国书店的几位熟脸儿——张宗序、郭继森等版本专家。转眼看到靠北墙的一溜儿柜面带"四部丛刊"字样的八个书柜子已经贴了封条。再往西屋看，里边的书柜也已封存完好。看来这是对先生藏书的最后验收，只等择日启运。待客人走后，师母跟我说了捐书的意愿。知晓先生的藏书终于有了可靠的去处。这批捐赠的古籍2720部，6362册。其中，明刊本73种；清乾隆以前刊本70余种，多为善本珍椠；清中后期的刻印本1000余部，其中大部分为明清及民国时期的抄本，不乏珍稀罕觏之本。另有梵文和孟加拉文图书564册，应是师母的最爱。1942年至1946年师母随先生受邀赴佛国讲学。拜在印度文学大师泰戈尔门下，受业有年。精通梵文和孟加拉文。她是把泰戈尔的文学作品翻译成中文的第一人。此后，20世纪60年代孟加拉国的宗教领袖大毛拉访华，外交部急须谙熟孟加拉文的专家，由中国社会科学院院部举荐，师母参与此次重要的外事活动。我在双橹书屋的《四部丛刊》书柜上亲见一张八寸照片镜框。上有周恩来、陈毅、大毛拉和师母四人。照片当是宾主会见时的珍贵合影。这张照片应是外交部礼宾司的回赠品。

又过了一段时间，吴家得到通知，首都图书馆要举行正式的接收赠书仪式。我得知此事后怕打扰师母，便向师母说自行前往首都图书馆；但师母不允，说有专车来接，有座位，一定要我先到吴家，然后一同前往。恭敬不如从命。那天，我随师母、大姐等一行前往首都图书馆。到首都图书馆大门外时，以心慧为首的相关馆领导在大门迎候，心慧主动下阶扶迎。

接收仪式十分隆重。与会领导、中共北京市委宣传部及原北京市文化局领导，首都图书馆馆领导先后讲话。吴葳大姐代表家属致答谢词。参会的同志还有原北京市文化局中国社会科学院、文化界的专家学者及先生生前好友。与会的嘉宾有蒋效愚、王晓棠、李岫、栾贵明、吴葳、吴江、冯剑秋、章纪效、侯鑫、于润琦等人。

二、展陈絮语

2014年是先生的百年诞辰。此前曾向文大兄建议，贵馆可否为先生百年诞辰搞个展览。在文大兄的大力斡旋下，馆里很快拨款3万元筹措展览，不久成行。

晓铃先生的百年诞辰展是在2014年5月28日至5月30日。就在先生百岁的生日当天首都图书馆举行了隆重的吴先生藏书展览和研讨会，使先生的珍贵藏书得以首次与读者见面。藏书展很是轰动，不少专家学者和藏书迷争先前来大饱眼福。

展陈内容分三个部分：

1. 晓铃先生的学术研究成果

著作有：《西厢记》《关汉卿戏曲集》《话本选》《大戏剧家关汉卿杰作集》《西谛题跋》《马连良演出剧本选》《郝寿臣脸谱集》等，参与编写有《中国文学史》《古本戏曲丛刊》等鸿篇巨制。

2. 先生的交友

柜里展出先生与海外汉学家及国内专家的多张照片。其中有先生与印度汉学家泰戈尔等人的珍贵合影，有1989年获法国巴黎大学荣誉哲学博士学位的照片（我在吴家亲眼见过照片上的博士帽），还有先生与法译本《金瓶梅》的译者雷威安教授的合影，以及先生在国外讲学及国内参加学术会议的照片。这些照片十分珍贵，从侧面记录了先生学术生涯的点滴。我在吴家见过的文化名人还有艾青、王世襄、张中行、周殿福、侯宝林、王丽娜、戴乃迪、韩南、雷威安、王晓棠、林培瑞、米列娜等。

3. 展陈的藏书

这次展出的珍稀本有《升平署曲本》抄本，这部书仅故宫博物院和国家图书馆等处有少量收藏，是难得一见、流传稀少的珍本。

在"双椿书屋"藏书中，有两部被郑因百（郑骞，我国古典诗词戏曲研究家）誉为吴氏藏书的"双璧"。一部是《增广归元镜》。无名氏撰，八十四出，清乾隆抄本。先生在《危城访书得失记》中记述了1937年在北平意外获得此书的经历："一天晚上，一个小书店的'书友'给我送来两部《归元镜》传奇，当时我很不高兴，觉得他把这样普通的货色拿了来简直是侮辱我买书的身份。他婉辞谢绝了我叫他带回去的话而请我将那两个本子比较一下。我耐着性子翻了一遍，立刻就发觉了那部抄本的确了不起——较原本恰好增出一倍来，多出来的部分文辞比原本秀隽，内容也扩张了，展开了，更人情化了——我快乐地把妈妈拉来讲给她这桩奇迹。"先生后来还撰写了文章，详尽地论述了这部在诸多目录版本书中从未见著录的异本。

我有幸在"双楷书屋"中亲见这部《归元镜》。这部抄本的字体很是一般，甚至很不规范，但它增添的内容很重要。独具慧眼的收藏家看中的恰恰是书的内容，是书中的文辞描写及文本的文学价值。

另一部便是红学界享有盛誉的舒序本《红楼梦》。舒序本为现存《红楼梦》诸多版本之一。因卷首有舒元炜序得名。因此本的纪年为乾隆五十四年（1789年）为己酉"澹游偶题"。此本仅存四十回，正文每面八行，行二十四字，白文本，无批语。字迹尚算工整，点改较少。又因这个本子曾被晓铃先生收藏，故又名吴藏本。

先生在《危城访书得失记》一文中讲述了这部珍本的发现过程："前年（约在1938年）元旦之夕我逛罢厂甸的书摊就便道去那个熟识的书店闲坐，那时他们的小主人正忙着招呼徒弟们搬运新以八十元买到的二百多种书，我得到他的特许去翻阅这还没有入目定价的新货，于是那部抄本的《红楼梦》便归我所有了……《红楼梦》已经有了脂砚斋评本（这本子最早，大约是乾隆三十年曹雪芹未死之前的东西），还有正书局影印的戚蓼生评本，这个本子的文字和脂砚斋本有很多相异之处，时代也晚得多。我们要想考察《红楼梦》里文字演变的痕迹，单靠着这两个本子或是再加上程甲本程乙本还是不够的，因为时代差得太远，中间没有一个过渡的媒介。现在，这个乾隆五十四年（1789年）的抄本被发现了，它的文辞有的和脂砚斋本相同，有的又和戚蓼生评本相同，刚好做那两个本子中间的桥梁。有了它，许多纠缠不清的问题都可以迎刃而解。"

藏书中还有一部乾隆年间抄本《金瓶梅》（120回，洁本）。抄本，四函四十册，二十卷一百回。正文半页九行，行二十二字。是一部书品阔大的乌丝栏大字抄本。抄者为抄本刻制了四方边栏，行间夹线和书口标"金瓶梅"的木板。此抄本以"崇祯本"为底本。

我曾有幸在"双楂书屋"亲见这部抄本《金瓶梅》。那是先生考察我对古籍版本刊刻字体的辨别力。这部《金瓶梅》抄本，字体为馆阁体，工整大气。纸张十分考究。先生问我，你看这是什么样的本子？我犹豫半天，才说是刻本吧。因为字体太工整了。先生一笑，没多说话，让我从书中找两个相同的字（诸如"不、可、有"字之类）。待我找出两个相同的字仔细看时，才看出字的笔画粗细还真有细微的差别。如果是刻本，相同的字，绝不会有笔画粗细之别，只可能出现字体墨色的深浅差异。先生给我上了辨析古籍抄本的实证课，使我茅塞顿开。在展览柜里再次看到乾隆抄本《金瓶梅》，睹物思人，百感交集。

三．喏喏寄语——对首都图书馆古籍特藏部

一次和大姐吴葳经特许去吴氏藏书特藏库查书，通过一道道门禁，才得以入地下藏书库。得知藏书是按经史子集排列，非常有序，便于查阅。书库是一流的保管措施，而且冷暖干湿设备齐全。与当时"双楂书屋"的藏书条件不可同日而语。衷心感谢首都图书馆对绥中吴氏藏书的厚爱，由此可以告慰先生和师母的在天之灵了。

吴氏藏书在首都图书馆采取专区保护，整理修复，详细编目，影印出版等多种形式，有计划地加以利用。已经建立了"绥中吴氏文献

专藏"和电子书目数据库。还影印出版了《绥中吴氏藏抄本稿本戏曲丛刊》《吴晓铃先生珍藏古版画全集》《首都图书馆藏绥中吴氏赠书目》等书。值得点赞。

鉴于先生还有未完成稿、提纲、笔记多种，如《金瓶梅词话》的研究提纲、各家论作者，《金瓶梅》引用的杂剧考、引散曲考、引戏文、引传奇等的资料。值此首都图书馆建馆110周年之际，笔者不揣冒昧地建议贵馆设置专题科研项目，对社会采取公开招标形式，研究成果为首都图书馆和作者共享，有步骤地对吴氏藏书这一富矿进行深度发掘，以利于我国古典小说戏曲研究的蓬勃发展。

（于润琦 中国现代文学馆研究员，中国近代文学学会理事）

写给首都图书馆的年青人

倪晓建

在这座知识的殿堂面前,我们都是年青人。为了把这座生机盎然的殿堂锻造成高品质的人间天堂,作为一名退休的老员工,借首都图书馆110周年馆庆之际,结合我的认识与经历,谈谈理论与实践以及首都图书馆精神,供大家参考。

前几天,即3月18日,应北京大学信息管理系邀请,我参加并主持了"第三届中国图书馆馆长高级论坛暨图书馆学系主任与馆长对话论坛",参加会议的有北京大学、武汉大学等高校的十多位系主任及深圳图书馆、兰州图书馆等十多位馆长。会议的主题是"数字社会与图书馆的专业化发展",议题有数字社会图书馆的专业知识体系更新与专业人才培养,面向数字社会的发展需求,图书馆人和图书馆面临的挑战是什么等。作为主持人,我开场说:这是一场理论与实践的对话,也是一场图书馆界的天地对话。本次论坛的使命,就是以新时代的创新理念,以图书馆高质量发展高品质服务,讲好中国图书馆人和图书馆故事。

之所以以刚结束的这次理论与实践对话的论坛作为交流的开端,是因为新入职的高校毕业生到首都图书馆工作,面对的正是如何把课堂上书本上学到的专业知识与图书馆中各类具体业务工作结合的问题。一位教育学家曾说过,大学里培养出来的学生,还是一块毛坯,不是人才。只有那些把专业知识与工作实践结合起来，并有些创新的学生，将来才能成为人才和专家。图书馆正处在快速发展期，需要多学科各专业的学生把自己所学与图书馆的实践融合在一起，在融合中撞击出理念的火花、工作的创新。

　　此次论坛，图书馆馆长们对图书馆需要什么样的人以及图书馆在未来的定位有这样一些看法，写出来供你们参考。希望图书馆学生培养的目标是有专业知识、学科知识、语言能力、信息技术方面的人才；图书馆在做好基础服务的基础上，要对城市的历史文化、红色文化进行系统收集，讲好所在城市的故事；要对阅读的数据进行分析研究，为政府和服务提供参考；要有走出去的能力，与企业、政府等对话，了解需求、介绍资源、提高服务质量；要有跨界合作能力，借力发展自己；要有职业精神；要有信息素养；要有项目研究能力；要有信息资源管理与开发能力等，这些要求是对图书馆提出来的，大家可根据自己的专业，在某个方面有所作为，也可以在上述需求之外，根据图书馆事业发展的新问题进行设计和实施。

　　关于理论与实践，我本身的经历就是从理论到实践走过来的。我先在北京大学、武汉大学读书，学习了6年，毕业后在北京师范大学图书馆系学习，后改为信息技术与管理学系，执教20年，2000年底来到首都图书馆。当时原北京市文化局副局长冯守仁先生动员我来首都图书馆工作，并说：你在高等学校学的是理论，教的是理论，应该把你学的理论与首都图书馆的实践结合起来。冯局长的话是有道理的。根据公共图书馆的性质，我提出了大开放、大服务、大发展的工作思路，借助刚搬迁过来的新馆，全身心地投入服务工作中，首都图书馆的服务效果，在全国图书馆界的知名度很快得到了提升。工作两年后，写了本《图书馆工作偶拾》，记述了图书馆工作中的所思、所想、所悟、所得。其中的标题是：1.北京三千年——数字图书馆中建精品；2.网上整正——无序资源变有序；3.横向合作——人类信息资源的为我所用；4.知识导航——网上咨询面对面；5.外线服务——走进社区为百姓；6.读者教育——利用图书馆成习惯；7.队伍素质——事业发展靠三军；8.天高不问——服务科研话创新。北京三千年即北京记忆，当时数字图书馆在全国刚起步，依托馆藏地方文献、互联网技术，建设大型历史文化多媒体资源数据库，向全国全世界展示北京历史和文化。北京记忆不仅是世界上第一个区域性的记忆工程，而且在国内外产生了重大影响，在数据库建设方面，也使首都图书馆走在全国的前面。至于信息资源的梳理、咨询服务、为基层百姓服务、为读者、科学研究服务都是在学校教授的内容，我把课堂上讲的内容落实到具体工作中，把理论与实践融合在一起，并产生了好的效果，我在工作中感受到了自己存在的价值。

在工作中，首要的是要有事业心，要关注图书馆工作及研究的热点，《情报资料工作》发布了2022年中国情报界十大学术热点。这些热点每年都会发布。要根据自己的岗位勤于思考，要在理论上敢于创新。作为国家文化中心的首都图书馆，未来发展前景广阔。你们面对的是近20万平方米的馆舍面积，面对的是国家文化数字化战略，面对的是智慧图书馆，面对的是高品质、高质量提供文化服务，面对的是向世界讲好中国图书馆的故事。十年前写了本《世界城市建设中图书馆发展的思考》，当时的认识一是以世界领先的视角思考图书馆的发展与未来；二是以高端前瞻的理念设计图书馆的服务与品牌；三是以创新务实的改革构建图书馆的服务体系。粗浅的认识是当时结合工作思考出来的，供大家参考。

在15年的工作中，我体会到，咱们首都图书馆有一种精神，那就是讲大局、讲奉献、讲发展，凡是遇大事，拧成一股绳，共克难关。印象深刻的有以下几件事：一是2000年从国子监搬迁到现在的图书馆A座，因为市委市政府要求，新馆尽快对外开放，面向社会开展服务。馆里制定了搬迁计划，要将任务分配到各个部门，为了按时完成任务，在图书馆大门口挂起了搬迁倒计时，全馆夜以继日，牺牲周末休息时间，部门之间相互协调，有的员工皮肤过敏，脸上长了红疹，照常坚持在一线，除尘打捆，提前完成了搬迁任务。搬迁的同时，还有一项重要任务——准备开馆典礼。开馆典礼筹备组的几位员工，要准备新馆的宣传品，要布置会议的环境、安排媒体的采访，邀请相关单位人员参加，要撰写宣传稿、起草领导的讲话，任务繁杂。他们为了节省时间，那段时间吃住都是在馆里，把被褥搬到了办公室。因为准备得周全，时任中共北京市委书记的贾庆林同志、刘淇市长及文化部孙家正部长出席开幕式后对首都图书馆新馆给予了高度评价，当时决定建设首都图书馆二期工程，面积达到10万平方米，全馆的努力得到了丰厚的回报。二是迎接2004年的文化部对全国公共图书馆的评估定级，因为历史原因，首都图书馆20世纪末在全国省市图书馆排名中下水平。有了新的馆舍，经过三年多的服务创新、品牌建设以及基础业务的提升，全馆的同志都攒足了一股劲，一定要评出首都图书馆的水准和风采。档案材料组的员工，认真研究评估细则，分解评估内容，逐条逐项备齐资料。为了经得起评审，对各项重点指标反复研判，对短片拍摄、解说精益求精。我当时非常感动，对大家说，这份评估档案的收集准备，其水平高于一篇博士论文。经过全馆的努力，首都图书馆在全国省市公共图书馆评估中，总分名列全国第一，这使我们对今后的工作有了信心，对未来的努力有了方向。三是举办北京精神展览，十年前经过全市的讨论，市委市政府向全市公布了北京精神。首都图书馆作为北京市民文化服务的平台，应该把北京精神以图片、文字和实物的形式向市民进行宣传，地方文献中心等部门根据对北京精神的理解，在较短的时间完成了展品、图片、文字以及原市委书记刘淇同志申奥成功时穿的衣服，经过老北京中轴线的短片，展览的设计、图片的选取、文字的解说都非常精到。当时市局其他部门也计划举办这一主题的展览，不料首都图书馆抢占先机，走在他们的前面。刘淇书记来到首都图书馆参观了展览，非常满意。全市多家单位陆续组织人员前来参观。举办展览不仅整理挖掘了文献资源，配合了市委市政府中心的工作，也向社会展示了首都图书馆的社会功能，扩大了影响，提高了图书馆的社会地位。这类讲大局、讲服务的实例还有很多。我想，首都图书馆的青年人应该延续这一精神，发挥这一传统，把首都图书馆的未来描绘得更好、更精神。

（倪晓建　文旅部文化发展中心基层公共文化服务研究院院长，首都图书馆原馆长、研究馆员）

我与首图的北京地方文献事业

韩 朴

首都图书馆诞生于民国二年（1913年）。

45年后的1958年，在当年的社科参考部下设立了一个小小的地方文献组，这便是如今声名显赫的首都图书馆北京地方文献中心的前身。1983年我大学毕业，进入首都图书馆并服务于地方文献组时，这个机构已成立了25年。自此与之相伴相随，共同度过了新中国历史上非常重要的改革开放阶段，也是首都图书馆地方文献事业的第二个25年，直至在这个岗位上结束自己的职业生涯。首都图书馆地方文献事业的代表性创建人是前任馆长、目录学家冯秉文先生。冯先生是出了名的谦谦君子，一贯乐于奖掖后学。我能够在地方文献事业这条路上做出一些成绩，不能不说与冯先生的引导有关。

我先后担任过地方文献采访员、地方文献部副主任和主任，以及中国图书馆学会学术委员会地方文献专业委员会的副主任委员。即便在后来担任首都图书馆副馆长期间，主管业务仍然包括地方文献。1998年，我曾策划并主持了地方文献部的40周年纪念活动，场面隆重，历历如昨。2003年，我曾为首都图书馆建馆90周年的纪念文集写过一篇文字，题名为《我的地方文献情结》，至今读来仍觉血脉偾张，激动不已。

多年的工作实践和理论研究，让我对图书馆地方文献事业有了一定的感受和认识，也对25年的跋涉历程留下不少珍贵的记忆。欣逢首都图书馆建馆110周年华诞，我这个首都图书馆的老兵、地方文献事业的老兵，愿意唠叨几句故事旧典，也算是为首都图书馆"添寿"了。

图书馆地方文献工作的专业化特征

我历来认为，尽管地方文献事业萌生并跻身于公共图书馆中，但从其萌芽状态开始，便具有鲜明而独特的专业化特征，与传统公共图书馆的宗旨和方法有所区别。这一点，首都图书馆地方文献事业的发展过程便是一个鲜明的例证。

早在事业奠基阶段，冯先生等先行者便组建了北京地区第一支专业化的地方文献工作小组，制订了最初的工作规范，并通过相对彻底的行政划拨手段，迅速组建起最初的北京地方文献专藏库。当时的地方文献组从属于社科参考部（今日历史文献中心的前身），编制不过4人。然而麻雀虽小，却五脏俱全，常规业务包括采访、分编、典藏、流通以及参考咨询和报刊索引，在业务手段方面初步表现出"馆中之馆"的样态，为首都图书馆以后的地方文献工作奠定了良好的工作基础。

这一点，与建立更早的广东中山图书馆下属的广东文献馆，以及甘肃省图书馆的西北五省地方文献工作实为异曲同工。我国早期的地方文献事业大多创建于各省区历史悠久的大型公共图书馆中，其先行者无一例外地具备图书馆学、经典目录学和文献学的深厚功底，并在一定程度上拥有对一方文献信息服务事业的决策权。先行者们深厚的图书馆学功力，赋予他们广阔的信息服务视野，使他们敏锐地感受到社会各界对于地方文献信息服务的需求，从而开辟了这一崭新的服务领域。而地方文献事业之所以会肇源于各省区历史悠久的大型公共图书馆，一则因为它是人们眼中最具代表性的地方文化机构之一，二来其雄厚的文献储备也能直接为地方文献事业提供最初的基础资源。

先行者们对于地方文献专藏大多是从文献学的角度着眼的，对于地方文献的整理主要使用的是目录学的手法，他们心目中的服务对象主要是研究和传承地方文化的学者，而他们的工作目标则是传承与光大地方文化。因为他们本人就是地方学的学者，不仅对文献、目录、版本诸学问驾轻就熟，对地方历史与文化也都是行家里手。他们开展地方文献工作，是把它当作一门专门的学问来做的，因而在藏书建设与读者服务工作中，往往会下意识地强调地方文献的独特性。

地方文献工作确实具有明确的专业化特征。除了需要具备常规图书馆业务所需的知识与技能外，从业者必须对本地的地域文化有相当程度的了解。无论采访、分编、参考咨询、信息开发，无一能够摆脱对地域文化的依赖，了解越深，业务水平越高，绝非公共图书馆中其他相似岗位可以轻易取代的。

先行者的观念是有道理的，只是他们还未来得及以科学论著的形式将其清晰地表达出来。当年国内有些图书馆的地方文献工作，往往只是以公共图书馆的常规理念去对待、处理的，所以在以往岁月的探索过程中，我曾一度有过不得知音的惆怅。然而，这一点差异在近年来颁布的《中华人民共和国公共图书馆法》中，终于有了明确的体现。

依据《中华人民共和国公共图书馆法》，"公共图书馆是开展社会教育的公共文化设施"，"是社会主义公共文化服务体系的重要组成部分"，"应当将推动、引导、服务全民阅读作为重要任务"，"应当根据办馆宗旨和服务对象的需求，广泛收集文献信息"。而"政府设立的公共图书馆还应当系统收集地方文献信息"，目的是"保存和传承地方文化"。在这里，"广泛"与"系统"两个词的内涵与分量显然是不一样的。既然是为了"保存和传承地方文化"，就没有保存和传承一部分地方文化，而放弃另一部分地方文化的道理，所以才会提及"系统收集"。

地方文献专藏的价值到底在哪里？有些同行或领导喜欢以其中的

某些善本、孤本，以及特异的文献形式、容易引起世人好奇的特异内容，向来访的贵宾、同行、主管政府机构以及本地社会和媒体展示、炫耀。从公共关系的角度来讲，这样做没有什么不对，这些文献也确有其独特的价值，然而却并非地方文献专藏的根本价值。以信息时代的眼光来看，地方文献专藏的真正价值就在于文献信息的完整性与系统性，实际上它应该是一个关于特定时空的"地情大数据"或曰"地情基础数据"系统。在理论上它应包含存世的全部地方文献信息，全面反映该地方自然环境、人文环境和社会生活的各个方面。除了文献内容具有明确的地域性特征外，地方文献从来不受任何编纂形式、载体类型、出版方式乃至文种的限制。

首都图书馆北京地方文献的藏书建设

初创时期的北京地方文献组，其采访对象针对的只是通过市场手段之外征集得来的"非正式出版物"，而正式出版物则委托采编部、报刊部和外文部代办。1985年，地方文献组脱离社科参考部，成立了独立的北京地方文献部。我首先给上级打报告，陆续收回了中外文地方文献公开出版物与中文工具书的采购权，又从期刊部提取了创业之初未能提清的地方文献旧藏报纸，基本上拥有了全部北京地方文献的采集权。在保障正式出版物采访的前提下，加大非正式出版物的采访力度，迅速建立起北京地方文献内部报刊（非正式出版的连续出版物）系统，而形象资料和特种文献的采访也都取得了一定的进展。

在这样的观念指导下，地方文献部通过购买、征集、交换、复制、纂辑等多种手段，其专藏总量已从80年代初期的4000余种增长到数万种，成为国内知名的研究级文献资源系统。年度采购经费也从当初的数百元逐步增长到数千、数万、数十万元。由于地方文献在全馆采购经费中本来就占比极低，随着全馆采购经费的逐步提高，索性也就没有什么额度限制了。连我当年梦寐以求的去文献拍卖会上举牌参拍，自2006年以来，也逐步成为常态了。

既然地方文献的内容反映的是古今地情，其读者和信息用户所需要的也是古今地情。毫无疑问，地方文献的分编和信息整序就需要一部与其相适应的分类法。

早在首都图书馆地方文献组成立之初，便由冯秉文先生执笔，编制了专用的《北京地方文献分类表》。1996年以来，我又组织相关人员在此基础上进行了重新修订，将大部分一级类目分别划归自然环境、人文环境和地方事业三个范畴。在一级类目中，只有"地方志"和"综合参考"两类是以文献体裁作为分类依据的。

对于各省的地方文献而言，其地方事物与这个分类表中所列出的类目并无本质不同，而地、县一级的地方事物亦与此大同小异，类似于省市级地方志的篇目表和地县级地方志篇目表之间的区别。地方志号称"地方百科全书"，是一种经过选择、整理和再编辑的地方史料汇集，而地方文献则是它所采用的基本素材。从这个意义上讲，地方志的篇目与地方文献的类目之间，确实存在着内在的联系。

首都图书馆北京地方文献的读者服务

图书馆地方文献工作的专业化特征主要表现在藏书建设领域，如果说到读者服务工作，其目标、方法和技巧则与公共图书馆读者服务领域并无本质差异。

书目索引服务

20世纪中晚期，图书馆还没有进入以计算机技术、互联网和数据库技术为代表的信息时代。而地方文献事业的先行者们普遍具备传统目录学和文献学的深厚功底，并以之作为整理和开发地方文献信息的利器，生产并提供了大量的地方文献目录、索引作品，产生了明显的社会效应。

那个时候，冯秉文先生带领社科参考部以及创业阶段的北京地方文献组，并广泛利用社会力量，开展了大量开创性的基础书目索引工作。其中包括与国家图书馆合作编辑的《北京地方文献联合目录》和《首都图书馆藏北京金石拓片目录》，涵盖北京地区9个大型收藏单位馆藏的卡片式目录《北京地方文献目录中心》，成为了此后各种类型北京地方文献知见书目的基础。并从首都图书馆、国家图书馆、北京大学图书馆、清华大学图书馆4家图书馆所藏的清末至1963年的2800余种报刊中，检索出有关北京内容的款目70000余条，编制成大型卡片式题录索引《北京地方文献报刊资料索引》，在北京的研究界引起了较大反响。1982—1984年，由冯秉文同志担任主编，动用社科参考部全部的科研力量和业务时间，编撰出版了开创性的北京地方文献学术专著《北京方志概述》，成为北京地方志书的基础书目，开创北京地方志书目之先河。

2001年，我代表首都图书馆正式申报了北京市哲学社会科学规划项目《北京历史文献书目索引集成》，2002年我担任首都图书馆副馆长以后，动用首都图书馆地方文献中心、历史文献中心以及报刊中心等部门的业务力量，利用了大量的业余时间，努力完成了这项研究。

这项研究下包括《北京历史文献要籍解题》《北京文献工具书提要》《北京城市生活报刊史料类编》3个子课题。其价值首先在于对北京历史文献进行了一次全面、深入的发掘和整理，使北京史研究者能够得到一个相对全面、系统、准确的认识；其次，对于北京地方史的发展及其研究进程，清理出一条相对清晰的脉络，即所谓"辨章学术，考镜源流"。此外，对于内容相近的文献，亦采用类比的方式，鉴别出各自独特的学术价值；而这项研究成果本身，也近似于一部有关北京地方历史的著述史。

2006年10月，该项研究正式通过了北京市哲学社会科学规划办公室的课题结项审批。2010年,《北京历史文献要籍解题》和《北京文献工具书提要》两书由中国书店出版社正式出版。这两种图书具有明显的应用价值,成了北京史研究者的重要案头书目;对于初治北京史的青年学者、研究生和北京史爱好者,则是开启治学门径的重要工具。对于普通公众和广大青年学生,应是开展乡土教育和爱国主义教育的良好教材。2011年,《北京历史文献要籍解题》和《北京文献工具书提要》两书双双获得了全国优秀古籍图书奖。

专题信息服务

在我执掌首都图书馆地方文献部的年代里,专题信息服务(参考咨询)取得了井喷式跃升。

在当年图书馆事业"以文养文"的大背景下,首都图书馆地方文献的参考咨询业务从一开始就投入了真刀真枪的市场模式运作。一方面需要提高客户满意度来争取客户,另一方面还要不断开拓其他信息产品供应者所不能提供的客户体验,以增强竞争能力。依据"满足用户终极需求"的原则,逐步形成了"量身定做"的参与式经营模式,开拓出广阔的北京地方文献信息服务市场,社会知名度也随之迅速上扬。所谓"满足用户终极需求",所谓"量身定做",意味着信息服务从业者要参与到信息用户的事业中去,对于用户使用信息可能产生的效果,咨询人员要承担相当的责任。而这种服务的前提和必要条件,则是对客户及其事业,以及课题所涉及的内容具有相对深刻的了解与把握。

1985—1989年,北京地方文献部推出的信息产品包括服务于园林设计、古建维修、影视制作等方面的应用类作品,以及服务于地方党史(含青运史)、邮政史、园林史、院校史等方面的史志类作品。用户据此生产出的产品,有很多至今还在应用或流通。

1989年以后,信息服务的大方向正式转入了服务于新编北京市地方志的志料编纂。前后用了10年的时间,整理完成了北京地区的合作供销、金融、印刷工业、体育、园林绿化、建材工业、普通教育、成人教育、卫生事业、房地产、电信、出版、消防、文博、文化、民政、物价管理、饮食服务等方面的史志资料。按照方志编纂横不缺项，竖不断线的体例，志料全面系统地反映了各该事业在北京地区的发端、沿革及其现状，总字数达3000余万。检索范围包括北京地区所有对外开放的文献机构，引用的文献类型包括古籍、专著、报刊、政府出版物、统计资料，以及图片、拓片、舆图等。其效果得到了北京地方志编纂机构的高度赞许。

由于这种专指型的服务方式能在较短的时间内给用户带来明显的社会效益或经济效益，所以受到越来越多用户的欢迎。良好的信誉，使地方文献部的名称成为一个颇具竞争力的公关标识，声名鹊起，门庭若市，在北京的信息市场上稳稳地占有了一席之地。而十多年信息服务实践的最大成果，不在于挣了多少钱，而在于为图书馆地方文献事业摸索、创立了一整套的信息服务模式，培养出一大批高水平的信息服务从业者，并将这一行之有效的服务方式传承了下来。

地方文化的传承与普及

地方文献部门毕竟是公共图书馆的一个组成部分，而公共图书馆从其诞生之日起就有"启迪民智"的社会义务与职能。依据《中华人民共和国公共图书馆法》，"公共图书馆是开展社会教育的公共文化设施"，"是社会主义公共文化服务体系的重要组成部分"，"应当将推动、引导、服务全民阅读作为重要任务"。

我自幼生活在北京民间，很了解民众对于地方历史与文化的浓厚兴趣，也很希望直接面对民众开展讲座、展览以及各种互动式的交流。当年首都图书馆在国子监时，完全不具备开展群众文化活动的适用空间。自2001年搬到新馆，地方文献部更名为北京地方文献中心，活动空间大幅度扩充，面向公众的文化、科普活动也就如火如荼地开展起来。

实际上，鉴于新馆开馆工作的需要，当时北京地方文献中心承担的读者活动的内容早已超出了北京历史文化的范畴，2001年当年便策划、操作了北京市科技周等8个读者活动，《古都走向辉煌》等6个专题展览，《北京与世界文化遗产》《北京城市发展热点问题》《当代人文社科大师讲座》等5个专题系列讲座，共接待读者、来宾近4000人。从此，面向公众的专题讲座和展览便成为首都图书馆的常规业务，一发不可收拾。

如果说2001年的读者活动多少有些是为满足新馆开馆需要的急就章，那么自2002年起，我们便开始有意识地探索地方文献读者活动的资源、模式与规律。2003年1月4日（星期六），由首都图书馆与北京市社会科学界联合会、北京史研究会共同策划、组建的"乡土课堂"宣讲平台正式开幕，第一讲是由时任天坛公园副园长的姚安女士主讲的《北京祭坛》。为了配合讲座，还请天坛仿古乐团演奏了堂皇典雅的《中和韶乐》。

多年来，我们为这一品牌构建了以北京史研究会为主体，包括首都师范大学历史系的北京史专业、北京联合大学的北京学研究所、北京市文史研究馆以及社会各方面专家组成的学者团作为学术资源基础。从此开始，《乡土课堂》每周一期，年节假日、雨雪风霜，除"非典""新冠"等特殊时期外，从未间断，为读者打开了一扇北京历史文化的科普之窗。至今20年来，累计已超过900期。2005年4月于上海召开的全国图书馆讲座工作会议上，"乡土课堂"受到了各省市图书馆的一致赞许，成为全国图书馆文化讲座的知名品牌。

地方文献专题展览也从最初的简单图片展示，演进成具有明确的学术主题、清晰的逻辑思路、丰厚的文献资源、通俗亲民的表达方式、地方文献中心特有风格和语言的科普品牌。

在地方文献中心承建的"北京记忆"网站中，我们通过技术手段，进一步制作讲座和展览的衍生产品，专门辟出了"乡土课堂"板块，对讲座的音视频加工上传，使讲座在更大的时空范围传播开来。专题展览中的《北平公园开放记》《北京老城门》《北京城市生活百年回顾》《北京老车站》《京华文脉》《金石记忆》等经典作品，至今赫然陈列在新版《北京记忆》的"特色专题"栏目中。

在此基础上，北京地方文献中心从乡土课堂讲座中积累素材，以后又专门通过口述史的采访获取素材，已相继拍摄了北京相关的电视专题片40多集，包括寻找天桥系列、近史重寻系列、旧京戏楼系列、旧京戏单系列等。通过互联网的传播，其影响遍及北京城乡乃至神州大地。

文献信息开发

北京地方文献专藏中保藏有不少具有独特文献价值或版本价值的稀见文献。越是稀见，越须珍藏；越是珍藏，便更加稀见，构成了保护珍稀文献与方便读者阅读之间的矛盾循环。为解决这一矛盾，地方文献中心在首都图书馆文献开发部门的主持下，通过对文献的选择、编辑、校勘以及编制索引等方式，对馆藏文献进行二次开发。

其中我个人参与过影响较大的有学苑出版社1998年版的《爱新觉罗宗谱》，以及2004年版的《首都图书馆藏旧京戏报》。前者是1936年版《爱新觉罗宗谱》的影印版，以谱录的形式记述了爱新觉罗宗族自明代中叶至20世纪30年代以来约500年间的繁衍和发展，具有较高的文献价值和史料价值。根据上级安排，我从文献学的角度为新版《宗谱》撰写了再版序言。由于今人大多并不熟悉谱录这种形式，且该书卷帙浩繁，检索起来异常困难。在计算机部门的支持下，我们组织相关人员，为宗谱中涉及的80000多个人名编制了索引，极大地方便了读者。

首都图书馆藏旧京戏报应是一组私人旧藏，其内容包括清光绪三十四年（1908年）至1942年中，北京地区的76个演出团体，在38处演出场所近800场演出的当日戏单原件。其间著名班社、一代名优、新编剧目，乃至演出形式的产生和发展，载沉载浮，莫不在戏单的字里行间得到真实、细致的反映。同时，戏单也反映出北京剧场的分布区域、名称变换，以及剧场设施的嬗变，不啻这一时期北京地区戏曲演出的实况档案。戏单上刊载的图画和广告，也能鲜活地折射出那个时代独特的社会现象和社会思潮。

我很早就注意到这套戏单的史料价值，设计并安排相关的人员为其编制相对完备的索引系统，其索引款目包括演出的日期、场所、班社、剧目以及每一具体的演员。策划出版时，我从文献学的角度为其撰写了前言《旧京菊坛实录——首都图书馆藏北京旧戏单赏析》。遗憾的是，该书出版时索引尚未完成。好在索引尚在，后来将其纳入了《北京记忆》数据库中。

数字化与网络化

1990年，地方文献部在首都图书馆的业务部门中第一个拥有了计算机。我在参考咨询工作中应用计算机和数据库技术进行信息整序，大大提高了工作效率，尝到了最初的甜头。

90年代中后期，中国人已初窥互联网之堂奥，就此，我也开始坠入将地方文献事业搬上互联网的梦想，这就是首都图书馆大型多媒体资源库《北京记忆》最初的滥觞了。实际上，要想建设这样的大型资源库，首先需要完成地方文献的数字化，并需建设大型的数据库系统，需要涉及极为复杂的技术与设备、大量的专业人员和海量的资金，完全是一个庞大的系统工程。如今回头来看，当初我们几个人可真的是在做梦啊！

然而有梦想就有目标，就有动力。随着首都图书馆现代化信息处理能力的一步步提升，地方文献数字化以及专题数据库建设的效果也一天天地显出了端倪。踏入21世纪门槛之际，首都图书馆搬入新馆，新任馆领导接受了我们的建议，同意我们为这个项目开展一些基础性的准备工作。当时，这个项目的名称还没有正式敲定。2002年10月，我和倪晓建馆长赴台湾参加"海峡两岸地方文献学术研讨会",在会上看到了台湾"中央图书馆"展示的一个大型多媒体资源库的创意,其性质、结构、形式都和我们的创意很接近,对外公布的名称叫作《台湾记忆》。但这个项目还仅仅是一个创意,尚未开展任何实质性的工作。一回到北京,馆领导马上拍板,2002年12月在馆内通过,2003年初,首都图书馆"北京记忆"历史文化多媒体资源数据库的建设便正式启动了。

由于有了北京地方文献部此前多年的数据准备和积累,一旦起步,只经过区区数年的建设,《北京记忆》便已初具规模。2007年4月26日,《北京记忆》正式登录互联网。前来参加庆祝活动的文化部社会文化图书馆司刘小琴前副司长认为:"《北京记忆》的建设与开通为整理国内各地区的地方文献资源提供了借鉴,将促进全国范围内地方文献工作的开展,进而推进全国的地方文化研究水平,增强国际文化竞争力,使传统的中华人文思想获得新的生机。"

诚如刘小琴同志所言,《北京记忆》的建设与开通确实极大地促进了全国各地区的地方文献资源整理工作。首先是《台湾记忆》加快了进度,很快也正式登录互联网。其后,由香港赛马会和澳门基金会分别支持的《香港记忆》和《澳门记忆》也纷纷上马。大陆(内地)各省区市的工作也都纷纷展开了。

首都图书馆地方文献事业的"朋友圈"

地方文献传承地方文化,服务地方事业,需要处理的文献与信息大多来源于地方,生产出来的信息产品也都要返回于地方。地方文献工作者对于地面上的大小事务及其发展趋势完全不摸门,而能搞好地方文献事业,吾未之闻也。

我最初是搞地方文献采访出身,深知单凭坐在屋里勾划出版书目,根本无法达成完整的地方文献书目控制，自然也无由保障地方文献采访的完整率。所以自从入行那一天起，也就踏入了地方文献事业的"江湖"。我需要了解地方文献产生的所有源头——正式的和非正式的、常规的和隐含的、持续的和间歇的。谁来告诉我这些信息？没有一本图书馆教科书和工具书能够提供，我只能深入当地社会，从人们嘴里去获取相关信息。那么我又该从什么样的人的嘴里获取有关信息？别无他途，只能去学习并了解本地社会的各行各业，直到找到你所需要的信息源头。花了一番气力，凭借一片痴心，我不但找到了众多的信息枢纽，而且从中得到的收益远远超出了我最初的期望。其中，北京史研究会这一范围广阔的学术平台，更帮助首都图书馆的北京地方文献事业一跃而成为北京地方的文献事业。

北京史研究会成立于1980年9月，是一个由北京史专业人员及业余爱好者组成的学术性群众团体，其业务主管部门是中共北京市委宣传部，主办单位是北京市社会科学院，其早期会员中有很多是德高望重的学术前辈。20世纪80年代中期以来，越来越多来自党政机关、科研院所、高校、图书、档案、方志、新闻、出版等方面的中青年北京文史爱好者加入进来。这些人大多是改革开放以来的前几届大学毕业生，大多已是各单位不可或缺的业务柱石。他们经历过十年动乱，渴望做出一番事业，一旦相会，惺惺相惜，相互理解，相互支持，互通信息，彼此合作，一时造成很大的社会影响。站在学会的平台上，差不多整个北京历史文化事业的全局尽在眼底。大家可以很方便地从学会里获得自己所需要的信息，很方便地获得各行各业的支持。大家坐在一起随便聊聊天，就会拓宽学术视野，并有可能促成新的合作项目，其效果与各自单打独斗完全不可同日而语。

进入90年代以后，老先生们逐步退隐，这些中青年陆续进入学会的领导层。当年的学会秘书长和会长李建平兄，就是这个信息网的核心枢纽。我个人也曾先后担任过学会的副秘书长和副会长。因为我从事的是北京历史文化研究不可或缺的地方文献工作,所以先后和北京社科院史学所的王岗兄、北京市党史研究室的谢荫明兄、北京方志办的谭烈飞兄、燕山出版社的赵珩兄、中国书店出版社的马建农兄、首都师范大学历史系的郗志群教授、北京联合大学及其北京学研究所的张宝秀教授、当代中国研究所的张蒙老师,以及绝大多数的学兄、学弟都曾有过具体的合作。

地方文献中心与北京史研究会最引人注目的合作项目,应该就是首都图书馆讲坛下的《乡土课堂》了。当年《乡土课堂》的主讲专家,80%出自北京史研究会。又由于讲座是一种瞬时信息产品,为了凝固和保存讲座所传递的知识信息,学会和首都图书馆又合作将讲座内容结集出版,编辑为2004年的《漫步北京历史长河》和2009年的《北京历史文化漫谈》等图书。

在我以后担任地方文献部门领导的李诚君和马文大君,也都迅速加入这个学术事业和朋友圈中来,并获益匪浅。

专业人员素质

还记得20世纪80年代,前文化部部长王蒙发表了《谈我国作家的非学者化》一文,在国内各界引起很大反响。我个人从不迷信学历,历史上并不缺少一张学历证明都没有的大家。但那毕竟是少数天赋禀异之才,对于大多数人而言,大学教育不仅能获得职业所需的专业基础知识,而且那里的环境有助于培养年轻人学术研究的思维方式。至于研究生阶段的教育,其目标就更在于提高研究、解决问题的能力了。

我们这一代人,是十年动乱结束后进入图书馆业界的第一批大学生,与此前进入图书馆的老一代大学生之间,相隔了十几年的空白期,当时的整个图书馆业界都缺少接受过专业教育的职业人才。为了补偿专业教育方面的时代缺陷,我们大家都曾长期在电大、职大和职业中专授课。

比这更费心思的，是要和时时都能碰到的"非学术行为"抗争。图书馆是文化机关，而十年动乱后的图书馆内却并非都是文化人。在当时的采访、分编、典藏工作中，只能依据图书封面上的少许信息进行操作的人不在少数。所以其他学科的人调侃我们，称图书馆学为"书皮学"。外人羡慕我们身在图书馆内一定看书很方便，焉知当年的图书馆内有很多人是从不看书的。有好长的一段时间我在和"书皮学"做斗争，反复要求我们的工作人员一定要钻到书瓤里去，否则的话，"以其昏昏，使人昭昭"，可乎？

当年首都图书馆的一位领导曾说过："不要以为你们自己有多了不起，馆外的人之所以愿意和你打交道，那是因为你背后有首都图书馆的文献资源。一旦离开图书馆，你什么都不是。"这话对我的刺激挺大——他说得对，首都图书馆文献资源的重要性当然毋庸置疑，但图书馆工作者凭借自己的知识和能力，沟通信息与读者之间的关系，创作信息产品，使信息大幅度增值，从而一样能为社会做出贡献。高水准的图书馆工作者、地方文献工作者，其价值绝不会低于文献本身，同样能够获得人们的尊重。

从业25年后，我离开了首都图书馆，离开了地方文献中心的资源实体，但我仍因对地方文献的了解，对北京历史文化的了解，对北京地区文化事业的了解，得到本地社会的广泛尊重。除了继续活跃于北京史研究会等范畴外，还被聘为北京市文史研究馆馆员，继续为地方文化事业尽力。

随着改革开放以来高等教育的普及，图书馆内很多重要业务岗位的本科生已达到很高的比率。实际上，当2003年我在为地方文献专业人员的引进和培训不足而感到遗憾时，首都图书馆已在大量地引进硕士生和博士生了。如今的地方文献中心真的是"鸟枪换炮"，人员的专业化水平令人刮目相看。所谓专业化，并非单指他们的学历。这些本科生、硕士生和博士生经过一段时间的学习与历练，他们自己就会主动地去发现、提出并解决问题，而且随着时代的发展，他们往往会有不同于前人的新发现。如今的首都图书馆地方文献中心，已经初步具备了一批知识结构宽泛、业务功力深厚、思路开放敏捷的领军式人物。

恭颂华诞

40年前，我来到首都图书馆地方文献组报到。当时的地方文献组位于国子监第三进院子里的西厢，北边连着首都图书馆的职工食堂，对面是低矮的职工浴室。国子监的西厢曾是清代国子监接待外国留学生的琉球馆，按现在的说法，那是建在古建遗址上的一座违章建筑。工作人员加上我一共5人。

1996年，为配合第62届国际图联大会在北京召开，展示首都图书馆最有特色的文献类型之一，地方文献部被迁到了国子监中院东廊中部最好的位置，正对着金碧辉煌的辟雍大殿，办公环境大大改善。此时已拥有职工16人。

2001年5月，首都图书馆离开国子监老馆，搬入充满现代气息的新馆。新馆的主要领导人对地方文献事业给予了充分的关注，为此所投入的业务空间、人员编制，以及经费与设备，都是前所未有的，首都图书馆的地方文献事业也因此而踏上了一个新的里程。此时的北京地方文献中心已成为国内规模最大、专业性最强的地方文献机构之一。业务范围进一步扩充，职工人数已超过30人，几乎到达了需要考虑"减肥"的临界点。

2002年起我被任命为首都图书馆副馆长，新馆事务忙得我焦头烂额，虽然仍兼任地方文献中心的主任，但实际的业务已完全顾不上了，充其量提供些思路和条件，此后十来年，所有的成就都是后任的李诚和王炜两位同志带领着全体职工创造完成的。

2008年，我结束了自己在首都图书馆的地方文献职业生涯。从业25年，四分之一个世纪，我把自己的生命和情感几乎全都奉献给了她。而她也反过来成就了我，我所获得的绝大部分社会尊重几乎都是来源于这段经历。25年的地方文献生涯赋予我一种独特的眼光，在我的工作和生活中发挥出意想不到的巨大作用，并注定使我受惠终生。

眼下这个时代，文化已成为社会发展的软实力，人们对地方文化的重视程度日益提高。如今的北京地方文献中心，深得首都图书馆历任馆领导的倚重，已成为首都图书馆事业的坚韧柱石之一。办公地点从新馆一期迁移到二期后，业务空间进一步扩大，职工素质进一步提高，业务范围进一步拓宽，引进的高新技术和设备，让我看了眼花缭乱，垂涎不已。如今，其业务范围已开始挺进到了首都副中心。这一切成就源自我们这个伟大的时代，源自底蕴深厚的首都图书馆，也来自一代代砥砺前行的图书馆人。

欣逢首都图书馆建馆110周年华诞之际，我谨祝愿她要雨得雨，要风得风，事业光明，前程无限。

（韩朴 北京市文史馆馆员，首都图书馆原副馆长）

首图琐忆

周心慧

1983年大学毕业，被分配到首都图书馆时，我已经过了而立之年。屈指算来，整整在首都图书馆安营扎寨了近30年。回想起来，当初分配到首都图书馆的同学一共13人，后来由于各种原因，陆陆续续走了11位，只有我和韩朴兄留了下来。韩朴兄学养深厚，深谙地方史志之学，在首都图书馆正可展其骥足，自不必说。我虽然也有过几次展翅低飞的念头，但自思才疏学浅，又无根基，到哪里都是一样。在首都图书馆能够安身立命，混口饭吃，也就知足了。

近日，首都图书馆筹备建馆110周年庆典，领导不以我为老朽，要我写一点回忆文字。一介书生，平平凡凡，值得一提的事本不多，但既承青睐，却之不恭，就想到哪里写到哪里，随便说上几句。

1983年进馆到1992年这十年，对我个人来说，可以算作在首都图书馆工作的第一个阶段。到馆后，先是被分配到研究辅导部，但半年过后，就被任命为馆办公室副主任，在旁人眼里，也算是混得顺风顺水了，其实是甘苦寸心知。那时的馆办，是个业务、行政甚至人事都挤在一个大房间里的综合办公室，事务繁杂琐碎，给人的感觉经常是忙忙碌碌一天，似乎做了不少事，但回过头来一想，又什么都没做，这时候对古人所说的"案牍劳形"，才算是有了切实的深刻体会。幸好在此期间，尽管没做出什么成绩，倒也没出什么乱子。一年后，我就被调到教育办公室（主管电大图书馆专业首都图书馆工作站工作）任主任去了。忆及办公室的这段工作，特别要感谢冯秉文老馆长和李烈先、金沛霖两位副馆长的指导和帮助、大度和包容。我是个性情耿直，脾气也比较倔强的人，或者因为意见不合，或者因为工作不顺，心情不佳，对几位领导有过一些冲撞，几位都是一笑了之，不以为忤。尤其是冯秉文老馆长，这是一位温文尔雅、学问渊深，与之相处如沐春风的长者。在我离开办公室的时候，他拍着我的肩膀说："小周呀，你说话办事，有时也太耿直。过刚者易折，为人处世，古人讲'善柔'，不然会有苦头吃的。"直到今天，老馆长那期望的眼神、期许的声音，依然言犹在耳。

也许是我本性难移，冥顽不灵，老馆长的话很快就立竿见影，报应也立至。1989年，北京市少年儿童图书馆建制从首都图书馆脱离独立，我被任命为副馆长。自问在这个岗位上，对完善少儿馆业务的规章化、制度化，推动读者服务工作向纵深发展，都做了一些力所能及的工作，但不过三年之后，就因为工作中的一些歧见，自己很不"善柔"，亦即冯馆长所说的"过刚者易折"，被撤了职。

从到首都图书馆报到至少儿馆辞职，我要特别感谢首都图书馆的高金桥书记和少儿馆的李菁华书记。从我进馆的那天起，无论工作、生活、学习，高书记对我都给予了无微不至的指导、关心和帮助，当我为解决住房、爱人工作等问题递上请调报告时，高书记听完我的陈述，只是淡淡地说："报告拿回去吧，好好工作，你给我点时间，问题我给你解决。"今日说起来，此情此景，犹在目前。李菁华书记原则性很强，但胸襟广阔、待人亲和。她对我说："我就喜欢有点棱角的知识分子，有棱角有时反倒是责任心、工作能力的另一面。你大胆干，有了成绩我给你请功，有失误我们一同面对。"回忆起来，在李书记治下，是我工作最舒心的一段时光。如高、李书记这样的领导，知遇之恩，铭刻五内，说是我生命中的贵人，也不为过。当然，首都图书馆这样的领导还有不少，囿于篇幅，恕不一一赘言了。

在少儿馆被免职，彷徨之际，首都图书馆金沛霖馆长对我说了三个字"回家吧"，并任命我为文化服务部主任。说起被免职，大概都被形容为"灰溜溜下台"，我倒是丝毫没有这个感觉。一是那个台子本就不大，太挤，站在上面并不舒服；二是身体发肤，受之父母，职务这东西，本就是人家的，借给你用用是情分，看你"朽木不可雕"，拿回去是本分，与我何有哉；三是我本出身于一个传统的"书香门第"，对书本子有一种天然的热爱，文化服务部搞的是文献开发，正可以学中干，干中学，干学相长，故在少儿馆被撤职，不仅毫无沮丧，反而有一种"仰天大笑出门去"的快意。

那个时代图书馆是提倡"创收"的，文化服务部就是这样一个自收自支，每年要给馆里上交一定创收额度的单位。部门四位同人，都是业务底蕴深厚，深谙古籍文献学、版本学的饱学之士。当大家先要为吃饭"搏命"的时候，自然是同心同德，尽心尽力工作，减少了很多不必要的矛盾和龃龉。而且，这个部门远离图书馆主体业务之外，很少有人干预，自由度也大得多，大有点"躲进小楼成一统"的悠然自得。本以为就可以这样过下去，再不会有什么枝节，也算是求仁得仁，得其所哉了。

2001年中，北京师范大学信息管理学院的倪晓建教授来馆任馆长。倪馆长是老熟人，也是图书馆界著名的专家学者。我主持教育办公室时，曾经以三顾茅庐的诚恳，请他到馆给学生授课。熟人来当馆长，首在避嫌，因此，不管有多少人鱼贯前往拜谒，我一直是采取敬而远之的态度。直到有一天，倪馆长突然大驾光临，进门就冷冷地说："好啊，几个业务能力很强的干部，聚拢在这几间小黑屋里刨食吃，也真好意思。"我赶紧说："您老光降首图，工作繁重，本不该去打扰。这里和图书馆业务也没关系，您就把我当空气好了，绝不会影响您工作。"倪馆长冷笑了一声，不阴不阳地说了一句："空气也要流动，不然人就憋死了。我就偏要你多影响影响我工作。"说完便拂袖而去。听这意思，八成是柴火垛已经堆起来了，就等着把人放上去烤了。

记得那是2002年4月5日，正值新馆落成，准备开馆的日子，倪馆长把我叫了去，先说了一大堆让人听了如饮醇醪的好话，说得我越发头皮发麻，当领导不吝夸奖的时候，必然是要把人放在火上烤的先兆。果然，好话说完，图穷匕见，说是5月1日新馆开馆，要成立一个开馆筹备小组，让我当组长。屈指算算，还只有25天，这不是微火慢炖，而是要直接扔到沸水里煮了。我看了看倪馆的脸色，虽然脑海中转过了一大堆拒绝的理由，最终还是什么也没说。一是事情紧急，说是刻不容缓也不为过，作为图书馆的一名工作人员，这点责任心还是有的；二是自知拒绝无用，人已经被架到火炉上，点火的人又无意撤掉柴薪，还能怎么办？不如省些力气，废话少说为妙。

新馆开馆，千头万绪，琐碎繁杂，且时间紧迫，来不得丝毫懈怠。大事小事，纷至沓来，应接不暇。说是夙兴夜寐、披星戴月也不夸张，整整25天，没有一天午夜12点前回过家。好不容易熬到了4月30日，总算不负倪馆长重托，开馆前万事毕备，只欠东风了。5月1日，也如期举办了一个盛大、庄重、喜庆的开馆典礼。

新馆开馆，皆大欢喜，我更是如释重负，5月2日上午，就急匆匆地去向倪馆长辞行（那时我的办公室还在国子监老馆），一心想回去继续"刨食吃"。倪馆长面沉似水，似乎根本没兴趣听我费尽心思编织的、娓娓动听的告别词，而是干脆打断我说："馆里面临的形势你也不是不知道，新馆开馆，改革迫在眉睫，馆里决定成立改革工作领导小组，你当组长。义不容辞，下午就开始工作吧。"话说得斩钉截铁，不容置辩。说句实在话，当时我是绝无丝毫义不容辞的豪气，只有被继续放在火炉上烤，又有几分无奈的感觉。

改革工作，牵涉到机构设置、人事制度、分配制度等方方面面，在一定程度上，决定今后相当长一段时间内首都图书馆的发展方向，牵扯到每一位员工的切身利益，也要平衡各方面可能产生的矛盾，一着不慎，满盘皆输，回想起来，那真是一段战战兢兢、如履薄冰的日子。经过两个多月的努力，终于完成了机构设置、人事制度、分配制度等的改革方案，并报请馆党委、馆办审议通过。新馆开馆和改革，是我在图书馆工作中经历的两件大事。两项工作得以顺利完成，我要特别感谢我的师兄韩朴，帮我出谋划策，相助良多；特别感谢陈坚、马文大等和我一起"攻坚"的同事，感谢图书馆全体员工的大力支持。尤其要感谢张晓光书记、倪晓建馆长的指导、支持、理解和在人力、物力等方方面面的协调，从而为两项工作的完成提供了最好、最坚实的保障。

改革工作完成不久，不知道是为了"酬劳"，还是馆长、书记觉得我"寸有所长"，任命我当了副馆长——一个得之不足喜，失之不足惜的职务。自知脾气秉性，不适合在这个岗位上工作。后来，在实际工作中，虽然经常以冯老馆长教导的"善柔"提醒自己，但脾气上来，不能自已，还是有和两位领导争执不休，甚至忍不住拍了桌子的时候，好在张书记、倪馆长的大度、包容，才没有让我重蹈少儿馆一上一下的覆辙，也算是不幸中的大幸了。

副馆长任上，不过是日复一日地处理一些事务性、业务性工作，反而觉得没什么可说。我主管的几个部门的主任，如采编中心的陈坚主任、合作协调中心的高莹主任、古籍中心的刘乃英主任、文化服务中心的马文大主任、会展中心的陆映秋主任等，有的是有名的专家学者，有的是本部门工作的行家里手，本不用我劳心费力，只是为他们做好协调、服务工作就可以了。虽然对他们取得的工作成绩而言，我只有惭愧甚至旁观者的份儿，但至少为我在年终述职时，可以打肿脸充胖子，脸上贴金，说上几句。

在副馆长任上，也完成了一些对北京市公共图书馆事业发展有一定影响的工作，如公共图书馆的网络化建设、一卡通、村村建图书室等。

这些都是原北京市文化局冯守仁副局长提出的事关公共图书馆事业发展全局的构想，原市文化局社文处黄海燕处长指示机宜，我只是亦步亦趋地照做就是。两位领导高屋建瓴的思考、事无巨细的督导，以及对所有参加这些工作的同事工作上、生活上无微不至的关心和照顾，都是令我既感且佩的。此外，这些都是基于计算机、现代信息网络技术才得以开展的工作。计算机我是一窍不通的门外汉，只能从头学起。在这个过程中，办公室的同志，信息网络中心的陈建新副主任等给予了我极大的帮助。尤其是陈主任，每每我向她请教一些小学生都得心应手的问题时，她总是耐心地加以讲解，做出示范，从不笑话我的愚笨，终于使我这个字也打不出一个的愚人，初步掌握了计算机的应用技术，了解了至少能满足工作需要的信息网络知识。陈主任和每一位在这方面帮助、指导过我的同事，都是为我传道、授业、解惑的良师益友。

在首都图书馆工作近30年，庸庸碌碌、平平凡凡，不可能有什么宏大叙事，拉拉杂杂说了这些，就算是对自己在首都图书馆近30年工作的点滴纪念吧。也借此机会，再一次对包容我、理解我、关心我的领导，在工作中帮助、指导过我的同事、朋友，表示最最衷心的感谢。

(周心慧 首都图书馆原副馆长、研究馆员)

事业发展

首图文献资源建设十年的总结与思考

张 娟

文献资源建设是图书馆的重要根基和保障,是图书馆开展各项服务工作的基础。首都图书馆历来重视馆藏文献资源建设,采购的文献类型包括中外文图书、中外文报刊、中外文视听资料、地方文献、古籍和数据库。在陈坚副馆长的带领下,近十年中我馆的文献资源数量取得了较大程度的增长,馆藏文献资源总量从2013年的688万册(件),增长为2022年的968万册(件),尤其是数字资源建设有了比较显著的变化。

一、2013—2022年文献购置费概况

2013年至2022年,首都图书馆文献采购经费呈现曲线增长的趋势。2013年全馆文献购置费为3553.41万元,之后每年有10%左右的增幅,2018年达到了最多的4847.60万元。从2019年开始首都图书馆的文献购置经费伴随经济状况而调减,2020年文献购置费降至2865.93万元。2021年随着大兴机场分馆和北京城市图书馆的建设,本馆在原有图书购置费项目基础上,新增"首都图书馆大兴国际机场分馆建设(01—05包文献购置部分)"和"北京城市图书馆2021年图书购置费"项目,文献购置经费达到历史最高的5366.45万元,2022年由于"北

京城市图书馆图书购置费"项目未能如期启动，全馆文献采购经费又回落到3083.02万元。2013年至2022年本馆文献购置经费（不含移动图书馆和市民学习空间）变化趋势如图1所示。

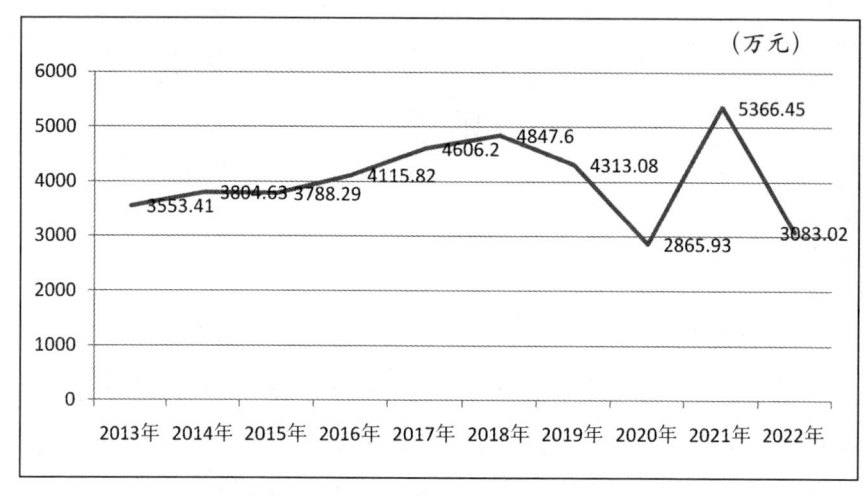

图1 首都图书馆2013—2022年文献采购经费图

二、实体文献资源建设情况分析

实体文献资源是首都图书馆文献资源建设的主体，分别来自采编中心、报刊资料中心、北京地方文献中心、历史文献中心、视听资料中心分别负责中外文图书、中外文报刊、地方文献、古籍文献和视听资料资源的建设。其中采购是文献资源建设最主要的途径。2013—2022年各类文献的采购经费和数量如表1所示。

表1 首都图书馆2013年—2022年文献购置经费和采购数量

年度	文献购置经费（不含数据库）（万元）	购置数量（万册件）
2013年	2808.62	61.06
2014年	3118.82	55.17
2015年	2789.34	51.89
2016年	3476.2	47.63

(续表)

年度	文献购置经费（不含数据库）（万元）	购置数量（万册件）
2017 年	3186.97	48.05
2018 年	3358.69	48.19
2019 年	2845.96	41.03
2020 年	2053.27	30.26
2021 年	4450.82	58.23
2022 年	2167.4	32.37

2013 年到 2022 年，本馆共采购各类文献 473.88 万册（件），加上来自捐赠、拍卖、交存和交换等途径的文献入藏，截至 2022 年底，本馆馆藏资源总量达到 967.79 万册（件）。

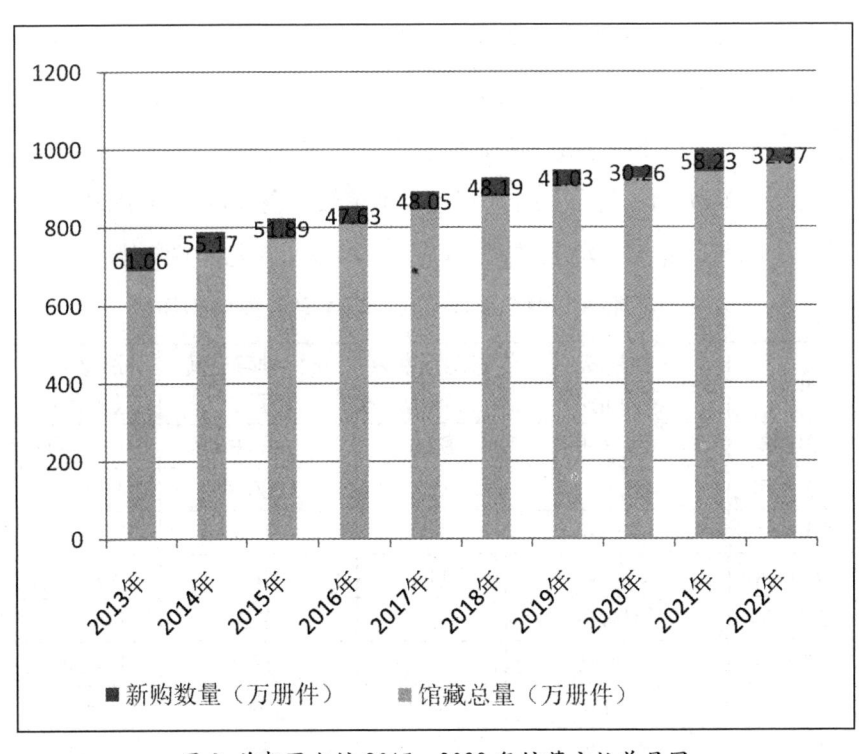

图 2 首都图书馆 2013—2022 年馆藏文献总量图

三、数字资源建设情况总结

数字资源是图书馆文献资源的重要组成部分。2012年，为适应数字化时代的发展，加强数字资源建设力度，增强数字资源服务能力，首都图书馆设立数字资源建设中心，主要职责是负责本馆各部门承担的数字资源建设规划和管理、新媒体技术应用和推广及其相关服务，编制从采编中心划出。鉴于北京地方文献中心、历史文献中心、视听资料中心和北京共享工程分中心分别有数字资源建设任务，数字资源建设中心主要进行全馆数字资源统计、商业数据库采购和服务推广工作。十年来，在各相关部门的共同努力下，本馆数字资源建设与服务取得了较为明显的成绩。

（一）数字资源建设经费曲折变化

首都图书馆的数字资源建设经费主要包括数据库采购经费和自建数据库经费，由于数字化经费金额较少且分散在各部门的基础业务中，因此此处不做统计。同时2013年起，本馆数字资源建设经费增加"市民学习空间"和"移动图书馆"两个独立项目，在此一并统计。

表2　首都图书馆2013—2022年数字资源采购经费

年度	数据库（万元）	移动图书馆（万元）	市民学习空间（万元）	总金额（万元）
2013年	744.79	93.6	260.6	1098.99
2014年	685.81	80.2	206.6	972.61
2015年	998.94	94.78	204	1297.72
2016年	1253.8	112	212	1577.8
2017年	1419.23	127.3	212	1758.53
2018年	1488.91	102.4	120	1711.31
2019年	1464.8	143.1	180	1787.9
2020年	812.66	142	80	1034.66
2021年	915.62	0	0	915.62
2022年	915.62	0	0	915.62

首都图书馆数字资源采购经费在十年间呈现出曲线变化的趋势，其中2013年为新馆开馆储备资源因此增加经费较多，2014—2019年总体是稳步上升的趋势，2020年起受全国性的经济形势影响，经费减少至千万元以下。

（二）数字资源品种和数量逐步完备

截至2021年年底，首都图书馆数字资源共有96个，其中外购数字资源88个，自建资源8个。提供馆外访问的数字资源32个，提供馆外访问的主要是电子图书、电子期刊、学位论文、多媒体等类型资源。

（三）数字资源服务手段与模式逐步完善

十年中，首都图书馆努力提升数字资源服务模式，在网站开通互联网远程服务的基础上，开发首都图书馆APP和"首图数字图书馆"微信服务号，打造多层次、全媒体的数字资源服务方式。2013—2022年数字资源使用量稳步上升。

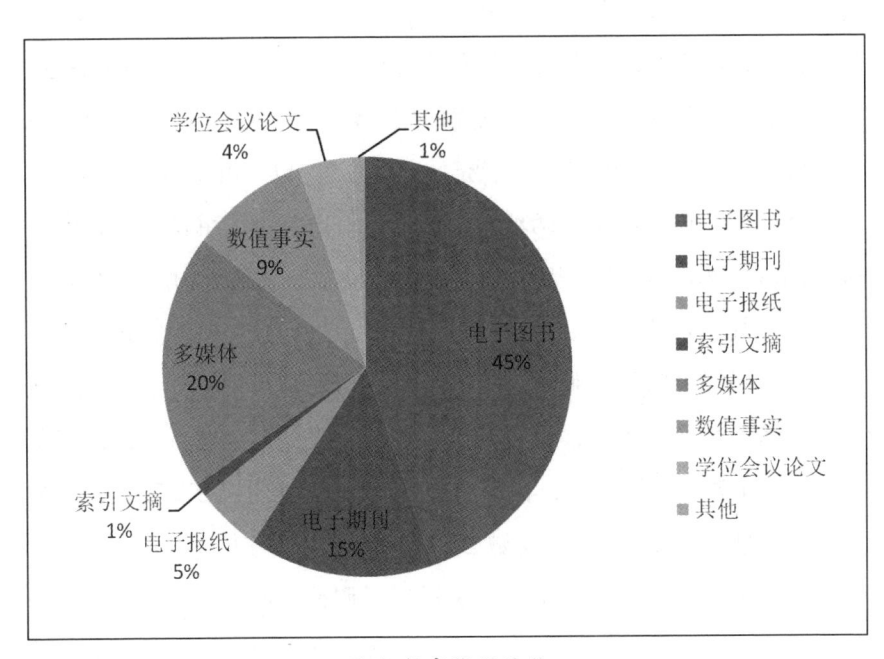

图3 数字资源品种

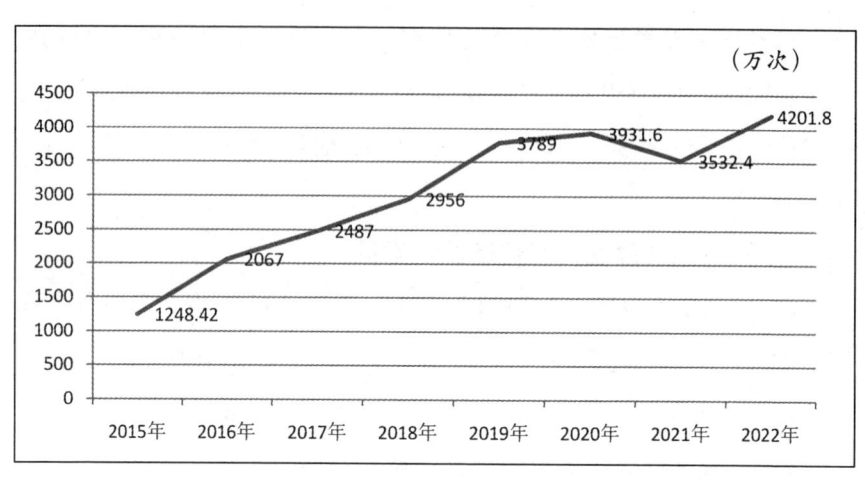

图 5 首都图书馆 2013—2022 年数字资源使用量

（四）数字资源推广活动丰富多彩

为加大数字资源的宣传与推广力度，数字资源建设中心通过宣传材料、活动和实体空间多种形式进行数字资源的推广。根据数字资源阅读特点，确立了以培训为主要形式的整体活动方案，形成线上答题，线下多层次，包括小规模（数据库使用培训）+中规模（专题培训）+大规模（主题讲座）的整体数字资源活动方案；以及市民学习空间"好书共读"和"周末课堂"两项常规活动，打造首都图书馆数字资源的服务品牌。2013 至 2020 年共完成各类活动 300 余场。2017 年在 B 座二层打造数字资源阅读展区，通过展览展示进行数字资源宣传。为了更好地开展线上宣传与服务，2016 年数字资源建设中心开通"首图数字图书馆"微信服务号，设置资讯、资源、服务三个栏目，提供资源推荐和线上数字资源服务，截至 2019 年底，累计用户 21773 人，共推送图文消息 461 篇，阅读总次数 25 万余次。

2020 年 8 月，馆里对部门职责进行了调整，数字资源业务从采编划出，与北京共享工程分中心组建新的数字资源中心，全面负责本馆的数字资源建设与服务工作，首都图书馆数字资源建设进入一个新的发展阶段。

四、关于未来资源建设的几点思考

随着历史的发展以及智慧图书馆时代的到来，公共图书馆的文献资源建设必将迎来一次变革，在传统文献建设基础上更加注重内容建设与开发，加强数字化资源建设，同时需要引入新的技术手段。

（一）实现纸电一体化发展

在数字化时代，数字资源已经成为公共图书馆的一类重要资源，电子图书正逐渐成为馆藏图书的主体，电子期刊已成为馆藏期刊的主力军，二次文献数据库几乎全部取代了印刷文献，多媒体资源成为图书馆重要的资源类型。未来图书馆资源建设必须要考虑纸电一体化问题，包括纸质文献和电子文献的协调采选，建立纸电一体化资源管理系统，实现纸质文献和数字文献采分编一体化管理和服务。

（二）注重特色馆藏文献资源建设

图书馆的特色资源本身蕴含了其所在地区的文化气息和地方特色。所谓特色资源一是指图书馆收藏的独具特色的信息资源；二是指图书馆建设起来的信息资源体系所具有的特色。公共图书馆建设特色资源，开展特色资源服务，对于该地区形成有特色的地方文化中心，弘扬地方文化传统，促进地区经济文化发展意义重大。首都图书馆以北京地方文献、古籍文献、少儿文献和视听资料为本馆特色，除此以外，还应加强专题特色文献资源建设，如法律专题、鲁迅专题和戏曲专题等，并在此基础上加强内容的开发。

（三）推动文献资源建设的智能化

《十四五公共文化服务体系建设规划》提出建立全国智慧图书馆体系。依托云计算、大数据、人工智能和区块链等新一代信息技术，加强云端数据挖掘和分析能力，推动公共图书馆实现包括智慧服务、智慧分析、智慧评估和辅助决策等功能在内的智慧化运营，优化数据反馈模式。在智慧图书馆建设背景下，图书馆资源建设必将引入相关技术手段，通过大数据和人工智能技术实现文献资源的智能采选、分编和加工。

（四）加强文献资源共建共享

文献资源共建共享是图书馆资源建设的一个重要原则。在资源经费日益紧张的情况下更是能发挥资金效益的手段。资源共建共享包括三个层面，一是实体资源的共享，通过技术平台实现协调采购、联机编目和通借通还；二是数字资源的共建共享，通过联合采购方式实现资源共享；三是合作开发特色馆藏资源，建设特色资源数据库。目前，首都图书馆在北京市公共图书馆内已经实现实体资源和数字资源的共建共享，未来将文献资源共建共享扩展到京津冀图书馆范围内。

（张娟 首都图书馆副馆长）

首图情怀
——从志愿服务说起

李小苏

2023年是首都图书馆建馆110周年，作为一名在首都图书馆工作了36年的退休老同志，可以说是见证了首都图书馆的不断发展。尤其是2001年首都图书馆新馆开馆以来，在国家的大环境下，随着市委市政府对主管公共文化的重视和资金投入的加大，首都图书馆不但基础设施有了大的改变，首都图书馆的事业也有了很大的发展。仅从我退休后接触到的首都图书馆志愿服务工作，也能看出首都图书馆作为市级公共图书馆，更加充分地发挥着服务职能，不断拓宽业务范围，为北京市民提供更好更贴心更便捷的服务。

2012年2月我从首都图书馆退休，在退休前就考虑退休后不能赋闲在家，是不是要干点什么对社会有意义的事——那时首先想到的是去养老院做志愿者。2012年9月初，首都图书馆新馆二期即将开馆，首都图书馆二期开馆后，建筑面积由原来的37000平方米扩大到96000平方米，但由于首都图书馆是事业编制的问题，工作人员并未大幅增加，再加上首都图书馆的借还书业务由传统的人工服务改变为自助借还机服务，形成了一个全新的服务方式。自助借还机的使用看似简单，也容易操作，但对于工作人员和读者来说之前都没有接触过，需要有一个熟悉的过程，尤其是一些老年读者和少年儿童读者，使用起来更会有一些困难。为了指导读者使用这几十台自助借还机，首都图书馆招募了一批退休老同志、社会上与学校的志愿者，至此，首都图书馆的第一个志愿服务项目自助借还机使用服务项目应运而生（后该项目更名为"导阅书香"）。当时，我和几位退休的老同志积极报了名，但后来由于该项目基本由学生团队承接，所以没有过多的参与该项目的志愿服务。

2014年，随着首都图书馆志愿服务项目的不断增加，首都图书馆的志愿服务日常工作需要有专人来管理，但当时做志愿服务项目的人员都是由首都图书馆在职工作人员兼职，一两个人负责一个项目，没有固定的人做日常志愿者招募和志愿服务团队的预约对接工作，故2014年5月，我有幸来到首都图书馆志愿服务工作办公室做志愿者，协助进行了办公室的筹建，参与了首都图书馆志愿服务的管理工作，包括志愿服务团队的服务预约、志愿者的招募和志愿者的管理工作及志愿服务项目的拓展工作，同时也组织了首都图书馆老干部志愿服务队的组建和服务管理工作。作为首都图书馆的退休人员，很多老同志和我一样从参加工作到退休一辈子都是在首都图书馆工作，从十几二十岁的青年一直到退休，几十年首都图书馆伴我们成长，我们亦伴首都图书馆成长，因此大家对首都图书馆有着很深的感情，可以说是有首都图书馆情怀，这些老同志虽然退休了，但仍然关心、关注着首都图书馆的发展，不夸张地说，无论是电视、报纸、微信等各种媒介上只要是看到首都图书馆这几个字就会聚睛，看到首都图书馆取得成绩就会为之高兴，同时也愿意为首都图书馆的事业发展尽绵薄之力。从首都图书馆2012年第一个志愿服务项目开始就有老同志报名参加，尤其是2014年6月根据社会需求开展了"互阅书香"图书交换志愿服务项目，该项目旨在利用首都图书馆的服务空间为北京市民提供一个图书交换的平台，项目的开展需要有一定专业知识的志愿者参与服务。当时，由于该项目从筹备到开展服务只有个把月的时间，在短时间内从社会招募几十名有一定专业知识的志愿者比较困难，首都图书馆老干部党支部得知此消息后觉得由首都图书馆的退休人员来做项目的志愿者比较合适,这也正与首都图书馆老干部党支部一直在寻找志愿服务项目的想法不谋而合,因此首都图书馆老干部党支部主动请缨承接该项目,首都图书馆党委也给予了大力支持,以首都图书馆党委的名义向首都图书馆离退休党员和离退休干部发出倡议,老同志们积极响应,20多人报名参加服务,并为之成立了首都图书馆"夕阳正红"文化志愿服务队,队员以离退休党员为主及部分非党离退休同志。

首都图书馆"互阅书香"文化服务项目主要是在馆内开辟一块场地,周末假日市民可将家里闲置的书拿到现场进行交换,志愿者根据图书交换规则进行图书验收及对所收图书进行整理和维护现场秩序,首都图书馆"夕阳正红"文化志愿服务队每月进行服务排班,大家根据排班时间上岗服务。从志愿服务队成立到2020年新冠疫情暴发前的近六年中一直坚持服务。除此项服务外,志愿服务队还参与了"心阅书香"志愿服务、"国学课堂"志愿服务、会展志愿服务、文化志愿者管理志愿服务、首都图书馆文化沙龙志愿服务等多个项目。截至2019年底,首都图书馆"夕阳正红"文化志愿服务队共参加首都图书馆志愿服务350余人次。

从首都图书馆"夕阳正红"志愿服务队成立,我一直负责服务队的管理工作,包括对接服务项目、服务预约排班等。印象中先后参加志愿服务项目的有近30人,包括:马琪章、王五爱、赵焱、陈讷、赵志芹、高玲、钱进、王雅英、王传英、赵淑清、李国颖、张淑君、李玉玲、田红、张云萍、韩燕云、杨素音、陈曾治、刘树清、王春立、李巧云、王斌、王亚军、赵焕敏、张乃玉、芦京红、禹汉玲、吴秉惠等。(如有遗漏请见谅)

多年来,首都图书馆"夕阳正红"志愿服务队积极发挥作用,力所能及地为首都图书馆的建设发展和首都的精神文明建设做出积极的贡献,得到了上级组织和社会的认可,获得了多项荣誉。2014年被北京市委组织部、北京市老干部局、北京市人力资源和社会保障局评为"北京市离退休干部先进集体";2016年,北京电视台《晚晴》栏目对首都图书馆老干部志愿服务活动进行了专题报道;2014—2021年多次被北京市公共图书馆文化志愿服务总队评为"志愿服务先进集体";首都图书馆离退休老干部党支部多次获得北京市文化局(文旅局)及首都图书馆先进党支部等荣誉。

团队如此,对于个人来说,通过做志愿服务大家也收获了很多,老同志们感到退休了还能为社会力所能及地做一些事情,老有所为,老有所乐,能够被社会所需要是一种幸福,服务他人,快乐自己。就我个人而言,在首都图书馆做志愿服务的这几年,接触了很多社会志愿者,也了解到社会上有很多人都热心做公益,有些志愿者不但在首都图书馆做服务还在其他一些地方做服务,有的志愿者几乎将自己的所有公休节假日都用来做志愿服务,全年无休,确实令人佩服和感动,也更坚定了我做志愿服务的决心。

从2012年首都图书馆的第一个服务项目设立起,我和部分老同志参与服务,亲身经历并看到首都图书馆不断将公共文化志愿服务推向深入,10年来通过不断努力,首都图书馆的志愿服务工作不断扩大,服务范围越来越广,现已有"心阅书香""互阅书香""导阅书香""品阅书香""法韵书香""童沐书香""语阅书香""展阅书香""墨影书香"9个服务项目,其中,"心阅书香""互阅书香""法韵书香"等项目已成为品牌推广项目,在全市公共图书馆起着引领示范作用。

图书馆志愿服务是图书馆服务形式的重要补充,文化志愿服务已经逐渐演变为各类图书馆为社会服务,为读者服务的新模式。首都图书馆的志愿服务从一个侧面也反映出首都图书馆的业务工作和服务形式已从传统的典藏借阅不断地开拓创新,以满足广大市民日益增长的美好生活需求和精神文化需求。

虽然这几年受新冠疫情的影响,老同志们到首都图书馆做志愿服务的工作暂停，部分老同志只能做线上服务项目或参加社区志愿服务，但我和一些退休的老同志一直关注着首都图书馆的发展，也愿意为首都图书馆做点力所能及的事情，待疫情稳定后我们还会继续在首都图书馆做志愿服务，为首都图书馆的发展贡献点滴力量。愿首都图书馆越来越好！

(李小苏 首都图书馆原党委副书记、工会主席)

沧海浮沉　岁月如歌
——首图工作杂记

林　岫

2023年是首都图书馆建馆110周年，也是我入职首都图书馆的第36个年头。首都图书馆伴随着我走过青春岁月，又人到中年。她可谓是一位好老师，将我从一名刚出校门的大学生，培养成了具有实际工作经验的图书馆员……这一路走过来，有些许的体会与感慨，遂将其记录下来，权且作为一篇杂记吧。

往事如烟　故纸遗音

首都图书馆是由京师图书分馆、京师通俗图书馆和中央公园图书阅览所三馆合并而成。

1913年4月，时任教育部社会教育司司长的夏曾佑与鲁迅等人为京师图书分馆选址。他们选中了宣武门外前青厂武阳会馆附近的地方作为馆址。京师图书分馆以"普及社会教育，启迪民智"为宗旨，于1913年7月建成对外开放。1913年10月，教育部筹建的我国最早的通俗图书馆、京师通俗图书馆正式开馆。1917年8月，中央公园图书阅览所也建成对外开放。1925年至1956年，三馆经过了数次的改名与合并。1956年10月，改名为首都图书馆。1956年10月，首都图书馆迁入位于国子监街的馆址。2001年5月，首都图书馆新馆迁入东三环的华威桥畔。2012年9月，位于华威桥畔的新馆B座正式开馆。

　　从首都图书馆馆藏的民国老报刊中能够了解到一些当时的情况。如在1915年第8期的《教育公报》中，刊载了教育部颁布的《通俗图书馆规程》（1915年10月23日施行），其中明确规定了"通俗图书馆不征收阅览费""通俗图书馆得附设公众体育场"等办馆理念。这也是"免费阅读"首次被写在了政府所颁布的条文中，因此它是具有里程碑意义的条文。1916年的《教育公报》，统计出了截至当时全国公私通俗图书馆的数量，共有237个，藏书7万余种，日均阅览人数近8000人次。到1918年，全国有公私通俗图书馆286个，阅报处多达1800余处。当时各地通俗图书馆纷纷建立，它标志着辛亥革命以后"公共图书馆运动"取得了重大成果。但在三馆初创时期，购书经费非常有限。除了自行采购外，有相当数量的书刊都是靠社会各界捐赠而来的。在京师图书分馆的赠书档案中，至今还保存着著名学者梁漱溟、黄兴夫人等人的捐书记录。正是由于社会各界的共同努力，三馆才得以发展起来，到今天发展成为馆藏资源丰富的大型公共图书馆。正所谓故纸遗音，民国老报刊、旧档案见证了首都图书馆从创始到发展的百年沧桑与世纪变迁。

入职首图　终身职业

　　本人学的是图书馆学专业。在大学的头一年，教我们中国文学史的老师给我们开出了100部中国近现代文学名著作为必读书目，包括鲁迅、巴金、老舍等人的作品。由于读这些名家名著上了瘾，就想着毕业后继续去读，于是在毕业时就毫不犹豫地选择了当时离家很近的、位于国子监的首都图书馆。

　　随着时间的流逝，我对于所从事的图书馆工作越来越感兴趣，也将它作为了我的终身事业。

1987年至1994年我在期刊部工作，主要负责中文报刊征订、专题咨询及阅览室值班等工作。其间，我跟着前辈老师们学着为读者检索文献，完成专题咨询项目；与杂志社合作举办多场读者座谈会；手工订购中文报刊等。1994年我被调到北京地方文献部，主要从事报刊索引、藏书建设，以及北京专题志料的编辑工作。2001年5月，位于华威桥的首都图书馆新馆A座开馆。2002年5月，首都图书馆第一次机构改革，我回到了原期刊部（现改名为报刊资料中心）任主任职位。

机构改革后的报刊资料中心主要承担着首都图书馆中外文纸质报刊的采访、分编、典藏、流通、信息开发，以及外文文献的典藏、流通。这时的工作内容已经不仅仅限于图书馆报刊管理的基础业务，还包括了新馆B座开馆，四年一次的公共图书馆评估定级，报刊文献书库搬迁、支部工作、劳动竞赛等。特别是近几年，又增添了大兴机场分馆建设及运营管理、城市副中心图书馆建设与开馆，科研、部门所负责的馆级项目等。真可谓工作头绪多，内容繁杂，是之前所无法想象的。

关于报刊资料中心所负责的工作，我在《首都图书馆建馆百年纪念文集》中已经较为详细地介绍过，在此就不再赘述。下面仅就近十年的一些工作择其要点略述一二。

1. 首都图书馆大兴机场分馆的建设与运营管理

首都图书馆大兴机场分馆项目是北京市委市政府为进一步推动公共文化服务模式的创新，积极履行公共图书馆在"文旅融合"中的职责，推动智慧服务理念落地到实际场景而建立起来的新型阅读空间。2020年初，馆领导将筹建首都图书馆大兴机场分馆的艰巨任务交给了报刊资料中心。部门从工程项目招标、技术设备招标、文献资源招标、运营管理招标等四个方面组织了专人负责。部门副主任刘艳带领着几位年轻员工全程参与负责。

首都图书馆大兴机场分馆位于北京大兴国际机场航站楼的国际到达和国内到达区域，于2021年7月正式开馆，总建筑面积472平方米。

服务对象为读者、旅客，以及三万余名机场工作人员。共有藏书14000余册，还提供了20余个数据库的数字资源。分馆加入了北京市公共图书馆"一卡通"服务体系，提供一卡通388家成员馆的通借通还及预约借书服务。分馆最大的特点是高度体现了智慧科技的浸入与融合，它利用了移动互联网、物联网、5G、人工智能等技术开展移动借阅、智能推送、智能导航等服务。推出了手机借阅、异地还书、馆藏智能管理。分馆在多项服务举措中堪称全国第一，第一个开在国际大型机场里的公共图书馆分馆；是目前开在机场里最大的公共图书馆；第一个在机场里提供外借服务的图书馆；第一个在机场里实现手机借还图书；第一个在机场里实现异地借还；第一个在机场里提供虚拟馆员服务；第一个在机场里实现机器人找书。

2. 北京城市副中心图书馆建设

位于通州的北京城市图书馆将于2023年底建成开馆，总面积约7.5万平方米。报刊阅览区及外文文献阅览区位于新馆东部山顶。自2022年初至今，部门积极组织人员多次前往新馆工地现场踏勘，完成了"山间阅览组"的工作汇报。责成副主任刘艳作为部门新馆建设的负责人，每月汇报工作进度，同时与馆信息化小组、数字资源小组、家具小组、后勤小组等沟通相关问题，共提交了各类文件及反馈单数十件。其间，部门参与了馆相关会议达40余次，包括信息化小组会议、业务统筹组会议、新馆文献购置会、文献点位布局会、多媒体会议、数字资源数据库建设会议、家具设计说明会等等。此外，还完成了本部门新馆开办经费申报，阅览区报刊文献品种的选定、征订等工作。

3. 专题剪报制作

经过长期的市场调研，部门利用较为丰富的报刊资源，针对用户需求为各级党政机关、企事业单位提供决策参考服务及专题剪报服务。产品形式主要是电子剪报。2012年至今，共完成各类信息剪报累计达10万余条。剪报产品有《北京文化信息》《决策参考》《北京人力资源和社会保障局信息汇编》《中国交响乐团信息汇编》《北京交响乐团信息汇编》《国家话剧院信息汇编》《中央民族乐团信息汇编》《北京演出公司信息汇编》《北京京剧院信息汇编》《中国评剧院信息汇编》《中央芭蕾舞剧院信息汇编》《北方昆曲剧院信息汇编》《北京曲剧团信息汇编》《北京文化艺术活动中心信息汇编》《中国歌剧舞剧院信息汇编》《首都图书馆信息汇编》等几十种。取得了一定的社会效益及经济效益。

4. 馆藏民国报刊的保护与开发

当今业界，民国文献的保护与开发已备受重视。首都图书馆馆藏晚清至民国报刊近3000种，12000余册。由于其年代久远，均存在着纸张老化、缺损、酸化、破损等问题。对其保护与开发的主要手段包括：

其一，书目数字化。将馆藏晚清至民国报刊进行书目数字化，有效地解决了民国旧报刊藏与用的矛盾。读者可通过题名、责任者、出版者、主题词、分类号等在首都图书馆网站上进行检索。

其二，替代服务。通过购买再版文献及商用数据库等方式为读者提供服务，以达到弥补馆藏不足和保护原版旧报刊的目的。至今，已陆续购买了《申报》《大公报》《民国日报》《中央日报》等大型日报和重要期刊的再版文献；《抗战期刊汇编》《民国佛教期刊汇编》《晚清珍稀期刊汇编》《民国珍稀短刊断刊》《民国史地期刊汇编》等40余种大型期刊专题资料汇编；《〈东方杂志〉期刊全文检索数据库》《晚清期刊全文数据库》《民国时期期刊全文数据库》《中国近代中文报纸全文数据库——〈新闻报〉》《申报数据库》《ProQuest近代中国英文报纸库（1832—1953）》等全文数据库供读者使用。

其三，集中保管。根据出版年代及内容的珍稀程度，部门陆续将部分报刊移至本馆历史文献中心的恒温恒湿书库。其中包括《时务报》（4函63册，1896年创刊于上海，1898年8月终刊，旬刊）、《强学报》（1册2期，1896年1月12日创刊于上海，1月22日终刊）、《政治官报》（84函348册，1907年创刊，北京政治官报局出版，1911年终刊）、《京报》（1

册，清末光绪年间，同文沪报馆）、《京报》（71册，清光绪十四年，聚兴报房）等。

其四，整理出版。由部门与出版机构合作，对馆藏民国报刊进行专题开发整理出版。出版物具有选题明确、学术性强的特点。目前有《民国京昆期刊文献汇编》出版，其中包括《剧学月刊》《戏剧旬刊》《春柳》《十日戏剧》等民国刊物；还有《民国报刊广告选编》《民国报刊创刊号图录》等已经出版或即将出版。

5. 利用"ALEPH500系统"统一处理连续出版物

2017年4月，首都图书馆采用ALEPH500系统将全市各级公共图书馆的连续出版物在同一平台进行统一处理。自2018年起，部门每年都开展针对区级馆的ALEPH500系统的人员培训，包括新刊建单册、书目上传、采访拟定查重、采访审订、采访发订等。在日常工作中，采编人员还以电话、QQ的方式定期为区级馆的工作人员答疑解惑。

勤学善思　理论研究

图书馆既是社会服务机构，又是图书馆学、文献学等相关理论的研究机构。多年来，我根据所学图书馆学知识，与报刊管理、地方文献工作实践相结合，撰写发表了图书馆学专业论文40余篇；参与了中国科协、北京市哲学社会科学规划课题的研究，参与撰写出版《打开信息之门》《北京地方文献工具书提要》等书；将图书馆学理论与本人工作实践相结合，撰写出版了《新时期公共图书馆报刊管理理论与实务》；针对馆藏民国报刊开展专题性开发，编纂出版了《民国京昆期刊文献汇编》《馆藏民国报刊创刊号图录选编》《旧广告　新史料——民国报刊广告图画选编》等书。我的研究也带动了部门的一些年轻人，许多人都加入论文撰写、课题申报、专著编纂的行列中来了，有刘艳、肖玥、李静、刘佳琳、梁孟娇、安笛、孙晓冬、沈墨、曹航等人。他们是业务能力较强的研究生、大学生。目前，部门中具有高级职称的年轻人也在逐年增多。

日新月异　智慧服务

在图书馆待久了，对当今图书馆界新业态有了一些自己的感悟。现阶段，无线通信网络、AR、VR、云计算、区块链、数字孪生、GIS等新技术为图书馆智慧服务提供了支持与保障。在图书馆界"十四五"规划当中，各级各类图书馆都在积极筹划向智慧图书馆转型。智慧图书馆是集技术、设备、馆员、资源于一体的图书馆新型管理模式，其主要特征是针对用户需求的精准化把握、智能技术的协同化植入、智慧馆员的专业化培养、图书馆资源的集约化建设、行业规范的合作化建立、智慧服务的个性化提供。而基于高新技术的智慧图书馆用户应用场景主要包括虚拟空间体验服务、虚拟馆藏资源检索服务、虚拟参考咨询服务、用户在线智能学习、用户自主知识创作，以及用户社交等。总之，虚实与共、数据赋能、智能感知，这些都是图书馆智慧服务的关键内核。

前面提到的首都图书馆大兴机场分馆就是融合了多种高新技术，紧扣"文旅"和"北京"两大主题，利用移动互联网、物联网、5G、人工智能等推出了移动借阅、智能推送、智能导引等多项服务。

即将建成的北京城市图书馆也是综合运用了5G、人工智能、区块链、云计算和大数据等技术，为读者提供沉浸式阅读及精准感知的体验服务，具有全景生态、跨界融合、全要素知识服务的智慧图书馆。同时融入了元宇宙、知识共振等技术，具有一键预约、一键定位、一键借阅、一键导读等功能。

首图精神　薪火相传

1912年以后，鲁迅为创办京师图书分馆、京师通俗图书馆和中央公园图书阅览所到处选址。三馆开馆后，他又亲自主持了选书工作以及开办的其他事宜。当年，鲁迅先生与他的同事们正是秉持着启迪民智的初心，从具体细节着手，才有了今天的首都图书馆。之后的首都图书馆人一直延续着勤奋敬业、踏实肯干、默默奉献的传统，这种传统一直持续了百余年。自我入职以来，无论是期刊部的、北京地方文献部的，还是其他部门的前辈老师都给我留下了深刻的印象。现如今，馆里的许多年轻员工都成了各部门的中坚力量，他们在馆领导的带领下，都在为首都图书馆贡献着自己的一分力量，同时也付出了辛勤的汗水。首都图书馆人无论是干基础业务，还是完成每个重要项目，包括一卡通、中华古籍保护、公共文化共享工程、新馆建设等都是毫不退缩，完成了一件件看起来不可能完成的任务。我想这也是百年来，首都图书馆的创建者以及数代首都图书馆人所坚持的一种精神吧。正所谓：

　　百余年前初建成，启迪民智为己任。
　　鲁迅选址又选书，事必躬亲展初心。
　　时局动荡经费少，举步维艰办馆难。
　　社会各界伸援手，捐赠书刊利馆藏。

　　历经百年沧桑变，首图旧貌换新颜。
　　百年累积集渊薮，畿辅栋梁成一脉。
　　北京专藏绘特色，古籍保护成果丰。
　　高新技术展优势，智慧服务在眼前。

回首往事多感慨，前辈初心终不改。
沧海浮沉忆前往，吾辈发奋当自强。
岁月如潮歌似梦，百年弹指一挥间。
多有同人长努力，首图精神薪火传。

今日首都图书馆之成就，皆因数代前辈努力而成。今秋十月，将迎来建馆百十周年庆典，料那时首都图书馆在金风送爽、硕果累累的景色中更加美哉、壮哉！

(林岫 首都图书馆报刊资料中心主任)

采编中心 2013—2022 年业务发展概况

宋艳萍

2023 年首都图书馆将迎来 110 周年华诞，也是我在首都图书馆和采编中心工作的第十八个年头。我们有幸见证首都图书馆服务功能不断拓展，事业发展蒸蒸日上的历程。首都图书馆是我们共同的家，在这里我和我的同事们将最美好的年华奉献给了图书馆事业。我们为之奋斗过，拼搏过，青春无悔，砥砺前行。我也从青涩的学生成长为首都图书馆大家庭的一员。时光荏苒，岁月如梭。回望总结，感慨良多。

采编中心现有在编员工 39 人、派遣员工 11 人。本部门是负责首都图书馆文献采选、编目和加工的业务，主要为读者借阅、阅览空间建设和展览服务等提供文献资源保障。我部门从 2013 年到 2022 年在文献采访、联合编目、图书推荐和主题图书配置等各方面积极开拓，取得了诸多业务成果。

一、购书经费曲线增长，工作流程逐步规范

从 2013 年到 2022 年，首都图书馆十年间的文献购置费呈现曲线增长的趋势。2013 年全馆文献购置费为 3553.41 万元，之后每年有一定比例的增幅，2018 年达到了最多的 4847.60 万元。2019 年至 2020 年文献购置经费有所回落。2021 年随着大兴机场分馆、春明簃和北京城

市图书馆等地的开工建设，采编中心在原有本馆图书购置项目的基础上，还牵头组织开展"首都图书馆大兴国际机场分馆建设（01—05包文献购置部分）"和"北京城市图书馆2021年图书购置费"项目的立项招标和执行工作，全馆文献购置项目经费达到了5366.45万元。2022年"首都图书馆图书购置费"为3083.02万元。

采编中心图书购置经费相应地也呈现曲线变化的趋势，2013年购书经费为2224.83万元，2021年由于本馆、大兴机场分馆和北京城市图书馆的建设，经费达到历史最高的3495.85万元，2022年回落到1385.12万元。

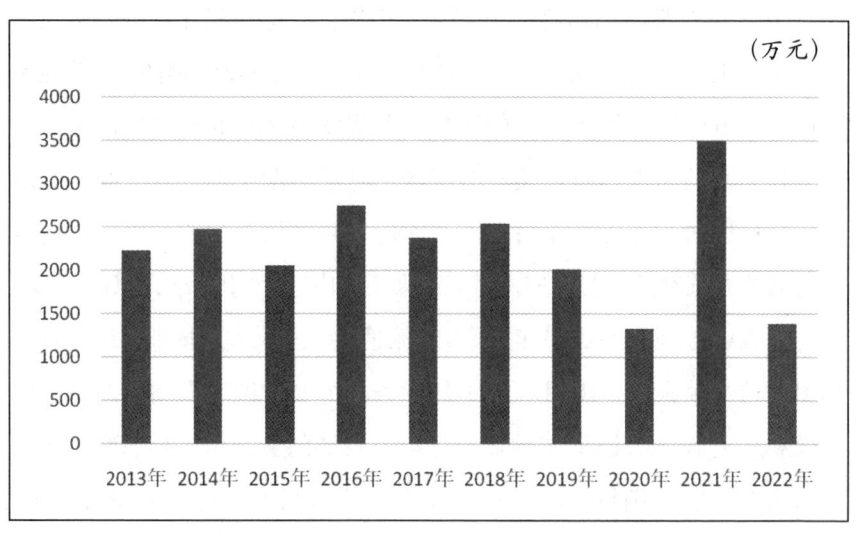

图 1 采编中心 2013—2022 年购书经费图

采编中心采购的图书类型包括中文图书、外文图书、港台图书和少儿图书。十年来图书购置的种数和册数随经费增减而呈现变化的趋势。2013年采购数量最多，购买量达到17.62万种，共计45.23万册图书；2020年经费缩减严重，仅购置了7.9万种，共计15.53万册图书。2021年由于北京城市图书馆和大兴机场分馆建设的推进，图书采购数量增至18.79万种，共计40.85万册。

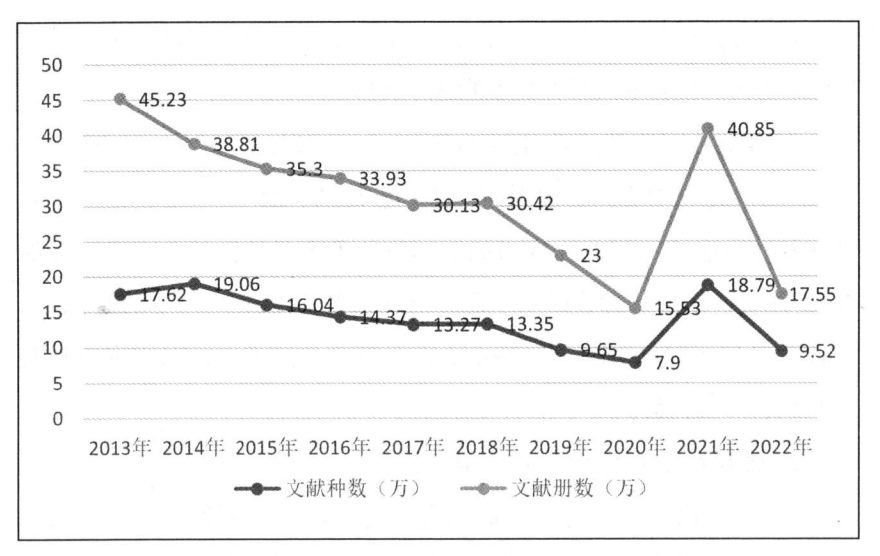

图 2 采编中心 2013—2022 年购置图书的数量变化图

十年来，采编中心不断制定和修订业务制度，逐步规范工作流程。2014 年开始本中心启动部门业务外包，引入书商提供图书验收、数据初编和加工等增值服务。部门持续对工作流程进行梳理和优化，制定了《首都图书馆采编中心图书交接工作单》《首都图书馆编目外包工作日志》《首都图书馆图书验收、分编及加工要求》《首都图书馆书目数据质量检查规定及编目特例说明》和《安全服务协议》等材料，不断规范业务流程，降低工作风险。2019 年本部门制定《首都图书馆图书购置费项目管理办法》，以便加强图书购置项目的科学管理，合理规范地使用图书购置专项经费，实现图书购置工作的制度化、规范化和科学化。

二、联合编目逐渐成熟，平台共建数据共享

1. 积极参加全国图书馆联合编目中心工作

采编中心 2013 年成为全国图书馆联合编目中心（以下简称"全国

联编")北京分中心。2013年至2022年本中心共向全国联编上传数据24933条，审校其他成员馆提交数据30117条。

采编中心多次代表我馆获得全国联编颁发的"年度数据质量优秀奖""年度分中心组织管理奖""年度数据基地""年度数据监督阵地"和"分中心组织优秀成果展示单位"等荣誉，获得CALIS颁发的"CALIS联合目录日文数据库建设突出贡献奖"。2019年至2020年，为了提升我馆国际影响力，采编中心向OCLC上传中文普通图书书目数据3097923条，数据质量得到业界的认可。

2. 牵头组织北京地区联合编目工作

首都图书馆作为北京市文献联合编目中心（以下简称：北京联编）的中心馆，在北京市范围内全面发展成员馆，健全北京市内的联合编目用户体系。目前北京联编的成员馆包括首都图书馆和18家区级图书馆。首都图书馆发挥了中心馆职能，通过与各成员馆业务协作，有效促进本地区公共图书馆文献联合编目工作，促进文献资源整体化建设，以书目数据的规范化、标准化、网络化带动了北京市公共图书馆事业向更高水平发展。采编中心作为北京联编工作的牵头部门，通过系统数据维护、业务培训等方式指导用户使用联合目录平台，实现本地区书目数据资源的共建共享。

2013年为迎接首都图书馆B座开馆，采编中心组成图书馆系统调研小组完成《图书馆集成管理系统调研报告》，为更换业务系统做准备。2016年为了更好地完成数据迁移工作，采编中心对书目数据进行全面细致的分析，进行了一系列调研并制定《ALEPH系统数据合并规则》《首都图书馆书目数据库批处理规则》《索书号构成规则及书标格式》等规则，有力地保证了全市公共图书馆书目数据的合并和整合工作。2017年我馆由智慧2000系统正式切换到ALEPH系统，本中心修订《北京市文献联合编目中心章程》《北京市文献联合编目中心成员馆协议书》《北京市文献联合编目中心工作机制》《北京市文献联合编目中心中文图书编目细则》《北京市文献联合编目中心外文图书编目细则》和《北京市文献联合编目中心图书标引细则》，用于规范成员馆数据质量，维护统一编目平台数据的规范化和一致性。

2018年3月首都图书馆少儿数据切换到ALEPH系统并进行测试，4月底全市各少儿馆工作正式切换至ALEPH系统。本中心制定《北京市文献联合编目中心书目质量控制管理制度》，加强数据质量的检查和通报。2019年本中心制定《首都图书馆合并数据记录单》《联编中心答疑工作单》和《成员馆工单处理记录单》等文件，规范北京联编工作流程，记录已处理问题备查。

为维护平台数据质量，采编中心成立专门的北京联编工作组，抽查成员馆上传的书目数据，处理其提交的工单，合并重复数据，解答各馆编目标引规则和系统问题咨询，保证了平台数据的规范性和准确性。

表1 采编中心2017—2022年承担北京联编相关工作数据表

年份	审校成员馆书目数据条数	处理成员馆提交工单个数	合并数据条数	修改数据条数	修改单册条数	解答编目标引规则咨询次数	解答系统问题咨询次数
2017	1000	552	4777	1100	20000	100	100
2018	10000	900	6000	3000	20000	100	100
2019	46230	1006	3143	5017	7322	502	311
2020	56656	477	4298	3677	8524	87	187
2021	46405	343	3771	4823	182390	295	193
2022	62856	172	1192	2962	2633	92	113
合计	223147	3450	23181	20579	240869	1176	1004

采编中心对各成员馆进行实地调研，了解其采编工作现状和存在的问题，提出针对性的解决方案。本中心每年组织图书编目标引知识和系统操作培训。2017年至2022年，本中心共组织培训349次，成员馆参与培训1499人次，有效地提升了各成员馆编目员业务水平。

三、拓宽图书推荐渠道，形式多样内容丰富

采编中心紧紧围绕社会主义文化发展大局，精选有思想内涵和时代价值的高品质文献资源向读者进行推荐，通过多种渠道向公众宣传党的政策和国家主流意识形态，传播积极、健康和向上的文化内容，注重正确意识形态的宣传和引导。

本中心十年间共推荐各类资源18251种，推荐的类型和渠道更加多元化，深度和广度均有大幅提升。从开始的"首都图书馆"官网、"首都之窗"网站推荐，扩展到"首都图书馆"微信公众号、"首图数字图书馆"微信服务号，从单一的中文图书推荐扩展到外文图书和少儿图书推荐，从传统纸质图书推荐扩展到电子图书、电子期刊、数据库和视频资源推荐，从简单书目推荐扩展到图书内容深度解读。本中心还为北京市委机关图书馆、贸促会等机构提供"一带一路""城市建设""国际贸易""冬奥会""建党百年"和"二十大"等各类主题图书推荐，并为"首都之窗"图书视频提供素材。

四、突破传统建设模式，创新主题图书配置

采编中心多次在我馆各项重大活动中，克服时间紧任务重的困难，按照不同机构和任务的个性化需求，配备相应的主题图书，保障了各项特色文献配置任务的顺利完成。

2020年8月，本中心接到向北京市委机关图书馆推荐和配送图书的任务后，第一时间组织采访人员按照首都"四个中心"功能定位、城市副中心等国家发展战略、世界对北京的研究以及世界城市发展规划等四个主题，精选近千册经典著作和各领域研究的最新成果，设立"首图专架"，为机关业务研究提供具有个性化、学科化和知识化的对口资源。采编中心工作人员加班加点完成图书的采选、拆包、验收、

编目和加工工作。为了保证图书后续正常流通，本中心与相关部门同事共同商讨最佳服务方案，各个环节无缝衔接，最终在各个部门的通力合作下，998册专架图书于9月3日正式上架。为了满足副中心行政办公区干部职工文化需求，本中心又精心挑选了各类精品图书，并在1个月内拨交图书3532册。

2021年初首都图书馆大兴国际机场分馆开馆在即，采编中心认真分析其功能定位和服务对象，从文化、旅游、北京和首都建设等主题出发，共配备中文图书6399册、外文图书6173册及少儿图书778册。该批图书以大众休闲类为主，内容涵盖政治、文化、旅游、地理、历史、艺术、文学、科普、生活、经济等类，用以满足大兴机场分馆不同读者的阅览需求。采编中心各组同事通力合作，提质增效，保障了大兴机场分馆以高品质图书迎接八方来客。

2021年4月初采编中心接到为"童书经典中的党史"展览配书任务后，部门同事多次与展览主办部门同事沟通，了解其具体需求，全力配合展览采购、编目和加工图书。为了以最快速度并尽可能全面地收集各种版本的展示图书，部门同事主动放弃节假日休息。有些出版年较早的图书不易采到，同志们尝试多种渠道，克服重重困难，赶在时间节点前完成了730种1061册党史主题经典图书的上架工作，保障了展览顺利开幕。

同年5月采编中心又为春明簃精心挑选并采购拨交与北京主题相关图书2000余册，保证了这一首都图书馆新名片在6月如期开馆。

北京城市图书馆将于2023年底在万众瞩目和殷切期待中与广大市民见面。采编中心正在为"临山间，于树下，勤阅读"的森林书苑的文献资源建设谋划布局，配合山间阅览区、艺术文献区、古籍文献区、少儿文献区和非遗文献区的建设配置各种主题图书，继续为传承知识和传播文化贡献我们的智慧和力量。

每一份成绩的取得都凝结着全体采编人的汗水和付出。我们将在国家对文化事业日益重视的时代背景下，继续为首都图书馆更加美好的明天而不懈奋斗。路在脚下，未来可期。

（宋艳萍 首都图书馆采编中心副主任）

机场里的图书馆
——参与大兴机场分馆建设的那些回忆

刘 艳

2023年,首都图书馆迎来了110岁生日。100多年来,首都图书馆在传承文明、启迪民智、发展经济等方面做出了重要贡献,积极服务社会公众,弘扬中华民族优秀传统文化,努力传播公共文化知识,不断满足人民群众日益增长的精神文化需求。近年来,首都图书馆紧跟时代步伐,顺应社会发展,不断改革创新,致力于推动公共文化空间建设,持续推进文化和旅游繁荣发展,吸引了成千上万的读者前来图书馆汲取文化知识。在首都图书馆不断探索文旅融合新方式的路上,有一件事值得记录和铭记,那就是——首都图书馆大兴机场分馆的创建。

一、忙碌——全身心的投入

2020年10月,我所在的报刊资料中心负责牵头建设首都图书馆大兴机场分馆。我们既兴奋又紧张,一时间,各种工作纷至沓来,让毫无建设经验的我们顿时有点儿慌了神。项目的设计、装修工程、工程造价、工程监理、活动家具、活动设备和运行服务,这几块全部落在报刊资料中心,无论是精力还是经验上都让我们难以应付。接踵而来的各项工作,让我们只能是硬着头皮往前走,厚着脸皮到处问,就这样跌跌撞撞下,逐步完成了市场调研、预算申报、专家论证会等环节。还记得制作招标文件的那段日子，几个项目同时开展，技术参数、打分标准和合同等反复修改，我们抓紧一切时间对各种文件精雕细琢，夜不能寐，就连梦中都在修改提交资料和接打电话，压力达到顶峰。

总以为招标完了可以松一口气，不承想，幸运女神好像没有办过读者卡，总是忘记眷顾我们。好不容易赶在春节前完成了所有招投标和签合同工作，2021年初又遇到了大兴暴发疫情，进场安排被紧急叫停。在进场时间被延误的日子里，我们紧急调整工作计划，把内部人员培训提上日程。一方面，我们建立了七方例会联席机制，日日沟通，周周碰头，快速推进并确认建设方案。另一方面，我们针对运行团队制定了培训计划，邀请我馆业务专家贾蔷、贾峥、张法、吴亦超、王思思等同志，对运行公司工作人员开展图书馆专业知识方面的培训。培训结束后，安排运行公司人员在典阅、报刊、少儿等多个台口部门进行轮岗实习。我和部门梁孟娇、孙晓冬等同志，带着这群刚毕业的孩子上课，教他们顺号，安排他们调研，带着他们熟悉网站，用心尽力地把每一个环节落到实处。那段时间忙碌得午饭都顾不上吃，每天要办的事情写满一整张纸，小到进人进车，大到图纸修改，完成一项划掉一项，绝不拖延到第二天。每天手机都被各方打到没电，微信上有上百条未读信息，工作一波未完一波又袭来。终于在焦急的等待中，迎来了机场方传来的好消息，同意在3月底进场施工。

二、艰难——一波三折终开工

本想着日夜不断施工，把失去的宝贵时间抢回来，争取赶在4·23世界读书日这天开馆。没想到墨菲定律再次上演，施工图纸因为北京建设院严苛的消防要求而屡次修改，木质书架全部被要求换为铁艺书架，光是一个围挡搭建方案，一个月内就被驳回了六七次，刚进场的我们就被机场复杂的审批流程惊呆了。试想一下，我们每次买机票坐飞机的时候要经过多严格的安检才能进到候机区？而分馆的二层区域就设置在候机区域中，可想而知，图书馆建设在安全隔离区，难度多么大！机场白天有航班和旅客进出，只能允许晚上施工，每天晚上8点开始和其他商户一起抢着排队，通常是凌晨12点左右最后一趟航班清场后才能按照排队顺序安检进场，清晨5点又得撤出，实际每天只有三四个小时可以开工，还要面临三番五次的安全检查，进展速度可想而知。

那段时期我们真是咬着牙挺过来的，白天开会协调各方进展，在馆内完成各种手续的办理，晚上既要到施工现场查看工程进度，又要把机场反馈的问题处理好。由于人手紧缺，很多事情我们都是亲力亲为，不放心把所有事情都交给第三方。记得有一次往机场二层运书箱，一箱箱地过安检机，因为书码得太厚射线打不透，我们在地上徒手拆箱子，几本书几本书地过安检机后，又装到箱子里。没有工具，我们用钥匙戳开胶带，拆了箱子又封上，被排队的其他人围观了整整一个多小时，听着队伍后面排队的人不停地催促和埋怨，气氛尴尬、委屈夹杂着身体的酸痛，蔓延了一整个晚上。连夜回馆后，还有文件要修改发送，不能耽搁。开馆前几天，我们请后勤服务部的赵景妍老师帮忙，给机场分馆添置了很多漂亮的绿植，让分馆的环境更加素雅。那天天公不作美，傍晚下着滂沱大雨，时间不容我们重新办理手续，我们必须按照原定计划执行，把鲜花运到机场。孙冀、刘佳琳和我三个人把30多盆绿植和鲜花一盆一盆地送到安检处，一趟一趟穿走狭长迂回的走廊，把绿植鲜花完好无缺地摆放进阅览室内。

另外一件印象深刻的事，当数机场通行证件的办理。机场对于安防的要求严苛至极，甚至会因为一个人前后签字的字体不同，就拒绝办理。那个时候我们还没有办理长期通行证件，每天只能使用当天有效的临时证件。每次办理临时证件，都要提前至少10天，把10天后要进入隔离区的人员准确无误地写在介绍信和担保函里，等到机场员工有时间的时候方能陪同进入，经常是早上来了机场，下午还没能上到2层，大大影响了工作计划和进度。历经近五个月，在经历了无数次驳回修改、再驳回再修改的循环中，我们终于完成了一系列审核、备案和考试答题，拿到了一枚来之不易的通行证件。

三、难忘——备受瞩目试运行

开馆前一天晚上，我们彻夜未眠，和工作人员一起为地板打蜡、摆放绿植、检查图书、测试机器、准备开馆伴手礼。我们把自己扮成路过的旅客，一遍一遍欣喜地走进这个全新的图书馆。这一晚是激动的，我们如释重负，望着机场的星空，我们感叹：持续了9个月的项目终于要正式落地了。

是的，终于，历经各种艰难苦阻后，在2021年6月28日这一天，

图1 首都图书馆大兴机场分馆团队合影

在中国共产党百岁华诞前夕，我们做好了一切的前期准备，试运行开馆，迎接第一批读者！当天的分馆备受瞩目，仅开馆当天，读者办卡量76张、借阅量102册、进馆量1406人……转眼一个月过去了，分馆越走越顺，各项业务也走上正轨，历经一个月的试运营后，7月28日这天分馆正式开馆，北京日报来到现场直播探店，宣传策划部专门为分馆策划举办了首场文旅主题新书直播分享会——《四合院活物记》新书直播分享会，邀请了知名作家、北京金牌阅读推广人崔岱远先生携新作《四合院活物记》，与读者分享北京四合院里的小故事，北京交通广播主持人吴勇先生还在现场诵读了精彩篇章，和读者一起品读四合院的活物之美，这一活动吸引228.6万人次线上观看直播。活动结束后崔岱远先生进行现场签售，准备的50本图书全部售罄，没想到旅途文化需求如此旺盛，这就是文化的感染力！我们很欣慰，分馆为读者的旅途文化增添了出行文化气息和温馨的文化体验，让旅途时光变得书香四溢。

图2 《北京日报》探店直播——《四合院活物记》新书直播分享会

四、改变——自主运营分馆

分馆半岁后，又迎来了它的历史性时刻。建设之初，分馆采用的整体外包运营模式由于合同期满和公司人员流动极大等原因，即将转为首都图书馆自主运营。我们也深深体会到，分馆处在北京大兴国际机场"新国门"这个重要地理位置，开创了公共图书馆进驻大型航空枢纽的先河，打造了智慧化图书馆的建设试点，这样的成绩来之不易，确实需要本领域专业、资深、稳定的馆员驻场，才能够将分馆推向更高层次、发挥出更高水平。为此，我们在图书馆内部招募并组建了新的团队，根据工作时长和岗位设置，分为3个班次，每个班次六人，重新开启了新一轮的人员培训和办证手续。2021年底前，在完成了一系列准备工作后，新的团队与旧的运行公司之间顺利、平稳、愉快地完成了工作交接。

自主运营一年来，分馆在大家的通力协作下运营稳健，全年累计

图3 2021年6月23日，在大兴机场分馆录制首都图书馆"永远跟党走"红歌传唱活动

接待读者 34880 人次，借阅 3570 册次，办卡 263 张，读者留言 91 条。在分馆开馆一周年之际，还举办了"空中阅读者 好书机上读""冬奥有我"打卡、制作纪念印章与老北京胡同文化明信片等一系列特色纪念活动。如今，分馆已经成长为一个主题突出、特色鲜明、服务便利的书香国门公共阅读空间，成为北京市文旅融合新地标，成为一处吸引旅客打卡留念、休憩候机的网红区域。

对于我们来说，每一段经历都是一次历练，是增长学识的机会，能够参与大兴机场分馆的建设，我们感到非常荣幸和自豪，虽然过程艰苦，但是困难让团队的每个人凝聚得更加紧密。感谢领导在关键时刻的倾囊相授，感谢同事们的出谋划策，感谢兄弟部门的支援协助，感谢小伙伴们的坚强、信心和勇气。大兴机场分馆是知识和信息的汇集之所，是精神文化的传播之地，是首都文明的展示之窗。它的建成，让旅客和机场工作人员的出行和生活更加便利，也让首都图书馆的服务范围更加广泛。我们真诚地希望，每一位走进大兴机场分馆的旅客，都能变成我们忠实的读者，成为一个想阅读、会阅读、爱阅读的人，用自己的知识点亮更多的人。也衷心祝福和期待首都图书馆，未来越走越好，继续蓬勃发展，再续辉煌！

（刘艳 首都图书馆报刊资料中心副主任）

镇库之宝《清车王府藏曲本》的来源及整理出版纪事

马文大

首都图书馆馆藏的戏曲抄本总集《清车王府藏曲本》，是清代北京车王府收藏的戏曲、曲艺手抄本的总称，卷帙浩繁，内容宏富。戏曲包括昆曲、乱弹、弋阳腔、吹腔、西腔、秦腔及木偶戏、皮影戏等；曲艺包括鼓词、子弟书、杂曲三大类，内含说唱鼓词、子弟书、快书、牌子曲、岔曲、莲花落、时调小曲等曲艺形式，时调小曲中又有马头调、叹十声、湖广调、南园调、鲜花调、乐亭调等曲调。曲本中作品取材广泛，有商周以来的历史故事和传说，也有根据古典文学名著改编、敷演的剧本，更重要的是不少曲艺作品对当时的社会生活、风土人情有大量描绘，内容极其丰富。已故著名戏曲艺术家欧阳予倩誉之为"中国近代旧剧的结晶，于艺术上极有价值"。

这部戏曲曲艺宝藏的发现是在民国十四年（1925年）的夏天。据琉璃厂的雷梦水先生在《学林漫步》第9辑中讲道，当时孔德学校的图书馆馆长马隅卿先生和著名学者刘半农先生，致力于收藏小说戏曲方面的旧籍，而琉璃厂东口宏远堂赵氏向他们推荐"西晓市"有售卖自北京一个蒙古车姓王爷的府内流散出来的大宗戏曲小说。崇文门外"西晓市"就相当于现在的北京古玩城潘家园市场的"晓市"，都是贩卖者在拂晓时分进行古旧文物与书籍交易的场所。马隅卿先生在《孔德月刊》上说：

这一批曲本，是十四年的暑假之前，买蒙古车王府大宗小说戏曲时附带得来的，通体虽是俗手抄录，然而几千百种聚在一起，一时亦不易搜罗；并且有许多种，据说现在已经失传了。十五年暑假中，承顾颉刚先生整理，编成分类目录。最近因各方索问者众，爰在本月刊分两期发表。（《孔德月刊》1927年1月号）

孔德学校是北京大学蔡元培先生为安置北大教工子弟而倡议成立的学校，马隅卿先生主持教务期间购买了大批小说戏曲方面的珍贵旧籍，后来都转入首都图书馆收藏。《清车王府藏曲本》购买了两批，第一批入北京大学收藏，第二批入藏孔德学校图书馆，后来转入首都图书馆收藏。

车王府曲本第一批152函，2154册，其中戏曲783种，曲艺662种，共1445种，大部分是原抄本，仅有刻本数种，署京都泰山堂、宝文堂刻本，现藏北京大学图书馆，顾颉刚先生曾整理目录发表在1927年1月的《孔德月刊》上；第二批230种，2360册，与孔德学校的其他藏书一起归入首都图书馆。同一来源的戏曲曲本宝藏无意间被拆分两处，不利于研究和利用，首都图书馆和北大都希望曲本成为全璧，首都图书馆历来以收藏戏曲文献著称，所以对补全曲本尤其重视。60年代初首都图书馆与北大图书馆达成协议，安排人员互相抄补缺少的部分。首都图书馆安排当时下放在图书馆的几位"右派分子"老教师抄录北大所藏曲本，用毛楷工整抄录了906种378册，余下的部分摄制缩微胶卷244种12盒。但是还没有摄制完成，这项工作就被迫停止了。虽然如此，经过这次抄补，首都图书馆成为车王府曲本收藏最多的单位。

第一批曲本中山大学还有一份抄录本。顾颉刚先生在整理目录后不久，离开北大，转而南下厦门、广州，任教于中山大学，他派人将第一批曲本录得全份，这就是后来中山大学所藏《车王府曲本》的由来。《民俗月刊》第四十五期（1929年4月）记载此事：

> 蒙古车王府曲本抄本，藏在北平孔德学校，本校语言历史研究所主任顾颉刚先生曾派人录得全份。广东戏剧研究所主任欧阳予倩先生到所参观，以为与通行之本不同，为中国近代旧剧之结晶，于艺术上极有价值，复拟以重抄，以资研究。兹特先将目录印出，以享读者。

《民俗月刊》也刊登了简目。但是后来我们核对中大、北大和首都图书馆的曲本目录，却发现中大比北大、首都图书馆的曲本还要多出些许，尤其是同名剧，北大、首都图书馆只有一种，而中大是两种，不知当时的抄录情况如何，时隔几十年已很难考证。

除了这两批大宗曲本藏本之外，间有少量曲本流散于它处，如"碧蕖馆""双红室文库"以及台湾"中央研究院历史语言研究所"等处所藏曲本中，曾偶见原车王府藏本，但为数不多。傅惜华先生"碧蕖馆"所藏20种曲本，我们经过比对，发现与北京大学、首都图书馆的藏本存在差异，是否即是车王府故物，尚有争议。

这样一批重要的戏曲曲艺文献宝库，在20世纪80年代以前并未得到应有的重视，几十年深藏大库，无人问津。20世纪60年代，当时的文化部副部长齐燕铭先生曾在全国范围内组织专家学者们研究过整理问题，但是因为"文化大革命"而中止了。后来20世纪80年代后期，市民委的马熙运先生整理过其中子弟书部分，其他鲜见学者提及。

90年代初，由于民委的马熙运先生经常到馆查阅《曲本》中的子弟书，馆里安排对曲本做了调研，当时的馆长冯秉文先生建议整理出版《车王府曲本》，于是成立4人小组，开始整理编辑出版工作。我们的整理工作包括分类排序，编辑目录、索引，专家咨询，联系印制，校对修订，下厂监制，出版发布，等等。

戏曲文献的编辑工作专业性很强，我们组建了专家团队作为编辑顾问，当时邀请了著名戏曲理论家、评论家翁偶虹先生、故宫博物院的朱家溍先生、中山大学的王季思先生、山东大学的关德栋先生、社科院的吴晓铃先生、吴祖光先生等老一辈专家学者，以及北方昆曲剧院的侯玉山老艺术家、艺术研究院的李翔仲先生、戏曲研究所的马少波所长等。这些老专家和老艺术家听说我们要整理出版《车王府曲本》都非常支持，认为是功德无量的大好事。

几位专家我们都多次上门请教。朱家溍先生因为离国子监首都图书馆比较近，经常自己骑车来我们组和我们一起给曲本的剧曲种鉴定。老先生爱抽烟，烟不离手，但是看曲本的时候却坚决不抽烟，说要保护古籍，只是在鉴定的间隙和我们一起抽烟讨论。车王府曲本整理出版时候的书名，就是翁偶虹和朱家溍等先生提出的。馆藏卡片目录著录这套曲本就叫《车王府曲本》，他们认为叫《车王府曲本》不妥，没有体现出时代。车王是谁当时学界也没有考证清楚，中山大学刘烈茂教授和郭精锐教授考证是北京鼓楼东大街那王府，大家都不认可；朱家溍先生说他小时候住东城板厂胡同，僧王府斜对面就有一家门上挂着"车王府"；关德栋先生说他上学的时候和策凌是同学，他家也叫车王。虽然当时没有考证出车王是谁，但是知道肯定是蒙古的王爷驻京的宅院。最后和专家协商，一致同意定名为《清蒙古车王府藏曲本》，既表明了曲本的时代特征，也揭示了收藏者蒙古王爷的身份，并以此作为影印出版的书名。

1988年我们到广州中山大学向王季思先生请教，先生住中大的独栋专家楼，先生的夫人在中大图书馆工作，在家中招待我们吃橙子，印象中是第一次吃到那么大且水分充足的橙子。我们还调查了中大图书馆所藏当年顾颉刚教授抄录的那批曲本的情况。王季思先生热情赞扬了我们的整理工作，说南方人搞京剧研究不如北方人，并欣然承诺为我们整理的这套书作序。序是他的弟子王建执笔写的草稿，后来王先生在稿子上加上了"比之安阳甲骨、敦煌文书，它发现较迟，受人注意较少。但也正因为如此，它有点像初露矿苗的矿藏，未被开垦的处女地，开发前景必将更为可观"等语句，高度肯定了车王府曲本的价值和地位，评价之高超出我们的预料。

翁偶虹先生家里我们也去过多次，每次拿着大摞的曲本去请教，哪些是高腔唱本，哪些是昆曲唱本。很多戏曲唱本中既有京腔，也有高腔，有的还有昆曲曲牌，朱家溍先生将之定义为清中晚期出现的"昆乱不挡"时期的"乱弹"，我们决定遵循朱老的建议，不用京剧的名称，改称此类为"乱弹"，以反映京剧在北京的发展与演变过程。书即将出版的时候，我们请翁偶虹先生题词，翁先生欣然作诗一首："车王嗜曲广搜求，铁网珊瑚历历收。沧海遗珠光照眼，灿然骇瞩溯源头。"诗刚开始是用签字笔写在稿纸上，我们觉得印在书上还是毛笔更好，于是又到翁先生家中商量可不可以用毛笔写。翁先生当时已年近九旬，他说拿毛笔写不了字了，手抖。于是我拿出一根当时刚在市场上出现的软笔，请翁先生试试。翁先生一试，效果还真好。我顺势将此笔送给老人家。最后的诗文钤印，还是翁老找出印章我帮助钤盖在诗稿上的。

去团结湖吴祖光先生家请教过两次，墙上挂着新凤霞画的画，但是都没有见到新凤霞，正巧都在内室睡觉，大概那个时候身体不大好。吴先生与我们谈了他和吴晓铃先生对于曲本历来都很重视，对于我们的整理工作给予肯定。

关于俗曲部分我们请教的是住在刘兰塑胡同的李翔仲先生，他当时许多的子弟书和岔曲都会唱，指导我们对俗曲部分进行分类。

此书是我们与北京古籍出版社联合出版，在上海古籍印刷厂印刷。我们要把整理成册的稿件发往上海，印刷厂制片打样出来后我们派人到厂校对稿件。因为稿件数量庞大，工作时间很长，当时是两个人一组，轮流在上海古籍印刷厂校对，一个月轮换一次，年节都在上海住，这样前后持续了近1年，终于完成。

《清蒙古车王府藏曲本》影印本每套共315函、1661册。为了便于检索，我们编制了剧曲目目录和笔画索引、音序索引，和专家学者的题词合为第一函。名人的题词包括王任重、刘澜涛、王光英、耿飚、程思远等，溥杰先生为本书题写了书名书签。著名篆刻家骆芃芃女士为曲本的出版篆刻了"首都图书馆珍藏"的印章，原石5厘米×5厘米。该印章钤于1990年首都图书馆和北京古籍出版社联合出版的《清蒙古车王府藏曲本》的函套书签上。

  1990年《清蒙古车王府藏曲本》影印出版后在人民大会堂举办了隆重的首发式，由北京出版社和首都图书馆联合主办。为本书题词的名人和专家学者基本都参加了首发式，盛况空前。《清蒙古车王府藏曲本》定价9万美金1套。当时图书馆并没有图书出版的费用，是委托中国图书进出口公司外文部赵旸主任等帮助预售，中图预先支付了3套图书的书款，此书才得以顺利印制出版。后来中图公司又委托日本丸善图书公司在日本独家发行，丸善将此书在日本定价13万美金1套。由此也可以看出当时此书的价值和地位。此书的出版给首都图书馆创造了巨大的经济效益和社会效益，从此，首都图书馆在国内外图书馆界率先走出了一条文献整理、开发的新路，在图书馆界和学术界获得了良好的声誉。《曲本》出版后，相关学者对于《曲本》的研究逐渐多了起来，学界基本确定车王是蒙古的车林巴步，住北京东四三条，后来家道衰落，变卖了家中的曲本。《曲本》成书大约在清代道光至光绪年间，产生于中国昆曲艺术逐渐衰落、各地方戏曲兴起的演变时期，是研究近百年中国戏曲与说唱艺术的珍贵史料，也是研究清代王朝由盛转衰时期的民情、风俗、民族关系、宗教信仰等方面的珍贵资料。就京剧而言，早期形成过程中的剧目已大多失传；就弋阳腔而言，国内能演唱者屈指可数。当时我们采访请教侯玉山先生，老先生已经98岁高龄了，仍然可以拿着我们带去的曲本把高腔唱出来，并且告诉我们哪些已经失传了。《曲本》收录的剧目，体现了"昆乱不挡"时期的演变过程，并保留着几十种已失传的弋阳腔剧目。《清蒙古车王府藏曲本》作品语言丰富，保留了很多当时流行的方言，文学艺术价值很高。

《清蒙古车王府藏曲本》中保存了大量北京地区俗曲,也反映了清末民初北京的社会生活状态,是珍贵的北京地方文献史料,比如岔曲"阔大奶奶逛二闸",反映的就是今天四惠桥附近通惠河上的第二闸庆丰闸的景致。类似的例子还有很多,不胜枚举。

王季思先生曾说:"从甲骨与敦煌文书所产生的深远影响来看,车王府藏曲本的前景必将大有可观。目前,它已愈来愈引起海内外学者的关注。"这批曲本由于涉及内容广泛,从通俗文学的角度看,对本民族几千年的历史文化也是一种补充。民间艺人对历史的评判,既可补正史之不足,又可作为史学研究者的参考,纠正某些正统史学家的偏差。曲本的部分作品还可以通过改编重新搬上歌场舞台,繁荣文艺。

《清蒙古车王府藏曲本》的整理出版,是我参加的第一个文献整理出版项目,也是规模最大的一个项目。回忆过往,许多细节仍历历在目,令人难忘,许多人和事值得记录和纪念。今年恰逢首都图书馆建馆110周年,1913年建馆之初,秉持鲁迅先生"启迪民智"的宗旨,馆藏以收录大量通俗小说、戏曲为特色,逐步形成颇具规模的特藏。如今,《清蒙古车王府藏曲本》影印本入藏海内外各大学术机构,成为研究中国戏曲曲艺的文献宝库,随着影印本的面世,越来越得到广大专家学者的重视和研究利用。这批丰富的藏书,也成为首都图书馆的镇库宝藏!

(马文大 首都图书馆北京地方文献中心主任)

一百一十年华诞金樽举
十七载蒙恩风雨情

马 佳

2006年，由北京戏曲艺术职业学院当时的党委书记黄海燕牵头，并在时任首都图书馆副馆长邓菊英的大力支持下，北京戏曲艺术职业学院图书馆成了首都图书馆分馆。随着首都图书馆分馆这个新身份的开启，也进一步促进了我馆的信息化、数字化的进程。

在此之前，北戏图书馆一直处于手动流通借阅、卡片目录管理的办公状态。随着学院办学能力的进一步提升，院领导迫切希望能够提升图书馆的服务质量。但是摆在北戏图书馆面前的困难重重，如何将先进的管理理念引入图书馆今后的建设中，如何搭建起图书馆现代化规模的基础平台，如何对图书馆几万册图书进行系统化管理，如何改善图书馆流通服务水平，都是需要一一解决的问题。困难之时，首都图书馆陈坚、李念祖、李浞清等老师，集结首都图书馆各方面的技术力量，给予了北戏图书馆巨大的帮助。首都图书馆不断委派专业人员

图1 "首都图书馆北京戏曲艺术职业学院分馆"揭牌仪式

参与北戏图书馆回溯建库、设备选购、管理系统架构、网络布局等工作，为北戏图书馆现代化管理雏形的构建，奠定了坚实的基础。

工作中，北戏图书馆无论遇到任何问题，首都图书馆都会热情帮助解决。我们深深地记得，一次北戏图书馆管理系统崩溃，几万册图书的数据亟待恢复。由于所使用的智慧2000小型版系统已经无法联络到相关售后服务人员，首都图书馆对外合作部许凯老师得知后，立即联系信息网络中心负责人，并委派孙晓琳老师火速赶往我馆进行协助恢复。当时正值炎炎夏季，孙晓琳老师冒着酷暑，一次次地往返于北戏图书馆与首都图书馆之间，为我们解决实际困难。经过孙晓琳老师的努力，馆藏数据终于得到了恢复，替我馆挽回了损失。

北戏图书馆由于经费有限，在数字资源建设上存在一定局限性。多年来，首都图书馆在信息资源的共享上一直不遗余力地帮助我们。成为首都图书馆分馆后，通过许凯老师的努力协调，首都图书馆帮助我们开通了中国知网、龙源期刊等数据库的使用权限，极大地解决了我院师生在学术研究、论文写作等方面的需求。同时，每年向我馆邮寄《数字资源使用攻略》的小册子，指导我院师生在线使用图书类、报刊类、多媒体类、古籍类等数据库资源。

2014年3月10日，首都图书馆古籍保护中心主任刘乃英携馆员来到北戏图书馆，协助整理相关古籍。在首都图书馆人员到来前，我馆古籍处于一种零散混乱状态，没有建立基本体系，不利于查找利用。通过首都图书馆老师们的耐心指导，最终完成了对民国前近20种古籍书目题名、责任者、版本、残缺情况、书号等情况的著录工作，同时将著录项目宣纸做好标签后，插入书中，并按经史子集的流水号进行了排序。此外，我馆工作人员也受邀参加了古籍保护中心举办的培训会议等活动，系统学习了古籍保护应用方面的知识。填补了我馆在古籍管理方面的空白。

成为首都图书馆分馆的17年间，首都图书馆利用其强大的专业技术背景、先进的管理经验,以及在业内的地位,不仅给我们带来了先进的理念,也带来了先进的管理经验。我馆无论组织活动还是开展业务工作,都会向首都图书馆请教,听取来自首都图书馆的意见。在首都图书馆合作协调中心的召集下,我馆参与过联盟工作会议等活动。在会上听取了来自各个区县馆的管理经验,对于智慧图书馆建设、现代图书馆服务转型发展等先进理念等有了一定的认识。

首都图书馆作为北京地区公共图书馆的行业先锋,发挥了公共图书馆服务的最大化效益,以及北京地区图书馆联盟中心的枢纽作用,最大限度地整合并优化了北京区域内图书资源配置,为各地区图书馆间的文献资源共建与共享,加快各图书馆服务转型与创新,提供了高端交流的共享平台。成为首都图书馆分馆,令我馆受益匪浅。今后北戏图书馆必将再接再厉,不断提升服务水平与服务质量,并在首都图书馆这艘巨轮的护航下,继续乘风前行。

恭祝首都图书馆110周年生日快乐,希望她在接下来的110年里续写更加灿烂的辉煌。

(马佳 北京戏曲艺术职业学院图书馆)

从卡片式书目到智慧化图书馆
——一个图书馆信息化建设者的讲述

陈建新

图书馆是天堂的模样，是我向往的殿堂。我当年高考第一志愿就是北京大学图书馆系，却由于高考失利而与之失之交臂。1990年，国家开始正式实施大学生毕业分配双向选择，我如愿以偿，以计算机相关专业应届毕业生的身份走进了首都图书馆。一进国子监的大门，便被浓郁的书香、参天的古树、温文尔雅的图书馆人所吸引，沉醉其中不能自拔，深信自己就是属于这里了，这一待就是32年，图书馆馆员成了我一辈子的职业，实现了所学专业与图书馆事业的完美结合。

20世纪90年代初期，图书馆全部业务和服务都是传统的手工劳动，进入图书馆，首先接触的就是图书著录卡片和目录柜，而且那时还是工作人员一笔一画地写在卡片上。这种形式，目前在首都图书馆的历史文献中心古籍善本阅览室，提供给老读者们使用。而我作为当时第一个也是唯一的计算机相关专业的新到馆大学生，深受馆领导的器重，自身也深感责任重大。利用闭馆时间，馆领导安排我为全馆工作人员授课，讲授计算机应用知识和技巧，参加培训的同事坐满了大阅览室。经过全体员工不懈的坚持和努力，首都图书馆在1997年使用了第一套图书馆集成管理系统，实现了图书馆采访、编目、流通等业务自动化，从此走上了自动化的道路。

第一阶段 图书馆管理自动化——业务流程实现自动化管理

首都图书馆的第一套计算机设备是国产联想计算机和打印机,这一套当时的价格是7万多元,由当时的计算机部保管使用。

北京地方文献部作为当时首都图书馆的创收大户,因需要开展广泛的信息咨询服务,成为第一个拥有计算机设备的业务部门。

1992年,首都图书馆因业务需要成立自动化发展部,我也在经过一年多的轮岗之后来到这里。我发挥专业特长,独立开发了首都图书馆的第一套计算机软件——工资发放系统,算是小试牛刀。

1995年,自动化发展部承担了首都图书馆业务自动化建设任务,我带领部门同事深入研究系统功能,并派员前往深圳图书馆学习,参加实地培训。1996年7月,完成了馆内局域网建设,引进ILAS图书馆集成管理系统,该系统于1997年1月正式上线,首都图书馆全面进入业务自动化管理阶段。

1998年,首都图书馆与深圳图书馆签订"建立首图ILAS系统培训中心"的服务协议,承担起全市公共图书馆的计算机应用培训工作,引领全市区县图书馆逐步实现业务自动化。

与此同时,于1997年筹建首都图书馆电子阅览室,并对读者开始有偿服务。

第二阶段 图书馆服务网络化——北京市公共图书馆计算机信息服务网络建立,全国文化信息资源共享工程在北京全面落地

随着图书馆事业的飞速发展,国子监旧址已经无法满足社会及广大读者对图书馆日益增长的需求,首都图书馆新馆建设项目被提上议事日程,1998年首都图书馆新馆建设调研工作全面启动,我馆成立计

算机系统调研组，我作为组长负责有关计算机网络、应用系统的调研活动。经过几年的艰苦研发，2001年，在首都图书馆搬迁至位于十里河的新馆时，一个拥有自主知识产权的、功能更加强大的网络管理系统——"智慧2000数字图书馆管理系统"正式应用于首都图书馆新馆。

2002年起，在原北京市文化局的主持下，首都图书馆开始实施"北京市公共图书馆计算机信息服务网络工程"，项目由信息网络管理中心具体负责实施。通过此项工程的实施，北京市22个区县图书馆、少儿图书馆的现代化程度得到大幅度的提升，实现了从无到有的飞跃；全面实现了书目数据全市联编共享。在2004年图书馆评估中，北京市公共图书馆在图书馆现代化相关评分中成绩突出。

在"北京市公共图书馆计算机信息服务网络工程"基础上，2004年5月，5个城区馆及所属街道社区图书馆先行开通"一卡通"服务，建成了全国第一个真正实现区域公共图书馆通借通还的图书馆服务体系。经过多年的发展，北京市的区县级图书馆已经全面实现了"一卡通"服务，并向全市基层图书室辐射，截至2022年底，北京市已有433个街道、社区图书馆实现了通借通还的服务，市民享受了极大的方便。

2002年下半年，文化部、财政部发起了"全国文化信息资源共享工程"，首都图书馆签约为第一家示范单位，信息网络管理中心同时承担此项工程。在工程实施过程中，我们注重追踪新技术的应用，注重实际的调研，注重服务的开展，结合北京市的实际情况稳步推进各项工作，选择覆盖范围最大的有线电视网络来实施工程进村服务。2006年以"播存结构"理论为依据，建设"北京市文化共享工程内容传输平台"，同时开通北京市文化共享工程网站，多渠道开展资源服务。到2009年，北京市的区县、街道、乡镇、行政村，已经基本实现了基层服务点的全覆盖，先于文化部要求提前两年完成覆盖任务，而共享工程的网络和设备也成为了北京市农村党员远程教育系统的基础网络，实现了两大系统的共建共享。同时，我们积极整合北京特色资源，适合北京农村实用的农业资源、弘扬北京历史文化的"北京记忆"等等，成为共享工程中独具特色、广受欢迎的资源。

北京市的文化信息资源共享工程各项工作在全国名列前茅，多次在全国进行经验交流，荣获了"共享工程舞台艺术作品征集杰出奖""全国文化信息资源共享工程建设成就视频展播评比活动一等奖""'和谐共建，畅想文化之美'视频宣传片一等奖"，2011年组织策划的"颂歌献给党——北京市文化信息资源共享工程建党90周年群众歌咏活动"，《歌唱祖国》作品荣获全国第一名。2015年，北京市公共电子阅览室社会化推广专项工作，首次将数字阅读服务引入高新技术企业、民营书店、网吧、酒店等场所，被全国公共文化发展中心列为创新服务案例，五年来，这种方式在海淀区得以持续推广，惠及海淀区2000多家企业、30多万名企业员工。

第三阶段 数字图书馆建设——统筹数字资源建设，应用多种新媒体手段开展服务

1999年10月27日上午，原文化部召开座谈会，会议主题为"数字图书馆工程"，会议将首都图书馆作为第一家示范单位，由此开启了数字图书馆的建设工作。

数字图书馆建设核心为数字资源，2009年之后，文化信息资源共享工程也将建设重点由网点建设转移至数字资源建设与服务，并在全国实施"公共电子阅览室建设计划"，大力推进数字资源在基层的推广与应用，北京市又一次成为全国第一批9个试点单位之一。

2012年，首都图书馆成立"共享工程北京分中心"，将建构共享工程及数字资源共建共享相关工作独立出来，加大数字文化工程的推进力度。

在充分论证的基础上，原北京市文化局提出"北京市数字文化社

区"建设项目，在北京市经信委的大力支持下，将文化共享工程、电子阅览室建设计划、数字图书馆推广工程依托"数字文化社区"建设项目共同推进，并列入2012年、2013年市政府实事重点任务，首都图书馆负责整个项目的实施，从项目规划、网络建设、资源整合等各方面全面跟踪，300个数字文化社区两年内建成投入应用，这一项目，深受社区居民欢迎，取得显著成绩。

馆藏资源数字化是我馆重点开展的资源建设工作。从2002年开始，我馆共完成自建数字资源存量超过88TB，已发布7TB。数字化对象涉及图书、报纸、期刊、古籍、拓片、老照片、舆图、黑胶唱片等多种文献类型，目前已完成北京市地方特色图书数字化2000余种，古籍善本1400余种，期刊50余种，报纸30余种，"文革"小报10000余期，各种老照片20000余张，拓片7421种，舆图近3000幅，戏报1400余张，中文黑胶唱片7000余张。

原生数字资源以音视频建设为主，形成《首图讲坛》1431场、《少儿动漫》823集、《典藏北京》历史文化系列专题片及微视频195集，此外还有口述历史素材若干。

《典藏北京》是原文化共享工程北京分中心（首都图书馆）历时10年打造的大型历史文化系列专题片，包括近史重寻、千年科举、北京文化史上的外国人、国韵京剧、爱新觉罗后裔口述史、舞韵——京津冀"非遗"舞蹈、"首图讲坛"微讲座、北京老街区等23个系列，包括145集专题片和50集微视频。2020年起，基于这一系列口述及影像，着手进行系列图书及电子产品的出版。

资源内容的日渐丰富，促进了服务手段的多样化，网站、APP、微博、微信公众号、小程序等多种新媒体平台越来越广泛地应用于图书馆，为读者服务，截至2022年，首都图书馆的新媒体应用基本覆盖全媒体，如下图：

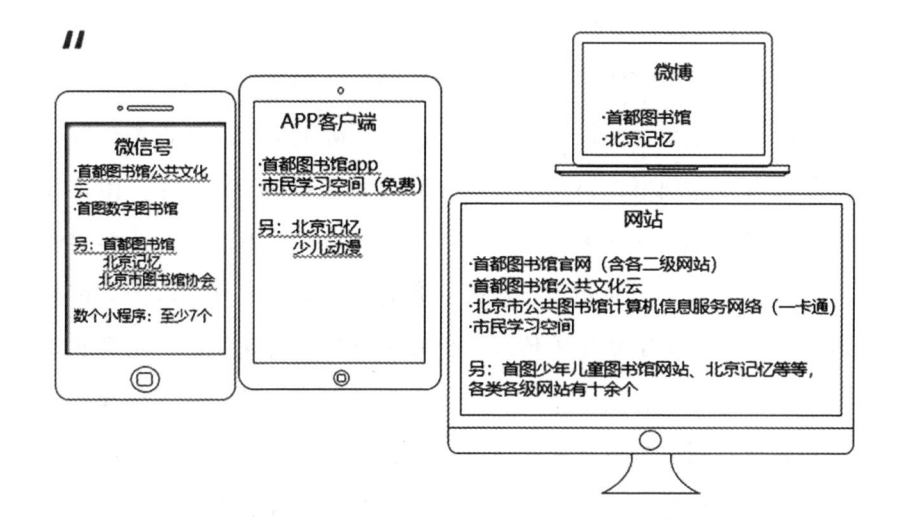

第四阶段 智慧图书馆发展——结合城市图书馆建设推进图书馆服务智慧化转型

2019年4月，为适应移动互联网等现代化科技发展趋势，破解公共数字文化共享发展中存在的瓶颈问题，推动工程转型升级、深度融合，创新公共数字文化服务业态，提升服务效能，文化部和旅游部办公厅印发《公共数字文化工程融合创新发展实施方案》，提出到2019年底，实现公共数字文化工程的统筹管理，将原来的全国文化信息资源共享工程、数字图书馆推广工程、公共电子阅览室建设计划几大工程统称为公共数字文化工程。

2020年我馆机构调整中，将公共数字文化工程建设和数字资源建设工作合并开展，成立"数字资源中心"，旨在加强首都图书馆数字资源管理能力和提升北京市公共图书馆数字资源共建共享服务能力。

2021年，为进一步加强公共数字文化建设，提升全民阅读数字化服务水平，文化和旅游部面向公共图书馆系统组织实施"全国智慧图书馆体系建设项目"，标志着中国公共图书馆进入智慧化转型阶段，拉开了全国图书馆智慧图书馆建设的帷幕。

全国智慧图书馆体系建设项目包括两方面的建设内容：一是基础数字资源和支撑平台建设，二是开展知识资源细颗粒度建设和标签标引。北京市智慧图书馆体系建设是在北京市文旅局的指导下，由首都图书馆统筹北京市公共图书馆具体实施。从2021年至今，首都图书馆联合延庆、昌平、通州、石景山、海淀、西城、大兴等区图书馆共同参与建设，紧扣中华优秀传统文化和地方特色文化主题，结合北京市长城文化带、大运河文化带、西山文化带以及中轴线等文化建设重点，开展智慧图书馆数字资源建设。2023年3月，文化和旅游部通报了2021年度全国智慧图书馆体系建设项目验收结果，其中北京市圆满完成了各项建设任务，提交的项目成果质量较高，被评为"优秀"档。

与此同时，首都图书馆组成了由办公室、业务部、数字图书馆管理中心、数字资源中心主任组成"智慧图书馆调研小组"，奔赴各大科技公司，了解前沿科技，组织研讨人工智能在图书馆中的应用，为城市图书馆的智慧化建设提前做好准备。

从1990年踏入首都图书馆的大门，经历了图书馆传统手工服务、自动化、网络化、数字化发展的全过程，全方位参与了首都图书馆及北京市公共图书馆网络规划与建设、系统研发与应用、资源统筹与推广，到2022年我退休时，城市图书馆的智慧化转型已经起步，智慧图书馆的蓝图已经展现。期待一个划时代、令人耳目一新的元宇宙图书馆矗立在读者面前，实现首都图书馆世界一流、全国领先的目标。

（陈建新 首都图书馆数字资源中心原主任）

周殿福先生藏书捐赠始末

刘乃英

周殿福藏书是我馆于2017年10月收赠的私人专藏，主要是汉语语言学旧籍和周先生的手稿资料等，现存历史文献书库。这批藏书的捐赠，起因和后续都不同于我馆其他的私人赠书，中间涉及的人与事及相互关系，值得记录、追溯和研究。

说起此事的发端，还要感谢吴葳老师。吴葳老师是吴晓铃先生的女儿，吴氏藏书于2000年赠予首都图书馆，我曾在吴家与吴葳老师一起清点交接藏书，此后我们一直保持着联系。2014年，我们和中国社科院文学研究所合作，共同在首都图书馆举办吴晓铃先生（1914—1995）诞辰一百周年纪念座谈会，吴晓铃先生的生前友好、学界同人，以及吴葳老师的亲友等都来参加纪念座谈会。其中就包括周殿福先生的女儿周怡女士，她与吴葳老师是多年的朋友，专程从国外回来参会。实际上，周殿福先生与吴晓铃先生同为中国科学院和中国社会科学院研究员，也是多年的老友，50年代曾经共同承担语言研究所艺术语言发声学的研究和实践，后来吴晓铃先生从语言研究所转到文学研究所，研究重点转向古代小说戏曲，而周殿福先生一直坚持做汉语语言发声学相关研究和实践。

周殿福先生(1910—1990)，北京市人，著名语言学家，生前是中国社会科学院语言研究所研究员。他于1929年前后考入北京大学研究所国学门工作，先后在刘半农和罗常培先生的指导下，边工作边学习，并任罗先生的助教。他师承刘半农和罗常培先生，致力于应用语言学的研究和传授，尤以艺术语言最为精通。

1950年6月，中国科学院成立后不久，北京大学原文科研究所所长罗常培先生负责组建中科院语言研究所并主持工作，周殿福先生时任罗先生在北大的秘书兼办公室主任，随同罗先生一起调入语言所工作。此后，除特殊时期之外，周殿福先生一直在语言所工作。

周殿福先生熟悉近代实验语音学，掌握各种语音实验技能，具有较强的辨音和发音能力，并运用这些有利条件重点研究普通话语音和实验语音学，为后人研究、教学以及推广普通话提供了客观依据，为实验语音学在中国早期的发展奠定了扎实的基础。

周殿福先生注重实用语音学研究，强调语音学和其他学科的配合。他在口吃发生矫治和腭裂术后发声矫治，以及矫正各剧种演员不正确发声方法、提高嗓音质量等方面都提出了独到的见解。他从1954年开始就为中央戏剧学院、广播学院的表演系、导演系讲授台词课，并受邀到许多院团进行授课和指导，许多知名演员都曾受益于他的科学指导，如王晓棠、蓝天野、于蓝、田华等。他还在广播学院主讲"广播语言"课程，培养出一批批优秀的广播电视播音员。

他的主要著作包括：《声母和韵母》《普通话发音图谱》(与吴宗济合著)《艺术语言发声基础》《国际音标自学手册》，以及《对〈再谈儿母〉的意见》《介绍几种简单的语音学仪器》《学习北京语音应该注意的几个问题》《语音实验和听觉》等语音学论文。在艺术语言这一领域，周殿福先生还发表了《谈谈戏曲唱、念中嗓子"横"的问题》《略论电影语言中的方言造型问题》《语言基本功是电影演员的基础课》等论文。此外，周殿福先生还灌制了国际音标和古诗朗诵唱片，《国际音标自学手册》中的国际音标录音即为周殿福先生发音。

1990年周殿福先生去世，他的藏书由其女儿周怡女士保管。周怡女士1991年赴美国，1999年毕业于加州大学伯克利分校经济管理系，之后曾在AMD等公司担任金融分析师，后来移居加拿大。

2017年8月中旬的一个晚上，我接到吴葳老师打来的电话，她说，她的朋友周怡女士人在加拿大，希望把北京家里父亲留下的藏书捐赠给图书馆，其中有一部分古籍，还有民国图书和现代出版物。我问，有什么附加条件和要求吗？吴老师说应该没有，是无偿捐赠，具体还要与周怡女士商量，需要办理一些法律手续。我想这是一个十分难得的机会，当即表示很愿意接受这批赠书。

一个月后的9月中旬，吴葳老师与我联系，她说，周怡女士近期身患重病，行动不便，正在办理委托书，委托她代为整理在京居所里的藏书，并准备赠予首都图书馆。另外，周怡女士没有子女，生病前与丈夫关系有一点矛盾。她丈夫在浙江有公司，经常往返于两地，她生病后一直在她身边照顾。她希望把父亲周殿福留下的位于新街口的一个小院也捐赠出去。之前曾考虑过捐给慈善机构，但没有合适又了解信任的地方，所以想到是否也可以捐赠给首都图书馆。目前有此意向，问首都图书馆方面是否可以接受和办理。我随即向主管领导陈坚副馆长做了汇报，并专门写了情况说明汇报，陈馆表示馆里很支持。

10月初，吴葳老师告诉我，周怡女士目前情况很不好，身体虚弱，说话都很费力，每次通话只能简单说几句，准备要尽快办理赠书之事。我表示可以马上安排时间去接收。几天后，按吴葳老师约定的时间，我和史丽君、丁蕊两位同事一起来到位于新街口一个院落的门口，叩开朱漆院门，出来迎接我们的是已经在此等候的吴葳老师和周怡女士委托的律师伍通宇先生。我们和吴葳老师一起清点藏书，之前吴葳老师已经进行了简单的登记，我们核对确认后装箱，共封装了11个纸箱。从吴葳老师和伍律师的介绍及交谈中得知，伍通宇先生是北京的律师，与周怡女士早就相识，周怡女士对他十分信任。

赠书运回首都图书馆后，历史文献中心民国图书编目组和古籍编目组的几位同事对藏书进行了详细整理和登记。周怡女士捐赠的周殿福藏书，共计1200余册件，大部分为汉语语音学文献，其中包括古籍线装书31部89册，民国时期平装书65册，手稿25册件，现代出版物426册，期刊591册，外文书籍35册，其他语言学资料和周先生个人资料等65件。其中较早版本的古籍有清康熙十五年(1676年)刻本《书经近指》、清乾隆三十二年(1767年)刻本《傅徵君霜红龛诗钞》等；手稿部分包括周殿福先生《艺术语言发声基础》等著作的手写稿、打印稿，及翻译著作的译稿，以及语音调查表等。部分藏书上有周殿福先生的藏书印或手写签名。

周殿福先生的藏书不仅是他研究汉语语音发声学的重要文献，也是中国汉语语音学学科发展的重要历史资料，值得珍藏并进行深入的研究。对于这批藏书，我们作为专藏集中保存，没有按年代和类型分散排架，而是集中存放在一起。

赠书之事基本告一段落，之后几个月，对方一直没有什么消息，吴葳老师也没有再联系我。我想，周怡女士身患重病，又远在北美，联络也不方便，所以我也没有再追问情况。

本来以为事情到此结束了，没有想到，又有了意想不到的后续。2018年4月12日，馆办公室给我来电话，说有三位来访者找馆领导，在十层会客厅，其中一位伍律师说见过我，相关领导都不在馆里，让我过去一趟。我马上赶到B座十层西侧的会客厅，办公室的一位老师正在接待他们。其中一位是伍通宇律师，他介绍说同来的两人一位是周怡女士的丈夫，另一位是他同事天宁律师事务所的律师。周怡女士已经去世，她于临终前留下遗嘱，今天是来正式送达遗嘱。遗嘱内容显示：将位于新街口的私房小院50%的产权赠予首都图书馆，另外50%产权赠予伍通宇律师，作为社会文化服务场所，建立"现代语言艺术发声为基础的阅览室"，按遗嘱要求，伍通宇配合首都图书馆建立阅览室，并有监督和建议权。这个结果有些出乎意外，没有想到的是，房产真的赠予了首都图书馆，也没有想到是50%的产权。本来以为周怡的丈夫会抵触此事，但他看起来十分平静，没有什么情绪，比较配合。三个人是来送达遗嘱，首都图书馆需要在法定期限2个月内予以回复，是否接受赠予。

之后经过馆领导和相关人员反复研究讨论，并咨询法律顾问，请示上级单位，最终决定接受赠予。接受私人赠书在图书馆历史上是比较多见的事情，而接受私人房产可能是较为罕见的，无论如何，对于图书馆的事业发展应该是有益的。目前此事还在办理中，希望能有一个圆满的结局，既有利于实现周怡女士的良好意愿，又有助于图书馆的业务发展和读者服务，有益于社会文化事业的发展。

今年正值首都图书馆建馆110周年，事业兴盛，前程锦绣，期望有更多的读者关心热爱图书馆，有更多的社会贤达、有识之士助力图书馆。祝愿首都图书馆，百十载基业永在，千万册典籍长存！

（刘乃英 首都图书馆历史文献中心原主任）

开专业教育之风尚 育社会专业之人才
——社会教育中心的成长历程

董占华　王岩玮

20世纪80年代初，因刚刚结束社会动荡，社会正在逐渐转型开放，呈现出一派欣欣向荣的局面。但是，由于历史原因，我市图书馆专业技术人员出现严重断档，人才匮乏严重制约着图书馆事业的发展，同时也制约着为读者服务的工作效能，工作人员强烈要求进行系统的专业培训和高等学历教育。根据这种情况，在原北京广播电视大学（以下简称"原市电大"）和原北京市文化局有关领导的共同努力下，1985年2月在首都图书馆成立教育办公室暨北京电大文化局工作站，同年9月第一届"图书馆学"专业学生入学，该专业属于大专学历教育层次，举办之初便盛况空前，同时也激发出了图书馆员多年来压制已久的学习欲望。在十余年的培养过程中，为首都地区培养了上千名图书馆专业人才，缓解了北京地区图书馆人才短缺的局面，也为北京的图书馆事业贡献了一份力量，在毕业生中很多优秀的学员成了北京市图书馆界的领导或者专家。1985年至2001年，我站相继开设了"图书馆学""舞台灯光与音响""文化艺术事业管理"等统招专科专业，在为我市图书馆系统和群众文化系统培养专门人才上发挥了重要的作用。特别是在1994年开设的舞台灯光与音响专业，我站特聘时任北京电影学院录音系主任邹伟胜教授、797音响公司设计部主任程振芝高级工程师等一些行业内专家学者为顾问及授课教师，凸显出其强大的师资力量。该专业共招生19届，培养上千名舞台音响人才，可以说在北京地区从事该行业近一半的人才由我校培养。

现代远程开放教育是一种新兴的教育形式，它取消和突破了对学习的种种限制，使"任何人在任何时间和任何地点以任何方式学习"成为现实，从而保障人人拥有和享受终身学习的机会。2001年6月，我中心以北京电大文化局工作站（以下简称"文化局工作站"）身份向原市电大提交了申办现代远程开放教育的申请，经原市电大对我站的教学条件和师资水平严格审查后，正式批准为"现代远程开放教育试点单位"。在2005年"人才培养模式改革和开放教育试点"项目总结性评估中，我站被北京市教育委员会评为"合格单位"，被原北京广播电视大学评为"良好试点单位"。开放教育开展10多年来共招收"汉语言文学""行政管理""工商管理""电子商务"等本专科专业，为地区和行业培养1300余人。特别是2003年原北京广播电视大学与首都图书馆协商，在首都图书馆成立北京广播电视大学教学实践基地，为北京地区的电大师生开展教学实践服务，并共同开发北京历史文化与文献信息检索与利用等课程，时任原北京广播电视大学常务副校长张岱霞教授与首都图书馆馆长倪晓建教授共同为教学实践基地揭牌，同年原中央广播电视大学校长于云秀，带领20余位全国各地的电大校长来到教学实践基地参观交流。

文化局工作站既是北京电大系统内的一个工作站，同时也是图书馆行业内的"教育培训中心"，承担着系统内的岗位培训和继续教育任务。相继开办了"图书馆专业技术人员岗位培训""国家公务员电子政务培训""图书馆专业技术职称考试专业课培训""全国古籍编目培训""图书馆新员工岗前培训"及"速录员培训"等短期培训班。自2001年起，我中心一直位于首都图书馆A座5层，教学环境得到较大的改善。现有540平方米独立使用的教学场地。使用的教室有5间，36机位联网计算机教室1间。

2013年原北京广播电视大学根据教育部精神更名为北京开放大学，随即北京广播电视大学文化局工作站也成了历史。根据馆领导商议，并提交北京开放大学审核，北京广播电视大学文化局工作站正式更名为北京开放大学首都图书馆学习中心。自开展开放教育以来，我中心三次获得"优秀教务集体"称号，经历两次北京市教委评估，均获得"良好办学单位"称号。

（董占华 首都图书馆社会教育培训中心原主任；王岩玮 首都图书馆社会教育培训中心 ）

首都图书馆春明簃阅读空间诞生记

孔令波 马文大 仲爱红

首都图书馆是北京市属大型公共图书馆，坐落于东南三环华威桥东侧，全年免费开放，为社会大众提供文献借阅、信息咨询、讲座论坛、展览交流、文化休闲等全方位、多层次的文化信息服务，是北京市重要的知识信息枢纽和精神文明建设基地。

一、背景

在首都图书馆院内有两座楼。其中，A座在2001年5月正式对读者开放，我们按照功能做了一下区域划分：一段（办公）、二段（读者阅览区）、三段（办公和会议室、报告厅）、四段（A座楼前一个平台下方的空间），接下来我们说一说关于"四段"的故事。

2001年开放之初，"四段"被作为车库使用，服务读者。2002年首都图书馆为了解决读者吃饭问题，特地在"四段"为读者设立读者餐厅，经过短暂的装修后，"幸运时间"正式对读者开门了，餐厅内设置各种档口，满足不同读者的用餐需求，回想起来不下10家，只要能想到的餐食，这里面都有。它真正地解决了那个年代读者和周边写字楼的"就餐难"问题，也获得了读者们的青睐。那时候，读者和周边百姓都知道在首都图书馆院内有"吉野家""赛百味"等等。在那10

余年内，更多的还是带给大家便利。

时间来到了2016年初，北京市为加强行政事业单位国有资产出租、出借、对外投资、担保的管理工作，根据《机关事务管理条例》（国务院令第621号）《行政单位国有资产管理暂行办法》（财政部令第35号）、《事业单位国有资产管理暂行办法》（财政部令第36号）及国家相关法律法规，制定了《北京市市级行政事业单位国有资产出租、出借、对外投资、担保管理办法》（京财资产〔2015〕2514号文件），这份文件中明确，所有市级行政事业单位的出租出借要按照政策履行相关手续。

为此，首都图书馆严格执行相关文件要求，立即与这个开放了十余年的"读者餐厅"签署了《撤场协议》。

二、蓄力

2017年伊始，到馆的读者们发现以前的"读者餐厅"被"封起来"了！在那段时间里，所有来到首都图书馆的读者都好奇，怎么就关门了？我们以后要去哪里吃饭？以后还有没有这样给我们吃饭的地方了？

面对读者的需求，首都图书馆人不会置若罔闻，2017年3月党政联席会上，时任首都图书馆党委书记肖维平表示，这个空间要很好地利用起来，里面必须要涵盖公共图书馆延时服务，还有一个就是要解决读者们常年的"急难愁盼"的用餐问题，要包括24小时图书馆、实体书店、文创产品展示及销售、餐饮。就此，"四段"的定位初具模型。

同年，在空间设计和改造方面，我们接洽了包括中外建华诚城市建筑规划设计有限公司等在内的多家设计公司。对于这个空间内实现五大类功能应该如何布局、安排进行了充分的调研。针对这些功能融合的空间后期如何运营方面，调研了当时小有名气的北京出版集团知不足书店、新华书店总店、厦门外图集团有限公司等。

万事俱备！相关改造工程就此展开，部门员工天天往返于工地和办公室，申报窗口与工地，看图纸、盯进度、查验材料等所有的一切都是全新的经历，我们从施工"小白"全都晋升成为"准专业"的人员。

在 2017 年到 2021 年这几年，我们就"四段"运营主体及模式等问题与多家运营商进行洽谈沟通，走访调研，分别接洽了出版、实体书店类运营商 16 家，咖啡饮品类运营商 6 家，其他类运营团队 9 家，其中既有国营出版行业的龙头企业，也有行业内民营企业的佼佼者，慢慢地我们对实体书店、综合空间运营商也有了初步的了解。

经过这些年的调研，以及与领导们一起洽谈运营模式，最终在 2021 年初，与北京燕山出版社有限公司通过数次沟通，最终达成了共识，建立一个"图书馆+"概念的阅读空间，即双方利用各自北京文化的优势和自身资源，打造一个新型的阅读空间。至此，"四段""焕发新生"。

三、起航

从达成一致到对外开放，留给我们的时间只有不到两个月，从调整家具位置到桌椅摆放，部门全体人员无时无刻不扎在这个空间内，馆后勤服务部、保卫部也全力配合。那段时间，"四段"就是我们的办公室，"四段"就是我们的休息室。把每天都当作空间开放前最后一天来统筹，连日奋战，不分白昼。最终，把试运营时间定在了 2021 年 6 月 1 日。

首都图书馆春明簃阅读空间开放啦！

"春明"是古人对北京的雅称，"簃"是楼阁旁边的小屋，常用于书斋名，故"春明簃"有"京城书斋"之意。空间内藏书万余册，北京主题的图书占比将近 50%，包括北京地方文献中心专藏的地方志、图书、报刊、拓片、照片、舆图、文书、老戏单等大量旧时北京地区的珍贵史料；空间内有丰富的数字资源，尤其借助多媒体手段展示了首都图书馆自主知识产权的北京历史文化资源性网站——"北京记忆"，让读者更生动地重温北京历史、回味北京民俗；空间内有专题阅读活动，展览、讲座、互动体验、亲子研学等不一而足，满足不同年龄、不同群体的读者需求。空间实现 WiFi 全覆盖，设有配套的自助借阅设备，读者无须进入主馆即可借还图书，亦可使用馆内所有的数字资源。

空间的开放代表着首都图书馆文化资源的活化与深化，代表着首都图书馆提升公共文化服务水平的创新举措。每天从早 9 点到晚 11 点，不设"闭馆日"，为喜爱阅读、喜爱夜读的读者提供了阅读新去处。值得一提的是，开放第一个月，平均日接待千余位读者，成为市民的夜读打卡地。就算是大雨天气也没能阻挡人们对夜读的热爱，每晚这里的阅读座席都接近满员。读者们都觉得在这里看书就像在自家的"客厅"一样。

空间开放以来，举办过多场次的大型主题活动和讲座。2021 年 9 月"第九届全国书籍设计艺术展优秀作品展"北京站落户在了春明簃阅读空间，本次展览展出的是评委会从全国 338 家出版单位及部分高校艺术院系师生的书籍设计作品中选出的，共 3108 种作品。这是春明簃承办的第一次大型主题活动。

同年 10 月，"北京礼物"旅游商品及文创产品展暨品牌上新发布会走入首都图书馆，这是图书馆+文创产品融合的创新模式，为首都图书馆打造"图书馆创意 IP"建立基础，为"北京礼物"走入读者心中打开了一扇窗。上新会当天，为期 5 天的"北京礼物"旅游商品及文创产品展也同期开展，现场观众可以在欣赏文创精品的同时，通过盖印打卡、互动交流等形式的专题活动沉浸在春明簃内。

2022 年是运河申报"世界文化遗产"成功八周年，为让更多人了解运河文化、了解中华文明的悠久历史与文化底蕴，春明簃组织了为期三天的"运河史话"系列讲座并通过线上进行直播，活动期间线上观看人数一度超过 100 万。11 月初，由中共北京市委宣传部主办的"阅读驿站"走进了首都图书馆春明簃阅读空间，作为国家新闻出版署"全民阅读"优秀项目，本次活动邀请到了阅读推广人、家庭阅读分享官赵小斌作为主讲人，与大家畅聊阅读往事，从《月亮与六便士》这一经典文学作品出发，为观众分享家庭阅读方法以及如何激发孩子对于名著阅读的兴趣。

开放以来，春明簃阅读空间取得了不小的成就，无疑为我们接下来更好地探索"图书馆+"模式奠定了基础。春明簃获得过"2021年北京市实体书店资金扶持项目"阅读活动项目奖励、"2022年北京市实体书店资金扶持项目"示范书店和阅读活动项目奖励、"2022年北京市朝阳区实体书店资金扶持项目"2021年融合发展奖励、2022年全民阅读奖励。值得一提的是，春明簃还获得了2021年北京"网红打卡地"称号，通过了2022年度北京市文化旅游实验基地认定。

春明簃阅读空间的建设开放是首都图书馆坚持以读者为中心，以读者需求为导向，为读者办的一件实事，体现了首都图书馆人办实事、开新局、有担当、有态度、有温度的为民服务价值观。它既是图书馆常规服务的有益补充，又是图书馆完善公共文化服务体系建设的有效探索，更是满足人民精神文化需求的创新之举，在北京市各区公共馆开展"图书馆+"服务起到示范引领作用，为全国图书馆延伸服务建设工作奉上了"首图模式"和"首图经验"。

未来，我们计划通过走访调研各种不同的阅读空间，学习先进经验和做法，深入发掘春明簃阅读空间的品牌价值，尽快形成让读者耳熟能详的IP符号。把"图书馆+"概念推广出去。充分发挥公共服务阵地作用，开拓与周边社区、学校"结对子"，让公共文化服务"走出去""引进来"。在文化活动品质和标准上，形成具有"京味"的特色空间与活动，为北京市民打造更多、更优质、更具特色的"京城书斋"。

这就是首都图书馆春明簃阅读空间诞生记。

（孔令波 首都图书馆读者服务中心；马文大 首都图书馆北京地方文献中心主任；仲爱红 首都图书馆读者服务中心主任）

挖掘百年馆藏智慧
开创首都图书馆数字资源建设与服务新篇章

王菲菲

有多少文明和历史因时间的无情推移而消逝，甚至在几十年乃至几年之内就被遗忘，而首都图书馆已经走过了110年。

回首百十年历程，首都图书馆作为文化传承和知识传播的中心，始终保持着不断完善自身资源建设的姿态。她以智慧、包容和追求卓越的精神，书写着图书馆资源建设与服务的发展、变迁，还见证了众多图书馆人的成长。

资源建设是首都图书馆工作的核心。首都图书馆一直致力于不断扩大和完善自身的馆藏资源建设，以更好地服务读者。从最初的纸质文献收集，到数字化阅读、互联网技术应用，再到如今的人工智能与大数据应用，首都图书馆在发展过程中累积了丰富的智慧，不断通过创新服务手段满足广大读者多样化的需求，提升馆藏资源服务品质和效率。

特别是近十年来，随着数字技术的发展，首都图书馆的数字资源建设得到了极大提升，数字化服务也越来越完善，我们为广大读者提供了更加丰富、便捷和高效的馆藏资源服务。作为首都图书馆的一名馆员，我有幸见证了这个过程，并为之努力奋斗过。

十年前的2013年，首都图书馆迎来百年馆庆。当年，正值北京市"数字文化社区"建设第二年。"数字文化社区"的建设理念是通过高清交互电视网络和"飞视"多屏系统将数字资源与多种文化服务送入社区,有别于读者到馆阅读,市民可以在家门口的社区图书馆进行数字化阅读。2013年底,北京市建成300家"数字文化社区",我们汇集整理了300万册电子书、万种电子期刊、万集文化讲座和专题片,让读者在家门口就可以便捷地体验到首都图书馆提供的内容丰富、特色鲜明的数字资源。

通过几大公共数字文化工程的建设实施,公共文化数字资源服务的触角已遍及北京各个角落。2015年底启动的北京市公共电子阅览室社会化合作推广工作,又让首都图书馆精选的数字资源走进央企、高科技园区、民营书店、网吧、酒店等场所,惠及海淀区2000多家企业、30多万名企业员工。遵循"硬件上不重复建设,资源上丰富多彩,服务上多形态多模式,突破传统开拓新技术"的工作思想,我们选配的有声数字图书馆、电子取书终端、数字期刊终端等电子资源阅读服务器,利用移动阅读的方式弥补了北京市数字资源服务形式的缺口,这标志着北京市数字资源公共文化服务跨上了一个新台阶。

2018年"首都图书馆公共文化云"上线,实现了国家公共文化云在北京市的落地服务,共计加载、上传数据5TB,7390条数字资源。通过云直播功能,读者只需要打开电脑或手机就可以随时随地观看首都市民音乐厅、阅读北京、经典儿童剧等高质量文化活动。云直播给人们提供了更加方便快捷的文化资源服务新渠道。

无论是传统的纸质书籍还是现代的数字化资源,首都图书馆一直致力于对各类馆藏资源的充分挖掘。首都图书馆馆藏资源丰富,2013年我们利用馆藏民国期刊开展多媒体资源库建设,完成"北京故事——国韵京剧"多媒体资源数据库,选择具有鲜明地域特色、较大影响力和深厚群众基础的馆藏文献为基础,拍摄《典藏北京——梨园子弟口述》、爱新觉罗家族口述专题片;2014年联合东城区图书馆、西城区图书馆共同拍摄《典藏北京——北京会馆》、千年科举系列专题片;2015

年完成《典藏北京》北京春节庙会拍摄；2016年开展"首图讲坛"微讲座、《典藏北京》科举地理专题片制作；2017年—2019年陆续拍摄《典藏北京》舞韵——京津冀"非遗"舞蹈、《典藏北京》国韵京剧——梨园弟子、服饰之美、脸谱等专题片。我们始终以建设内容丰富、特色鲜明的北京地方特色资源为工作目标，在实际工作中不断拓宽资源整合渠道，创新资源服务模式，探索可持续发展路径，扩大资源共享范围，以独特视角展现北京古都风貌，讲述北京历史文化故事，打造出195集具有首都图书馆特色的数字资源精品。

在《典藏北京》国韵京剧系列专题片的拍摄过程中，我们采访了很多梨园行的弟子，他们有的是京剧名家，有的是专业学者，还有一些是京剧票友。他们讲述了很多不为人知的故事，有学艺的经历，有后台的讲究，有唱腔的变化，有门派之间的区别，等等。剪辑到专题片中的采访非常有限，还有很大一部分内容不能呈现给读者们。经过多年的磨炼积累与提升，在学习与摸索的同时，我们一直在思索：从文献可以转化到专题片，那从专题片是不是也能再关联回文献？我们多年积累的采访资料，是否可以内化为文档性的记录，也可以外化为广泛性的宣传，两者合一。经反复翻阅资料、编辑整理再策划，2020年我们将28位梨园弟子的口述内容编辑出版成书，《国韵京剧——梨园弟子口述历史》既是北京特色地方资源建设十年厚积薄发的结晶，也是首都图书馆数字资源创新的必然成果。

2020年是特殊的一年，也是首都图书馆数字资源服务"突变"的一年。原本"宁静"的图书馆纷纷打破了固有服务模式，从"到馆服务"转变为"平台服务"，数字资源服务实现了"点到面"的转变和转化。首都图书馆积极发挥数字资源优势，利用微信公众号、APP等新媒体应用，提供线上诵读、图书馆闭馆不闭网、线上课堂等多种形式的数字资源阅读服务，打造"云中图书馆"，推进数字阅读推广创新，极大地促进了全市全民阅读服务数量和覆盖人群的成倍增加。

首都图书馆在传承智慧的同时，也注重与时俱进的创新。历经百年，传统图书馆向数字图书馆、智慧图书馆转型，这是信息时代的必然趋势。数字图书馆借助先进的技术手段，实现数字化、网络化、智能化管理，大大提高了馆藏资源的利用效率和服务质量，拓宽了读者获取信息的渠道。而智慧图书馆的到来将更加强调向智能化、人性化发展的方向，智慧图书馆将通过人工智能等技术手段，实现个性化服务、知识推荐、学习辅助等功能，更好地满足读者需求。2021年—2022年，首都图书馆紧扣中华优秀传统文化和地方特色文化主题，根据《北京市智慧图书馆知识内容体系建设规划》，开展北京市智慧图书馆知识内容体系建设，联合区图书馆进行数字资源生产和精细化标引工作，推进北京市智慧图书馆建设。

在新媒体时代，图书馆的传统功能已经被进一步拓展，数字资源的丰富和数字技术的快速发展为图书馆提供了新的机会和挑战。数字资源给读者提供了海量的知识资源，记忆库的容量得到了极大的扩充，数字技术也让阅读变得更加便捷，阅读的效率和体验也得以提升。数字化服务的创新，为图书馆发展开辟了新的道路。国内外各大图书馆纷纷开展数字藏品、5G新阅读、沉浸式阅读等数字化馆藏建设。首都图书馆也尝试将数字资源和数字技术不断地与馆藏融合，形成了数字化服务的新形式。2021年，首都图书馆基于馆藏资源以及北京地方文献活化，从优质传统出版物出发，结合沉浸式技术、AI视觉技术、智能交互技术、虚拟现实技术打造全景视频，并以"5G内容云"打通全屏终端，制作完成《燕京岁时记》5G新阅读全景视频，为读者带来全景沉浸的新型阅读体验。新技术赋能让馆藏从世人摸不着、看不见的宝贵资源变成可被更广泛获得的数字化宝藏。

2022年是北京的"双奥"之年。北京冬奥会、冬残奥会是中国重要历史节点的重大标志性活动，是展现国家形象、促进国家发展、振奋民族精神的重要契机。首都图书馆作为重要的公共文化服务阵地，利用馆藏数字资源推出了"冰雪冬奥"数字阅读体验展，以冰雪元素贯穿，将音视频、文献、照片、文物、数字互动体验设备相结合，展示首都图书馆与冬奥相关的图书、期刊、音视频及相关数字资源，充分体现北京文化、城市面貌、奥运精神，打造了公共文化空间新名片。首都图书馆制作的5G新阅读全景视频《燕京岁时记》也入选了北京冬奥村"冬奥文化中国展"，向世界展现北京的文化。

通过多年的努力，首都图书馆通过北京市公共数字文化工程使各区和街道社区的数字资源服务取得极大进步。北京市已建成较为完善的公共数字文化工程体系，全市现有基层公共数字文化工程站点近4000个，"一卡通"成员馆433家，实现16区全覆盖。市民使用"一卡通"读者卡通过"首都图书馆"APP、"首图数字图书馆"微信服务号可以线下借书，也可以获取免费数字资源。截至2022年底，首都图书馆中外文数字资源总量达610.59TB，数据库共92个，平台及资源总使用量为4201.8万次。其中，北京记忆、首图讲坛、典藏北京等自建资源作为优秀文化品牌，在互联网上广泛传播。

无论是数字图书馆还是智慧图书馆，图书馆的核心价值始终在于如何利用馆藏资源服务读者、传承文化。2023年即将建成开放的北京城市图书馆融入了智慧化、元宇宙的思想，在参与建设过程中，我们提出在保留和传承馆藏资源的同时，要将数字技术、虚拟现实技术和人工智能技术等多种技术进行融合，通过数字化和智能化的手段，为读者提供更加优质、高效、现代化的数字资源服务体验。

在过去的10年中，首都图书馆不断巩固已取得的馆藏数字资源建设与服务成果，加快资源服务与技术融合发展的路径探索与创新，不断升级数字文化服务水平，延伸图书馆公共文化数字资源服务路径，为市民提供免费的海量馆藏资源。我也从中汲取知识，学习成长，不断提升业务水平，在工作中做到知其然也知其所以然。

在不断创新、不断完善的过程中，我们也面临着许多挑战：如何保护和传承馆藏数字资源，如何协调数字资源与传统资源的平衡，如何保障读者安全便捷地使用数字资源等。转型带来机遇，中国儒家经典《礼记·大学》上说，"苟日新，日日新，又日新"，人类自身应根据新情况来进行自省，从动态的角度看待问题。图书馆、图书馆人都必须要增强学习新知识、开拓新视野、掌握新本领的自觉性和紧迫感，要与时俱进地学，才能跟上时代潮流，要善于思考，不断提升分析和解决问题的能力，才能担当起新时代赋予的重任。

展望未来，我相信，智慧化的到来将会提升我们的资源建设与服务水平，我愿意继续从事图书馆资源建设工作，为公众提供智慧化数字资源服务。

今天，我们庆祝的不仅仅是首都图书馆110年所取得的成就，更是对于未来智慧化服务的憧憬与向往。在未来，首都图书馆一定会发挥更为重要的作用与价值，推动图书馆事业的发展和繁荣。我也要不断吸纳新的技术、新的知识资源，为读者提供更全面、更便捷、更高效的服务，让馆藏无限，资源畅享，开创首都图书馆数字资源建设与服务新篇章。

（王菲菲 首都图书馆数字资源中心）

我所亲历的首都图书馆发展

刘 波

每当我从首都图书馆 A 座通过环廊走到 B 座看到北京城市图书馆的建筑模型的时候，就会感慨时间过得真快啊，总会不自觉地回想起当年首都图书馆新馆二期的建筑模型和设计理念，首都图书馆新馆二期的开馆仪式依然历历在目。脑海里还清晰地记得国子监院内古香古色、错落有致的建筑群，辟雍大殿金碧辉煌，苍松翠柏点缀其间，吸引着鸟儿和蝴蝶在树梢上小憩，黑紫色的桑葚挂满了枝头。读者看书的同时还会不自觉地探出头看看窗外。

从国子监到首都图书馆新馆一期、二期，再到正在如火如荼建设中的北京城市图书馆，图书馆在办馆条件及设施建设方面发生了翻天覆地的变化。老读者还会依稀记得在国子监老馆，整个大阅览室都没有一台电脑，各种借阅手续都要手工完成，借阅图书的时候还需要在借书卡片上手工登记借还书时间。搬到新馆后，不光是基础设施发生了改变，硬件设备也有很大改观。阅览室数量多了，面积大了，可以满足更多的读者需求；借阅图书也通过电脑，借还书更加方便快捷；就连读者都有可以上网的电脑了。首都图书馆作为一个公共图书馆，其信息资源建设主要是围绕着满足大众需求进行。新馆开馆后读者骤增，中文图书的复本量明显不足，尤其是时下畅销书的复本不足，经常发生多位读者想借同一本书而借不到的情况。其次是图书的品种不够丰富，对科技图书的采购明显不足。随着购书经费的年年增加，我馆对于工具书、学术书籍主要是补品种，对畅销书增加复本量，基本上解决了读者对于公共图书馆的需求。为了能够让更多的读者随时随地看到图书馆的图书，还在很多地区建立了自助借还书亭。为了进一步提高读者服务质量，还可以预约借书。现在B座2层服务区的服务时间延长到21点，春明簃阅读空间延长到23点，全年无休。不断提高对自己的要求，都是为了满足不同读者的需求。为了拉近与读者的距离，加强了读者活动方面的服务，推出了"首图讲坛"等知名讲座，倾听读者心声。

首都图书馆大兴机场分馆作为国内第一家开进机场航站楼的图书馆，每天早8时至晚8时开放超长时间服务，提供办证、借阅、异地还书、浏览免费数字资源专题库等一体化服务。候机的旅客可以充分利用闲暇时间阅览，想看这本书还可以借走，还书的时候也不必再来机场，通过北京市388家图书馆实现通借通还，把方便留给读者。

北京城市图书馆是大兴机场首都图书馆分馆建成后又一项重大项目。它将与剧院、首都博物馆（东馆）三大建筑及共享配套设施项目位于城市绿心西北部市民文化休闲组团，是北京市又一代表性的新地标。屋顶的树状建筑结构宛如森林伞盖，以银杏树叶片为灵感来源，体现出图书馆传承知识、传播文化的功能定位。这座"森林书苑"内部，整个项目将安装144根钢柱，每根钢柱未来都将被装饰成"树干"，加上屋顶以银杏树叶片为灵感的伞盖结构，为市民营造"森林书苑"。项目地上3层，地下1层，总建筑面积约7.5万平方米，建筑高度为22.3米，设有古籍文献馆、非物质文化遗产馆、开架阅览区、智慧书库、报告厅等功能分区。通过这些设计理念，可以看出建筑不再是单一的建筑，而是将与大自然融合为一体。最为"亮眼"的还是单块玻璃竟然重达11.5吨，成为世界上最重的幕墙玻璃。276块超级玻璃无任何支撑龙骨，造就了国内外首例自承重互为支撑的幕墙奇迹。这么重的幕墙玻璃不但可以承受强地震时120毫米的水平移动，还可以隔热保温，全年可以降低建筑能源损耗约8%。由于这些玻璃还需要切角、开豁，每块玻璃的制造都需要2个月左右。这一超级工程的生动实践，也助推我国玻璃原片制造、高大玻璃深加工及胶合、超高幕墙施工技术迈入国际一流水平行列。超白玻璃还为图书馆玻璃幕墙带来极佳的透光性，让"透明书苑"的氛围感扑面而来。"超级玻璃"还兼具节能环保的独特优势。每块玻璃均采用镀膜方式，可有效隔绝室外强烈光线。当开启动态调光功能时，屋顶形如天河的天窗玻璃还会呈现出斑驳闪烁、波光粼粼的效果，为整个图书馆开敞阅读空间增添了一抹灵动活跃的色彩。其背后的秘密源于图书馆启用了"金属屋面+采光顶"的创意设计构造，并创新引入智能调光玻璃，发挥智慧建筑新效能，降低了大型公共建筑日间照明所需电量。

随着北京城市图书馆建设完工的日期渐渐临近，我们也在紧锣密鼓地研究智能书库的应对方案。在疫情居家期间，小组还在讨论智能书库的各项可行方案。对如何下架图书、下架哪些图书等细节都认真讨论，把能预见的问题都想在前面，避免在实际执行过程中出现问题。

在特色资源建设上，我馆也重视对北京地方文献的建设，从各种渠道采购了一大批珍贵的老照片、老地图以及外文文献。同时重点建设"北京记忆"多媒体数据库，用数字化的手段保存和传播北京文化，让更多的读者能够方便利用。在数字资源方面的建设也是突飞猛进，我馆订购几十种数据库，共享工程的建设也极大地丰富了我馆的数字资源。

我在典藏借阅中心的中文书库工作多年，让我感触最深的就是中文书库的变化。在国子监中文书库就只有一大间房子，空间小不够用。搬到新馆真是"鸟枪换炮"了，环境得到较大改善。随着购书经费年年增长，每年入库量在10万册左右，可以提供给读者阅读的图书年年暴涨。法律类、经济类、计算机类一直都是读者需求量比较大的书籍。

随着藏书量年年增加，书库经常是没有地方存放了。经过20多年的发展，中文库本的藏书已经布满了A座的4—8层。在疫情期间，中文书库再次做出调整。将7层和8层改成密集书架，可以存放更多的书籍。虽然疫情在反复，工作却不能停歇，为了加快工作进度，我们还天天工作到晚上闭馆时间。

这么多年以来，让我一直记忆犹新的事就是首都图书馆首次参加全国公共图书馆评估定级工作。全国图书馆评估评级始于1994年，国子监旧馆因为各种硬件条件限制以及藏书量不够等原因，一直未能参加全国图书馆评估定级。首都图书馆新馆建完后，馆藏面积、计算机数量、馆藏书目等方面有了质的提升。因此北京市文化局对首都图书馆参加2004年的第三次评估定级工作极为重视。根据评估标准来对比本馆的实际情况，全馆上下齐心协力，加班加点地忘我工作，铆足劲儿朝着一级馆的目标而努力。有利的方面是新馆刚刚建好，在基础设施方面有了很大的改观；不利的是第一次面临评估，心里没底，更别说什么评估经验。各项评估工作也是盲人摸象，摸着石头过河。各个部门集思广益，把能想到的问题提前总结出来想办法解决。

我们除了完成日常的工作以外，就是在书库里一遍遍地顺号，查架上图书书号是否有错，对多卷书进行更加详细的排查，看看中间是否有缺号缺书的现象，对于所发现的问题详查原因。在评估前提交了100套多卷书的书目，准备着评估领导来书库提取库本。随着评估时间一天天临近，紧迫感越来越强，发现的问题也越来越多，对于以前不曾注意到的地方更是要抓紧时间改正。例如：以前只是注意到书架里面要干净整洁，忽略了书架顶面的卫生。这些以前不曾注意到的卫生死角，抓紧时间马上打扫。更衣柜、办公桌、可移动的书架这些能搬动的都挪开，打扫完再恢复原样，不留任何卫生死角。书架顶找来保洁阿姨打扫，我们在下面打下手，帮着换墩布，抓紧时间干完。密集书架的轨道都是在地面上的，容易积灰，打扫完后时刻注意保持干净，地面看见碎纸随手捡起来。需要加班就自觉地来加班，不需要领导下达命令，忙不过来的时候还会主动请缨来加班。

经过半年多加班加点的努力工作，功夫不负有心人，在2004年11月终于顺利地通过了文化部专家组的评估检查，虽说是首次参加评估，首都图书馆还是被评为国家一级馆，综合评分名列全国省市级图书馆第一名的好成绩。我们也有不足的地方，就是外文图书太少，在以后采购中应加大外文图书刊物的数量。首都图书馆要想成为一个名馆，就应该丰富馆藏。

第一次评估已过去数年，时光也在一点点地逝去，我们也从黑发慢慢地变成了白发，可心中依然是那个少年，没有一丝丝改变。不曾忘记首都图书馆发展的初心，心中牢记文化传承的使命。

(刘波 首都图书馆典藏借阅中心)

我与公共文化数字化建设
——从文化共享到智慧图书馆

王雪屏

2008年奥运会在北京举办之时,我便来首都图书馆实习。回望在首都图书馆的15年,我的工作从文化信息资源共享工程到国家数字图书馆推广工程再到公共数字文化融合的智慧图书馆体系,一路走来,我看到了首都图书馆信息化的发展,参与了北京市公共图书馆数字化的工程,并为图书馆智慧化服务而努力,感受到了技术驱动给图书馆带来的重大变革,也在自己的岗位上做出了一点小小的成绩。

文化信息资源共享工程:奠基铺路

文化信息资源共享工程(以下简称"共享工程")是数字图书馆提出以后,我国数字图书馆建设的实践工程,它伴随着计算机和互联网技术的出现而出现,是在顺应知识经济的社会发展和高速信息公路的迫切需求下而产生的。共享工程是由国家财政支持的一项重点文化惠民项目,它通过对文化信息资源进行数字化加工、整合,并利用现代通信、传播技术把优秀的文化信息资源直接传送到城乡基层群众身边。共享工程具有数字资源丰富、传递方式多样、反馈机制灵活、信息服务公平的特点,形成了"国家中心—北京市分中心—区县支中心—街道、乡镇基层服务点—行政村基层服务点"的五级服务网络。

成为首都图书馆的一名正式员工后，我接手的第一份工作就是共享工程基层服务点建设，为基层服务点采购计算机、电视机、通信设备，搭建数字文化共享资源共享专网和平台，利用多媒体设备将资源送到基础设施薄弱的地区。这是一个痛苦但极其锻炼人的工作。基层点建设涉及多个相关方，我需要与资源服务商沟通，协调多种类型资源的有效传输，解决终端用户资源杂乱的问题；与文化共享工程支中心（区图书馆）沟通基层站点选址及资源调拨手续；与基层服务人员沟通服务方案，开展基层服务培训和活动，解决基层服务中出现的各种问题。基层点的建设和维护工作让我迅速成长，同时也让我明白，基层文化工作是一项艰难且长期的任务，我们需要付出更多努力，才能为基层群众带来更多更好的文化服务。

基层服务工作，技术是基础，资源是核心。"十一五"期间，共享工程逐步将工作重点从基础设施搭建转向数字资源建设和服务，以建设内容丰富、特色鲜明的地方特色数字资源为工作目标。2008年开始，首都图书馆利用中央资金建设北京市地方特色资源，开展资源征集、开办首都图书馆"首图讲坛"、打造了历史专题片《典藏北京》、建设"国韵京剧多媒体资源库"，对北京的历史文献进行数字化加工，以独特的视角展现北京古都风貌。2009年，共享工程资源建设工作如火如荼，我庆幸自己能在此时加入首都图书馆数字资源建设这项工作中。图书馆在一定的社会环境之下，总是处于快速变化的状态，图书馆数字资源的发展便是技术的驱动。工作中，我学习了数字资源建设项目的流程，掌握了图书馆资源建设专业技能，同时，也让我意识到：公共图书馆数字资源建设道阻且长，我们要稳稳迈出每一步。

公共电子阅览室计划：多终端服务创新

"十二五"期间，文化部组织实施了"公共电子阅览室计划"，以保障人民群众基本的文化权益为宗旨，依托图书馆、文化馆、全国文化信息资源共享工程基层服务点等公共文化服务网络，重点解决未成年人上网问题，为广大人民群众提供健康、便捷的网络文化服务。首都图书馆将公共电子阅览室与首都图书馆"数字文化社区"融合建设，把数字资源通过高清交互平台和"飞视"多屏系统送入社区，实现了专网传输和多屏服务，建设了一批精品服务站点。

2012年，结合首都图书馆二期开馆，我部门负责首都图书馆B座二层数字文化社区样板间的改造。我负责"数字文化社区"数字资源内容整合和资源导航，为样板间和北京市"数字文化社区"开通资源整合服务。我只是开发并上线了第一版首都图书馆移动APP，开拓了首都图书馆数字资源移动端服务新领域；为读者开通"首图掌上阅览室"等移动设备借阅服务，推动资源多终端浏览。那一年，忙碌而充实，工作给予我更多的是成就感，以及对未来数字文化建设的期待。

数字图书馆推广工程：提升组织能力

"数字图书馆推广工程"是继"全国信息资源共享工程"和"公共电子阅览室计划"实施后，由中央财政资金支持在"十二五"时期启动的一项重大数字文化惠民工程。工程依托原先建设的基础设施，整合国家数字图书馆与全国各级公共图书馆数字资源，形成覆盖全国的数字图书馆服务网络。数字图书馆推广工程的实施，是我国加快公共文化服务体系建设、提高公共文化服务能力的重要举措，尤其是在国家图书馆指导下的资源联建工作，扩大了资源总量，扩充了各级公共图书馆的数字资源，有效地避免了重复建设的情况，为公共图书馆资源建设标准化提供了良好的样本。

近年来，公共图书馆广泛开展了数字图书馆建设，在资源、技术、标准等方面都取得了一定成果，已经初步形成了数字图书馆建设与服务体系。数字图书馆推广工程数字资源建设经过多年探索，逐步形成了一条"共治、共建、共享"的建设思路。依托国家数字图书馆建设成果，采用统一的建设标准，着手数字资源的整合与共享，提升了公共图书馆资源建设水平和使用效能。

数字图书馆工程资源建设项目由首都图书馆与北京市公共图书馆共同开展，首都图书馆负责项目的组织实施和业务指导，北京市公共图书馆承担建设任务。经过多年数字资源建设，我充分了解到统一的建设标准和规范的重要性，锻炼了一批数字资源建设和推广的人才队伍，同时与区图书馆建立起良好的沟通机制，为北京市公共图书馆资源共建打下基础。

智慧图书馆：技术驱动变革

随着信息通信技术（information and communications technology，ICT）的发展，图书馆发展迎来新契机。党的十九大提出建设智慧社会，这对图书馆服务能力提出了新要求，公共数字文化服务要突破瓶颈必须转型升级、深度融合，创新公共数字文化服务业态，提升服务效能。

图书馆是现代信息技术的积极倡导者，也是技术进步的受益者。2021年，文化和旅游部发布了全国智慧图书馆体系建设实施工作的通知，进一步加强公共数字文化建设，提升数字文化服务水平。大数据和人工智能时代的到来，数据所产生的价值受到更多的关注，图书馆越来越重视智慧的表达和价值的实现。智慧图书馆体系建设是在新时期、新环境下为满足用户新需求而产生的，是图书馆的一次重大转型变革。

北京市智慧图书馆体系建设由北京市文旅局统筹、首都图书馆联合北京市公共图书馆共同建设。资源建设仍然是智慧图书馆体系建设的重心，但资源建设的重点已经从文献的数字化工作转向资源精细化标引，形成主题化、专题化分类揭示，从而实现智能化知识发现。我从2021年开始负责这项工作，至今已3年之久，从一开始茫然地接受任务，努力定义"智慧图书馆"，到现在的主动求索，我们要为用户建立一个什么样的"智慧图书馆"？作为一个用户，我想到图书馆索取哪些服务？智慧图书馆本质上是图书馆资源能力到服务能力的提升，图书馆价值的大小，是由用户决定的。作为图书馆工作人员的自己，首先要全面提升学习能力、管理能力和服务能力，不仅仅是技术层面，还有立法、公共意识、技术标准等多个层面。

图书馆一直是社会公正的体现，用户到图书馆可以平等获取文献信息，就像博尔赫斯馆长说的，"天堂，应该是图书馆的样子"。随着科技的进步，图书馆要应对数字鸿沟和促进数字包容，做个人与社会实践之间的桥梁，比如为社区提供健康服务信息、为失业人员提供社会教育培训、向老年人提供ICT技能培训等。新时代的图书馆员，要具备更多的专业技能，才能更好地践行公共文化服务体系建设均等性、普惠性的要求。

（王雪屏 首都图书馆数字资源中心）

首图的味道

韩 佳

> 我终于在通俗图书馆里觅得了我的天堂。
> ——鲁迅《伤逝》

首都图书馆的前身是京师图书分馆、京师通俗图书馆和中央公园图书阅览所，三馆的创建离不开鲁迅先生的推动。《鲁迅日记》中有这样的记载："午后，通俗图书馆开馆，赴之。"因通俗图书馆初期馆藏较少，鲁迅先生多次捐赠图书。后来，在他的提议下，中央公园图书阅览所（今中山公园）于1917年8月21日正式开放，鲁迅当日亦"乃往视之"。"阅览所冬日阳光充足，夏日空气清爽。前临新民堂，巍峨庄肃，后接柏树林，香风时溢"。因公园位置极佳，读者不请自来，由此可见，"恒于公园中附设图书馆、教育博物馆等，使一般国民于藏修息游之际，无形自然之中，得增进其常识，涵养其性情"。

1956年，北京市图书馆迁入元、明、清三代的最高学府——国子监，同年10月正式定名为首都图书馆。朱红色的大门，青砖灰瓦的房间，苍松翠柏，幽深宁静。国子监时期整整经历45年，无数怀揣梦想、渴求知识的读者来到图书馆，在这样的氛围中读书学习，在书海里遨游。我没有赶上在国子监工作，但是每次去参观，都能深深感受到老一辈首都图书馆人的青春流淌，岁月沧桑。

2001年，首都图书馆搬到了东三环南路，虽然离开了古老的学府，林立在三环路旁，但是图书馆的味道依旧深深地吸引着人们。北京的春天很短，稍纵即逝。图书馆院内种了几株玉兰树，每年最先吐露芬芳的便是它们。我尤爱玉兰，因为她既不像牡丹那样富丽堂皇，也不像桃花那样流光溢彩；既不像玫瑰那样火热奔放，也不像芍药那样招蜂引蝶。它的动人之处，在于那一片片、一簇簇与世无争的骄傲，以伟大的平凡无声无息地装点着春天的世界。每每此时，少不了拿"长枪短炮"的读者，对准心中最美的花朵，捕捉最心旷神怡的瞬间。

伴随着玉兰绿叶满枝，夏天到了，一片郁郁葱葱。烈日炙烤着大地，树叶无精打采，花儿都倦了，知了此起彼伏地叫着。图书馆内的空调凉爽，安静的读书学习很是惬意。到了傍晚，图书馆外热闹非凡，遛弯儿的、乘凉的、孩子嬉戏玩耍的，汗水、花露水，混合在空气中。夏天应该是孩子们一年中最快乐的时光，也许是放暑假的缘故吧。整整一个半月的傍晚，图书馆的院子里都充满了欢笑。

随着秋风起，天气渐凉。就在树叶凋零之际，首都图书馆院子里的银杏树开始凸显出独特的魅力。银杏的叶子到了秋天会变成黄色，一阵风吹来，一片片金黄色的银杏叶纷纷飘落，就像一把把小扇子在跳舞。树下落满了一层银杏叶，远远望去，就像一片金色的海洋。经常会看到读者捡地上的银杏果，银杏的果实虽然臭，但是炒熟却很香。

北京的冬天是灰色的，寒冷的，相比之下图书馆内灯火通明，温暖如春，甚是敞亮。赶上骤然间鹅毛大雪，雪花纷飞，一片白色覆盖。雪中有一种沁人心脾的清新味道，特别是走出馆门口呼吸的第一口，清凉滋润，扫去一切烦恼。伸手接那缓缓飘落的雪花，果然如书中所写，找不到一模一样的六角花瓣。孩子们在二层的大平台上高声叫喊着，一边喷吐哈气，一边打雪仗。一个马趴摔倒，迅速起身，来不及掸掉腿上的雪，又欢乐地奔跑着。

2023年底，北京城市图书馆即将对外开放，这座"森林书苑"有静谧的山谷，有层叠的银杏叶，温和的阳光洒落，"临山间，于树下，勤阅览"的意境油然而生。

  我喜欢首都图书馆的环境，更喜欢她的味道。一年四季，冬去春来，除了满溢的书香，更是暖心的人情味儿。百年流逝，服务至上，真情不变。味道，是记忆，是情感，是历史。无论首都图书馆如何变迁，首都图书馆的精神薪火相传，首都图书馆的味道，源远流长。

（韩佳 首都图书馆北京地方文献中心）

百年话沧桑　再谱新辉煌
——庆祝首都图书馆建馆110周年

张　田

2023年是首都图书馆建馆110周年，作为首都图书馆的一分子，我衷心为她感到骄傲与自豪。

中国近代图书馆的出现

高尔基说，图书馆是一座没有围墙的大学，人们在这里可以平等自由地学习。但在一个多世纪前，中国还没有图书馆的概念。官府、书院、寺观和私人藏书楼是中国古代四大藏书系统，能到这些地方看书的人非富即贵，而且这些藏书也不对外借阅，读书对于普通大众来说是一件非常困难的事。

清道光年间，西方列强用坚船利炮轰开了清朝的国门，除了侵略外，随之而来的还有西方的先进理念，这让一些有识之士看到了民众读书对于振兴国家的重要性。

同治元年（1862年）恭亲王奕䜣就在北京建立了具有现代图书馆特征的同文馆书阁。戊戌变法中，在康有为、梁启超等人的号召下，南方各省的学会对大众开放。随之开放的还有藏书较多，管理制度完善的学会书楼，如湖南的南学会书楼、苏州的苏学会书楼、桂林的圣学会书楼、武昌的质学会书楼、常德明达学会书楼等。光绪三十一年（1905

年），清政府派出载泽、端方等五位大臣，出使西方学习先进国家的政治经验。1906年，五大臣出洋归来，向清廷提交三道奏折，一道为军政，一道为教育，一道为建设"导民善法"的公共设施，图书馆列于其中。1909年清学部奏请筹建京师图书馆，馆舍设于北京什刹海北岸的广化寺，虽然直到清帝逊位时，京师图书馆尚未实现开放（后于1912年8月对外开放），但这在我国近代图书馆的发展史上也具有划时代的意义，图书馆从此代替藏书楼成为我国法定藏书机构，并且对公众开放。

民国初年，我国图书馆建设进入了蓬勃发展时期，据1916年教育部统计，全国除山西、甘肃、新疆、绥远、察哈尔外，各省均建有省立图书馆，实际上，当时除了省立图书馆外，还有通俗图书馆、大学图书馆、专门图书馆和私立图书馆等。

鲁迅先生与首都图书馆的前世

首都图书馆前身为3家图书馆，分别是京师图书分馆、京师通俗图书馆和中央公园图书阅览所，由于时代的变迁，这三家图书馆几经合并与改名，终成一馆。非常有意思的是，这三家图书馆的建造都是由鲁迅先生亲自主持或筹划的。

1912年，鲁迅应当时教育总长蔡元培的邀请，由南京北上，到北京担任教育部第一科科长，其主要工作就是负责图书馆、博物馆和美术馆等文化艺术事业。鲁迅非常看重通俗教育，他认为"通俗教育以启发一般人民普通必须之知识为主"，而通俗图书馆正是这把利器，因此来京后鲁迅就对图书馆进行了一番考察，他发现京师学务局虽设有十余处公众阅书处，但它们均属于各宣讲所内，图书无多，规模甚小，且没有适合普通大众阅览需要的通俗图书，于是他向教育部呈请筹建一所通俗图书馆。1913年10月21日，位于宣武门内大街抄手胡同内的京师通俗图书馆正式开馆。馆内设有阅览室、公共体育场、新闻阅览处等地，其中还特别为少年儿童开设了儿童阅览室，这是中国第一座儿童通俗图书馆。京师通俗图书馆是国内创办最早的通俗图书馆，它成为各省通俗图书馆的样板。

1913年，鲁迅又参与了京师图书分馆的建设。京师图书馆于1912年8月在广化寺开馆，仅四个月后江瀚馆长便因图书馆位置偏僻，房室过少，湫隘卑湿，不宜藏书等原因，向教育部呈文，提出在南城适中之地另设分馆一所，1913年教育部批准。该年4月1日，鲁迅与夏司长、齐寿山、戴芦舲前往位于琉璃厂西门外的前青厂处，察看了图书馆新赁房屋情况。此后的两个月中，鲁迅又亲自到前青厂武阳会馆处挑选馆舍，并从教育部图书室及京师图书馆内挑选适合民众阅览的普俗图书及新书，总计2000多种，还从京师图书馆抽调了人员，添置了家具设备等。1913年7月京师图书分馆开馆。

1914年10月10日，被辟为中央公园的社稷坛正式对外开放，它是北京第一座城市公园，一经开放就吸引大量游人前来游玩。在公共娱乐场所，设置图书馆，可以起到"不召而来，无言而化"的作用，于是1916年9月21日，教育部向内务部提出在中央公园内开设通俗图书馆及教育博物馆的提议，经内务部与中央公园多次协商，筹办通俗图书馆计划虽未能实现，但可以开设"中央公园图书阅览所"，于是中央公园将拜殿北边的戟门，改为阅览室供读者使用，1917年8月21日，正式对外开放。据说，此次中央公园图书阅览所能顺利开设，也是因为时任教育部社会教育司佥事的鲁迅，经与中央公园进行多次交涉、商洽、努力的结果。

迁址与合并

民国初年，国家百废待兴，各种经费都捉襟见肘，图书馆事业更是举步维艰，据资料记载，1926年10月，京师图书分馆已经到了难以周转的地步,不但发不出工资,就连冬天购置煤炭、暖炉的钱都没有,图书馆也是居无定所,不断迁址。

时间回到1916年,京师图书分馆由于经济困难,改迁至宣武门外香炉营四条西口的一所洋楼内,为了吸引读者,不仅增开了妇女阅览室,还延长了每日阅览时间,虽然做出了极大的努力,但情况仍不见好转,1924年,京师图书分馆因无力支付房租,只得迁入京师通俗图书馆院内,1925年又与京师通俗图书馆一同迁至头发胡同22号,这两所图书馆虽然在一起办公,但它们一直是分别办馆的。1926年10月,教育部令京师图书分馆改称为京师第一普通图书馆,同年11月,又令京师通俗图书馆改称京师第二普通图书馆。1927年7月,教育部再次下令将京师第一普通图书馆与京师第二普通图书馆合并,合并后仍称京师第一普通图书馆,从此京师图书分馆与京师通俗图书馆成了一家。

除了这两家图书馆外,中央公园图书阅览所也是一家以通俗读物为主的图书馆,所以教育部在1925年12月,就先将其改名为京师第三普通图书馆。1927年7月,教育部也令其改名,由京师第三普通图书馆改为京师第二普通图书馆。

随着政权的更迭,京师第一、第二普通图书馆不断地改名。京师第一普通图书馆先后改为北平特别市第一普通图书馆、北平市第一普通图书馆、北平特别市公署第一图书馆、北平市图书馆等。京师第二普通图书馆改为北平特别市革命图书馆、北平特别市中山图书馆、北平市中山图书馆、北平特别公署通俗图书馆、北平市立中山图书馆等。

1946年北平市立中山图书馆并入北平市立图书馆,成为北平市立图书馆分馆,这3所图书馆终于在新中国成立前夕合为一馆。

首都图书馆的今生

1949年8月,北京市人民政府教育局接管了北平市立图书馆,10

月14日，北平市立图书馆更名为北京市立图书馆。1953年2月，馆址由头发胡同移至西华门大街35号，馆舍也从原来的700平方米扩大到1700平方米，职工人数也增至59人。1956年，北京市立图书馆正式迁入国子监，馆舍面积扩充到7700平方米，工作人员也增为70人，同年10月，北京市立图书馆改名为首都图书馆，馆名为郭沫若先生亲笔题写。

国子监是元、明、清三代最高学府，红墙古树，房舍整齐，环境幽雅，深受读者的喜爱。漂泊了半个世纪的首都图书馆，终于迎来了平稳发展阶段，图书馆的业务工作也得到了迅速的发展，例如，设立了图书流动车，这项服务主要面向远郊区的工厂和农村等地，图书馆将图书送至工厂、田间，从此工人和农民兄弟不出远门也能感受到读书的乐趣。同时，为了使更多读者走进图书馆，首都图书馆还开展了读书座谈会等活动，像赵树理、周立波、袁静、马烽、孔厥、徐光辉等知名作家也都曾应邀出席了读者见面会。后来首都图书馆的品牌活动"首图讲坛"，可以说就是当年读书座谈会的继承与发展，众多知名的学者专家都到首都图书馆登坛开讲，有原文化部部长中国知名作家王蒙、清史专家阎崇年、艺术家陈丹青、著名作家毕淑敏等等。

1958年首都图书馆成立了特藏部——地方文献中心，这个部门主要收藏与北京相关的文献，除了常见的纸制文献外，还收藏舆图、金石拓片、老照片、戏单等特种文献，经过几十年的发展，首都图书馆地方文献藏书量已达17万册（件），其中不乏珍品，如《（嘉靖）通州志略》，是迄今所见最早的通州方志，也是第一部保存完整的北京地方方志。出版于1924年的《北京的城墙和城门》，作者是瑞典学者喜仁龙，此书共收录照片109幅，测绘图纸50幅，这些拍摄于1920年前后的珍贵照片，为研究北京城门及城墙提供了重要的文献资料。近年来，文献数字化成为图书馆文献资源建设的一个重点，北京地方文献也积极参与其中，现数字化资源已达31TB。北京地方文献中心无论是在文献收藏与利用，还是在课题研究及数字化开发等方面，一直处于全国图书馆界的领先地位。

改革开放后，首都图书馆与国际同行间的交流也越来越频繁，1996年，国际图书馆协会联合会在北京召开，首都图书馆作为主要参观馆之一，第一次以市级公共图书馆代表的姿态迎接世界友人，通过这次盛会，首都图书馆正式与国际接轨，走向世界。

2001年5月，首都图书馆告别了使用45年的国子监，迁至东南三环。这对于首都图书馆来说是一次质的飞跃，高大漂亮的馆舍内设有十几个阅览室，1600个阅览座席，每日可接待读者近千人。办公系统也由原来的手工操作，进入自动化与网络化，这不仅方便了工作人员，也为读者带来方便快捷的服务，如电子检索系统代替了传统的手工卡片目录，只要在电脑的检索框内输入相关主题词，便能迅速准确地查找到相关图书，这不仅为读者节约了大量时间，还扩大了检索范围。又如，图书数字化。这是一项功在当下，利在千秋的大好事。图书馆利用先进技术，把纸质文献变成数字文件后加以利用，这不仅可以减少人为对古籍善本等珍贵文献的损毁，还可加工成为电子图书、数据库、电子展览等数字化产品。疫情期间，电子图书发挥了极大的作用，很多不能到馆查找文献的读者，只需上网轻点鼠标便可以通过网络阅读所需文献。

2012年9月28日，首都图书馆二期（现称B座）也投入使用，阅览面积增至3.8万平方米，有2000个阅览座席，馆内所有阅览区域都实行大开放的政策，读者无须办证便可畅游于书海之中，这也再一次体现了首都图书馆"以人为本、服务至上"的服务理念。首都图书馆二期更加注重智能化、数字化建设，实现了读者管理自动化、借阅文献自助化，像自助办证机、图书自助借还机、自助复印机等设备，都让读者体会到自助的快乐。

2023年建于通州"绿心"公园内的北京城市图书馆即将开馆，首都图书馆是其主要运营单位。这座面向未来的新型公共图书馆设计感十足，以中国传统文化符号"赤印"为建设理念，以银杏叶片为灵感设计的屋顶宛如森林伞般盖覆于馆舍之上，馆内的阅览空间也一改房屋式的设计，两座高达三层的"书山"分列于东西，书山的山体台阶和顶部是开架阅览区，沿阶而上，读者可以进入中文图书、中文报刊、外文图书、北京地方文献等阅览区。这座建筑面积约7.5万平方米的图书馆，集知识传播、城市智库、学习共享等功能于一体，充分的空间资源为展示特色资源提供了绝佳机会。

首都图书馆利用自身丰富的馆藏，将在北京城市图书馆内设立多个特色的主题馆，通过展示、体验、互动等多种方式，将非遗文献、古籍文献、艺术文献、少儿文献等特色资源送至读者身边。

一个多世纪前，首都图书馆从前青厂的几间屋舍发展至今，一馆两址的大型现代化图书馆，风雨兼程，历经艰辛。岁月轮转，首都图书馆人初心不改，坚持以创馆之初"普及社会教育，启迪民智为宗旨"大力开展对民众的普及教育。进入新世纪后，首都图书馆对这一宗旨进行了延续与深化，提出了"以人为本，服务至上""创新务实、读者至上"的新宗旨与方针。作为北京市重要的知识信息枢纽和精神文明建设基地，首都图书馆人将砥砺前行，在赓续中华文脉、弘扬民族精神的路上守正创新，为建设社会主义文化强国贡献力量。

（张田 首都图书馆北京地方文献中心）

一部"古书"贯通古今中外
一方"赤印"喜迎八方宾朋

谷 曦

习近平总书记曾说："我最大的爱好就是读书。"在每个读者心中，首都图书馆是一处包容所有对知识有渴望的人的殿堂，我也是其中之一，同时作为一名馆员，我的肩上还担负着守护这座智慧宝库的责任。

我来到首都图书馆已有10余年了，回顾初始，到馆后迎接的第一件大事就是百年庆典，作为刚入职的员工我能参与百年馆庆的活动，感到莫大的荣幸，那时的盛况仍然历历在目。

白驹过隙，10年弹指一挥间，我见证了首都图书馆这座精神家园的发展，这些发展的足迹汇聚了来自社会各界文化工作者的力量，这些力量支撑着首都图书馆取得了过往的成绩，也敦促着首都图书馆继续加快脚步，砥砺前行。

这些力量给予了我支持和激励，让我在这十余年间对图书馆的文化工作有了不一样的感悟。

工作之初，文化志愿者体验，奉献即是收获。

刚参加工作的时候，我报名了文化志愿活动，除了馆员身份外，我成了一名文化志愿者。最初参与的是"心悦书香"项目，活动的主要内容是为视障读者诵读。看似简单的内容，实际操作起来却有很多意想不到的状况。

首先是选择文章，由于是以团队的形式参与，就需要选择一个可供多个角色诵读的文章，文章既要符合诵读人的特点，又要有戏剧性，能够吸引视障读者。文章确定后就需要分配角色，由于活动现场有专业的播音老师进行点评，所以每个人都希望有个表现的机会，都希望能诵读一个有鲜明特点的人物角色，读旁白的任务就被"冷落"了。经过一番沟通，为了保证整个诵读节目有一个完整的呈现，我主动承担了旁白的角色。

我们团队确定了一个共同目标，就是将这篇文章演"活"了，让视障读者喜欢。定好角色后我们就开始练习，通过一遍遍的练习，不断修改讲稿，互相提出建议，加强诵读的情感，像表演情景剧一样把文章表演出来，配合动作以彰显人物个性特点，通过反复的排练取得了不错的成果。

我们信心满满地参加了当天的活动。活动进行得很顺利，每个人都很好地展现了平时练习的水平，并得到了专业老师的肯定，最重要的是我们收获了视障读者的笑容，虽然他们看不见，但听得很认真，会随着剧情的起伏做出自己的反馈，活动结束后视障读者们与文化志愿者进行了交流，分享他们对于活动的感受，并表达了诚挚的感谢。那次活动令我记忆深刻，让我认识到奉献本身就是一种收获，只要你全身心地参与其中，就会有所成长。

边干边学，搭建文化志愿平台，感受社会力量的支持

作为一名参与者，我感受了文化志愿活动奉献的过程，后来由于工作的安排，我开始向组织者的身份转变，负责法律主题馆的工作。

法律主题馆是原北京市文化局和北京市司法局合力打造的主题阅览空间，建设之初得到了各方领导的大力支持。空间的色彩选择、元素融入都充分体现了法律的庄严与肃穆。在文献建设方面更是集合了全馆之力，将各种法律类的纸质文献、电子文献、视听资料、报刊杂

志进行集中阅览，形成了一个真正的法律学习空间。光有文献资料还不够，还要通过普法活动来提高全民法律意识。

法律主题馆的建设离不开社会力量的大力支持。由于法律主题的相关内容专业性很强，对于我这个非法律专业的馆员而言，开始时着实无从下手。在开展法律咨询的过程中，我们得到了北京市律师协会的鼎力支持，组织参观学习了律师协会的法律咨询服务，协会向我们提供了10个律所，支撑首都图书馆每周的免费法律咨询活动。参加活动的律师也十分认真负责，全天的咨询活动几乎没有休息的时间。令我印象最深的是一位姓岳的律师，她年过八旬，来首都图书馆路程将近两个小时，但每次都会提前到岗，耐心解答每个问题，哪怕有些读者的法律问题已经咨询过多次，她仍会从不同角度耐心反复说明，答疑解惑。

免费法律咨询活动广受好评，逐渐成为一个品牌项目，使法律主题馆成了真正的普法宣传阵地。我也通过实践不断磨炼本领，提升服务水平。我从最初的无从下手，慢慢开始学着深入分析受众特点，根据不同受众群体需求整合资源，将"以人为本"的建馆理念落实落地，逐步开启法律讲座、普法大讲堂等多种文化志愿活动形式，走进学校、社区、军队、监狱等不同场所开展普法宣传，吸纳11名来自法院、检察院、高校和律所的专家组成法律专家库，为法律主题馆的建设出谋划策。我还及时总结工作经验，将法律咨询、法律讲座等活动推广到多个区县，在各区图书馆建立普法阵地，形成服务网络，并在特定节点组织开展系列普法活动，惠及更多的市民。

随着角色的转变，我从一名参与者转变为一名组织者，通过实践锻炼，我明白只有积极的作为才能攻坚克难，坚定的信心和决心是我们面对挑战最有力的武器，也让我更加深刻地体会到图书馆工作的成功依赖于背后无数人的奉献与付出以及专业技能的支撑，各方面专家的参与有效地提升了图书馆的服务水平，社会力量所蕴含的巨大能量是图书馆最为珍贵的财富。

共建共荣，文化志愿行，为脱贫攻坚战助力

2019年是我国全面取得脱贫攻坚战的决胜年，是消灭绝对贫困、实现全民富裕的关键一年。在精准扶贫工作中文化扶贫工作至关重要，"扶志·扶智"是解决贫困问题的根本途径。

首都图书馆发挥北京地区中心馆职能，带动区县图书馆参与，融入社会力量，组建专家援建队伍、文化志愿服务队等共同参与形式，开展文化志愿援建工作。依托"互阅书香"文化志愿服务项目，首都图书馆共组织援建图书53批次，累计援建图书16万余种18万余册次，援建金额达到500余万元。首都图书馆先后以文化志愿行的形式共派出多批次百余人次的文化志愿服务团队，赴新疆和田、河北丰宁等地区开展现场的文化精准扶贫工作。

组织开展"书香智远 志爱无疆"志愿行工作是首都图书馆文化志愿工作首次"走出去"，将文化活动带到贫困地区的重要尝试。"时间紧、任务重"，对于我来说又是一次重大挑战。援建工作需要极其细致的工作安排，为确保工作平稳有序完成，我和其他馆员提前两个月就开始进行策划。首先，细致整合资源，将最优质的文化服务融入活动日程安排中，经过10余稿的修改完善，整体活动框架基本形成。然后，我参与到选拔志愿者和培训环节中，在选拔过程中要充分考虑到年龄、专业、特长等多方面因素，从日常活动中表现优秀的志愿者中挑选骨干成员，开展后续专业培训，增强服务水平和服务意识。为了让志愿者更好地了解当地读者的文化需求，我还整理了很多关于当地情况和文化风俗的相关信息。为了工作能够完美落地，需要我们事无巨细地进行前期筹划。我在与当地图书馆沟通的过程中，不断修改方案，以半天为单位，详细规划活动开展的每个细节，参与人员的身份、人员特点、活动主题都经过反复推敲以保证活动效果。由于北京与新疆有时差，上班时间有比较大的差异，一方面需要提高效率，在工作时间

内尽可能有效地解决各种问题，另一方面利用下班时间沟通是在所难免。由于人数较多，时间较长且又涉及离京，在活动用品准备过程中就需要格外细致，大到捐赠图书、宣传品的运送，小到常备药品、防晒霜等日常用品的准备，从订购机票到一日三餐，都要做到细致入微，都要有明确的时间安排和责任分工，记得当时我和大家开玩笑说，自己都能考个导游证了。虽然那段时间的工作很紧张，但是很充实，在志愿者们的大力支持下，活动得以顺利开展，每场活动都得到了当地读者的积极响应，尤其是与当地的孩子们接触后，我们才真正了解到他们的真实情况，深刻地体会到"扶贫"先"扶智"所指明的正确方向，贫困地区孩子们获得知识时的满足与欣喜是对我们最好的回报。

在此次工作中，我磨炼了本领，同时也收获了满满的成就感，让我明白只有对工作高度负责，才能呈现更加优质、更令读者满意的服务。

放眼未来，打造智慧图书馆，文化共建新时代精神家园

2023年底，北京城市图书馆将正式与读者见面，对于首都图书馆而言，在庆祝建馆110周年的重要时刻，也预示着首都图书馆步入下一个新的起点。

北京城市图书馆在设计之初就确定要成为集知识传播、城市智库、学习共享等功能于一体的文化综合体，秉持着"亲民、特色、智慧"的功能设计理念，"赤印"的外观设计与老馆"展开的书"的设计遥相呼应，蕴含着丰富的传统文化底蕴和文化传承。

2020年起，我有幸参与到新馆建设当中，这对于我个人而言又是一次全新的尝试。新馆建设是一项系统性工程，需要方方面面密切协调配合。刚借调至副中心工程办时，对于相关工作没有任何经验可循，工程建设方面的专业知识也基本是零基础，但经过之前跨领域工作经验的积淀，我对于完成跨专业的工作也多了一份信心。我秉承着从零

开始的心态，认真学习相关专业知识，学习相关文件，到施工现场实地学习，做到"勤学、勤看、勤问"，把每一次会议的重点进行分类整理，结合原有的图书馆工作经验进行思考，提出自己的建议。

新馆的建成是首都图书馆从传统图书馆、数字图书馆向智慧图书馆转型的一次重要尝试，而对于智慧图书馆的具体呈现仍处在探索阶段，为了更好地完成工作任务，我主动收集相关的文章、论文，并尝试着总结分析，梳理成自己的一些观点，并对未来发展进行更加大胆的畅想，在新的挑战下，也只有不断学习、不断提升、精益求精，才能跟上新时代发展的步伐。

在推进新馆建设的过程中，我也充分体会到了我们新时代图书馆人的责任与担当。新馆建设涉及各个部门、多个领域，由于没有成熟的案例可循，我们需要不断学习、勇于创新，馆内很多参与新馆建设的同人都肩负着艰巨的工作，在各自的领域发挥着作用，这种情怀和氛围也不断激励着我严格要求自己，跟上新时代发展的脚步，勇毅前行，奋发拼搏。

通过各方不懈的努力，新馆最终将会以完美的形象与大众见面，这座凝聚了我们共同智慧的"森林书苑"将为大众提供更加亲民、更具特色、更显智慧的文化服务，让每个人都能够在这座共同建设的精神家园中"临山间，于树下，勤阅览"，在蓝绿交织的大运河畔畅游知识的海洋。

我会牢记图书馆人的初心使命，以图书馆人锐意进取、担当有为的精气神，把宏伟蓝图变成美好现实，为实现新时代文化新辉煌贡献我的力量。

在此，热烈庆祝首都图书馆建馆110周年华诞，预祝首都图书馆在新时代绽放更加璀璨的光芒。

（谷曦 首都图书馆汽车图书馆）

首图印记
——藏书章与书标中的馆史

王静斯

欣逢首都图书馆建馆110周年，在梳理馆史的过程中，我和同事们发现首都图书馆的历史沿革和藏书来源等信息不仅源自馆藏档案、文献和图书馆前辈的口述历史等资料，还隐藏在一枚枚古朴方正的藏书章中，尘封在一张张工整精巧的书标里。下面，就让我们探究一些有代表性的藏书章与书标，回顾首都图书馆历史，追溯藏书来源。

鲁迅赠书《炭画》与京师通俗图书馆

鲁迅先生与京师通俗图书馆渊源颇深，他不仅是这座图书馆的忠实读者，还参与了京师通俗图书馆的创建，关心着她的发展。鲁迅于1912年5月5日抵京到教育部报到，8月担任教育部佥事和社会教育司科长，其中一项工作便是负责图书馆事项。翻阅1913年的鲁迅日记，10月21日清晰记载着："午后通俗图书馆开馆，赴之。"

1914年4月28日的鲁迅日记又记载："二十八日晴。上午赠通俗图书馆《炭画》一册……"这本上海文明书局的《炭画》正是京师通俗图书馆时期入藏我馆的，它是周作人翻译的波兰作家显克微支的作品，末页盖有京师通俗图书馆6字竖条章。

京师通俗图书馆是我国较早的公共图书馆，与"保存国粹，造就通才，以备硕学专家研究学问，学生世人检阅考证之用"的京师图书馆及各省图书馆不同，京师通俗图书馆以普及文化、服务大众为办馆目的，阅览书刊不收取费用。京师通俗图书馆馆藏主要以通俗读物、民俗文学和戏曲小说为主，鲁迅曾在1918年8月20日致许寿裳的信中建议京师通俗图书馆要收录不为藏书楼所重视的小说类文献。

图1 "京师通俗图书馆"藏书章

《炭画》的扉页上贴有一张蓝色书标，上面印有"北平特别市第一普通图书馆"。这张蓝色的书标还在另一本图书中出现，只不过被覆盖，不能完全展现。接下来，让我们对京师通俗图书馆与蓝色书标上出现的北平特别市第一普通图书馆的关系一探究竟。

图2 《炭画》扉页蓝色书标

唐《国史补》与北平市第一普通图书馆沿革

与《炭画》同为京师通俗图书馆藏书的《国史补》是一部记载唐代社会风气、朝野逸事及典章制度等方面的历史琐闻笔记。这卷上海进步书局印行的《国史补》书名页上印有方形京师通俗图书馆藏本章，扉页上绿色的北平市第一普通图（书馆）书标覆盖了原先蓝色的北平特别市第一普通图书馆书标，揭示了这段时期图书馆名称先行后续的关系。

京师通俗图书馆曾于1926年10月更名为京师第二普通图书馆，又在1927年同京师第一普通图书馆合并。蓝色书标上的名称正是合并后的京师第一普通图书馆的延续——北平特别市第一普通图书馆。北伐后国民政府改京师为北平特别市，图书馆遂更名为北平特别市第一普通图书馆，由原先的教育部管辖改为北平特别市政府管辖。1930年，

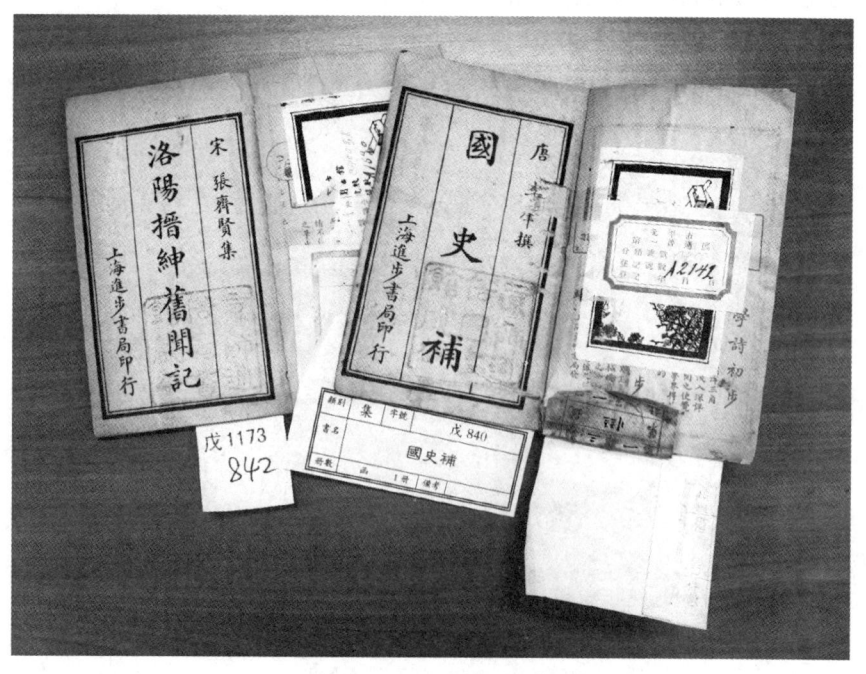

图3 首都图书馆藏《国史补》书影

北平特别市改隶河北省政府管辖，改名北平市，因此馆名去掉了"特别"二字，绿色书标上的北平市立第一普通图书馆就是这一时期的名称。1937年北平沦陷后，北平市先名北平临时政府，又更名为北京特别市公署，图书馆因此更名为北京特别市公署第一普通图书馆。抗战胜利后，北京市政府又将其更名为北平市立图书馆。直到1956年，"首都图书馆"的名字被市人民政府批准使用，在1957年迁入国子监对外开放后被公众所知晓。

清《东斋词略》与孔德学校图书馆藏书

首都图书馆历史文献中心所藏清康熙《东斋词略》曾入选第三批《国家珍贵古籍名录》，它的卷首钤印有"北平孔德学校之章"，显示着首都图书馆古籍的重要藏书来源。印章中的孔德学校常被人误认为和孔子有关，又因该校教授法文而被误以为和法国教会相关。其实，孔德学校是以法国著名哲学家、社会学和实证主义的创始人奥古斯特·孔德（Isidore Marie Auguste François Xavier Comte）的名字命名的，由我

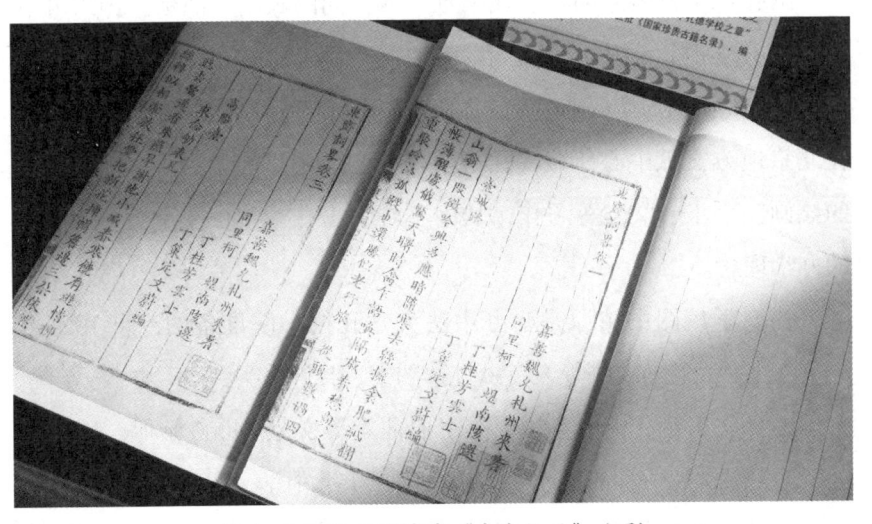

图4 首都图书馆藏清《东斋词略》书影

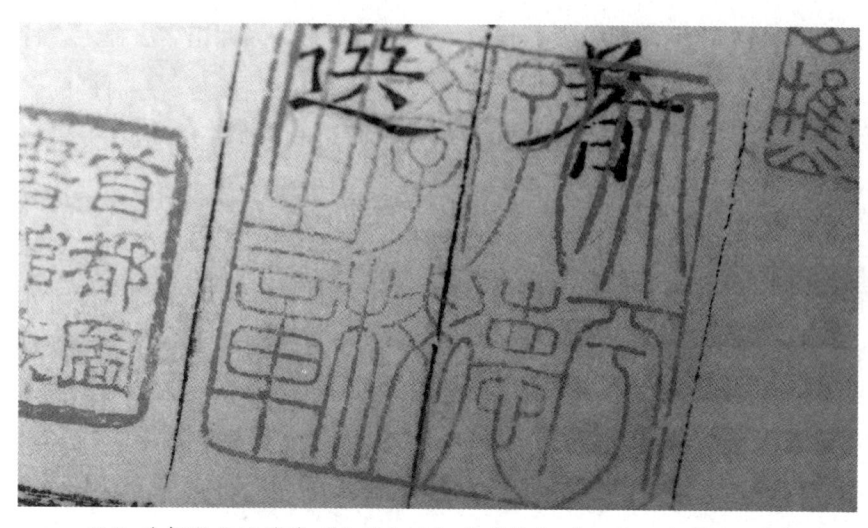

图5 首都图书馆藏清《东斋词略》卷首钤印"北平孔德学校之章"

国近代著名教育家蔡元培先生和李石曾等人于1917年创办于北京东城方巾巷。蔡、李两位先生早年间都有在法国学习生活的经历，学校建立时又恰逢西学东渐之风盛行，于是两人就想把实证主义介绍到中国来，故以孔德命名该校，将"取他注重科学的精神，研究社会组织的主义"作为教育的宗旨。

据孔德学校后来的校长钱秉雄（钱玄同的长子）回忆，1918年孔德学校开学时，学生大都是北大和中法大学教职员的孩子，蔡元培、李石曾、沈尹默、马叔平、齐竺山、齐如山等先生的子女都在该校就读。在北京地方文献中心所藏《孔德学校旬刊》中，能见到不少当时学生的绘画、手工、文学等习作，从中不难看出孔德学校注重美育和实践的办学理念。

孔德学校图书馆原是为办中法大学孔德学院准备的，自1924年起，由沈尹默、马隅卿等人负责挑选图书，共计采买到经、史、子、集、方志、日文书籍、词曲小说、车王府曲本等文献64000余册。1952年9月，孔德学校中学部被改为北京市第二十七中学，北京市政府决定将孔德学校图书馆的古籍拨交首都图书馆。据首都图书馆原馆长冯秉文回忆，1954年他在筹备北京市图书馆天坛参考阅览室时，曾在天坛神厨大殿整理古籍，当时陆续接收了孔德学校图书馆所藏古籍和外文图书47159册。因挑选图书的马隅卿是研究小说戏曲的专家，故这批来自孔德学校的古籍中有不少小说戏曲作品，其中最著名的是《清车王府藏曲本》。《清车王府藏曲本》于20世纪20年代从北京一蒙古车姓王府内分两批流散出，经由琉璃厂东口宏远堂赵氏（一说琉璃厂松筠阁书坊刘盛誉）之手被马隅卿为北京孔德学校购得。第一批1400多种，于40年代初期入藏北京大学图书馆；第二批230多种，于50年代初期入藏首都图书馆。60年代初，首都图书馆根据北京大学图书馆所藏抄制了第一批曲本，故以首都图书馆所藏曲本品种较全。此外，广州中山大学语言历史研究所、台北"中央研究院"历史语言研究所傅斯年图书馆、日本东京大学东阳文化研究所等处也有零散藏品。1991年，首都图书馆以馆藏第二批孔德学校底本和抄录的北大藏第一批孔德学校部分曲本为底本，曾以线装形式影印出版《清蒙古车王府藏曲本》，共收录剧曲1585种。

甘博《北平市民的家庭生活》与法文图书馆藏书

在甘博的《北平市民的家庭生活》封底内页左上角，出现了一枚小小的蓝色中英双语贴标：北平法文图书馆[FRENCH BOOKSTORE PEIPING (CHINA)]，它显示了首都图书馆馆藏的又一重要来源。

甘博的全名是西德尼·戴维·甘博（Sidney·David·Gamble），他是美国社会经济学家、人道主义者和摄影家。他曾在1908年至1932年间多次来到中国，进行了大量社会调查，先后出版了多部关于中国的社会调查著作，并拍下了许多珍贵照片。法文图书馆则是法国商人老魏智(Francis Vetch, 1862—1944)在北京创办的，虽然叫作图书馆，其实主要开展图书销售和出版业务，后来他的儿子小魏智（Henri Georges

图6 首都图书馆藏西德尼·戴维·甘博著《北平市民的家庭生活》

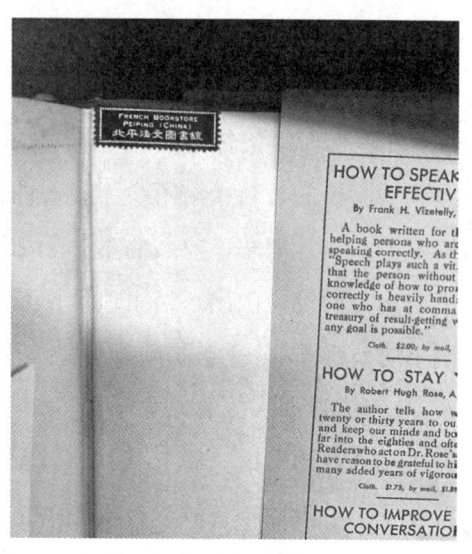

图7 《北平市民的家庭生活》封底蓝色中英双语贴标：北平法文图书馆

Archibald Vetch, 1898—1978）接续了法文图书馆工作，父子俩搜集了很多珍贵的中国古籍并出版了许多研究北京的书籍，甘博的《北平市民的家庭生活》正在其中。1951年小魏智因参与间谍活动被北京市人民检察署提起公诉，1954年被驱逐出境。于是，北京市图书馆接收了来自法文图书馆的图书与地图等文献共计约17万册，其中中文古籍约8万册，数量几近当时的馆藏量。

首都图书馆历史上，以古籍和民国时期出版物为主要内容的"北京市图书馆天坛参考阅览室"也正是依托法文图书馆和孔德学校图书馆的藏书，于1955年1月18日正式对外开放。来自法文图书馆与孔德学校图书馆的这两批图书曾和其他古籍一起在天坛公园的神厨大殿被贮存和整理。这些古籍按图书来源和编制体系，原孔德学校藏书被编为甲字，原法文图书馆藏书被编为乙字，依照经、史、子、集、丛五部类和子目排序排架。

名人赠书与个人藏书印

首都图书馆的馆藏建设离不开社会各界人士的帮助，从鲁迅、梁漱溟、黄兴夫人等学者、名人到热心市民，都对首都图书馆馆藏建设给予过帮助。在这些个人赠书里，名人藏书印有熊希龄的"明志阁藏书"和"慈幼院院长熊希龄捐入"，吴晓铃的"晓铃藏书""绥中吴氏双楣书屋藏"和"绿云山馆"等。在首都图书馆馆藏古籍中，常能发现这些印记。除了名人藏书章，还有一些普通的个人藏书印记也值得关注。例如，在北京地方文献中心的藏书中，一位热心市民在《老北京风情

图8 熊希龄明志阁藏书章局部

图9 吴晓铃藏书章

图10 北京地方文献中心藏书《老北京风情记趣》书影

图11 《老北京风情记趣》扉页

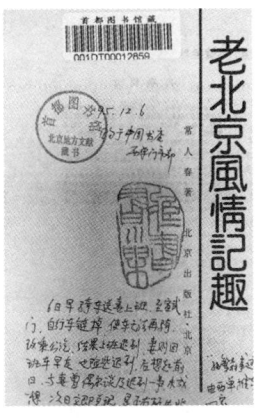

记趣》一书的书名页上讲述了自己于1995年在中国书店西单门市部购得此书的缘由，并盖上自己的藏书章。这样的记录也不失为一种购书记趣，讲述着这本书背后的故事和采访来源。

上述图书只是首都图书馆浩瀚书海中的一隅，在漫长的图书采访岁月里，首都图书馆逐渐形成了自己的特色馆藏，从海内外罕见的古籍善本、反映北京地域文化的地方文献到多姿多彩的视听文献，每一件文献背后都凝结着图书馆人的辛勤汗水，讲述着动人的历史故事。在建馆110周年之际，首都图书馆的馆藏文献总量已接近千万册级别，祝愿这座知识巨轮笃定前行、行稳致远。

（王静斯 首都图书馆北京地方文献中心）

首都图书馆近十年（2013—2022）读者证（群）数据统计分析

于 妍

首都图书馆（以下简称首图）B座自2012年9月起正式对外开放服务，本文提取B座开放服务十年间成人读者证卡数据，对持证读者基本信息及其相关数据进行汇总统计和对比分析，总结变化趋势并提出改进对策及建议，以期为优化读者证卡管理提供有力参考。

一、证卡服务数据

1. 读者证数量

读者证数量数据包括累计有效读者证数量及年新办读者证数量。累计有效读者证数量历年变化规律表现为持续上升趋势，伴随2020年虚拟卡服务开通，上升幅度更加明显。在各类型读者证中，A级证和C级证是年新办读者证数量较多的两种类型。

表1 近十年累计有效读者证数量统计表（单位：个）

读者证类型	2013年	2014年	2015年	2016年	2017年	2018年	2019年	2020年	2021年	2022年
总量	299955	346999	368360	388325	347181	423287	437525	494276	603515	966403
A级证	45620	45994	45941	45783	33347	46224	46803	101828	206374	566284
B级证	49726	52137	51975	51795	44461	52059	52139	52152	52116	52003
C级证	158244	194502	211633	228095	216392	253466	262623	263816	266873	268443
D级证	17202	21826	24363	27155	25361	32028	35404	35800	37057	38198
E级证	5556	6828	7431	8037	6876	9211	9883	9948	10225	10606
活跃读者数量	99041	101293	93893	87521	67500	68400	60520	26614	26505	22596

注：A级证含虚拟卡。另有集体证、优惠证等其他类型读者证未在表中体现，故总量大于表中各级数量之和。

为保证疫情防控期间的读者限流要求，首都图书馆实行预约入馆服务措施，同时开通电子虚拟卡（A级证），实现读者线上办证、预约入馆、浏览数字资源等服务功能。虚拟卡由于线上申请方式快捷便利且无须缴纳办证押金，可以满足疫情期间读者预约及阅览电子资源的需求，自2020年起新办证数量直线上升，成为近年来新办读者证的主要构成。C级证由于押金额度中等且拥有更多可外借数量的优势，能够满足更多到馆读者的阅览及外借需求，历年新办证数量及占比均较高，但增长幅度出现减缓趋势。

从A级证和C级证的数量变化趋势可以看出，近年来免除办证押金及开通电子证卡服务的形式对于读者的吸引力逐渐加强，更多可外借数量的读者证权限需要结合充足的馆藏资源方可发挥更大效用。D级和E级证拥有更高外借权限，深受专业领域研究型读者青睐，近年来新办证数量维持在相对稳定水平。

2. 活跃读者数量

活跃读者即为当年有过外借记录的读者，可以有效反映读者证使用效率。表1中的活跃读者数量及占比均呈现逐年下降趋势，体现出以单纯借阅文献为目的走进图书馆的读者比例正在减少。

受数字阅读习惯影响，读者走进图书馆、利用图书馆的方式和目的正在发生改变，以文献利用为主的读者行为正在被参与活动、阅览自习、研学参观等空间利用为主的读者行为所替代。2020年至2022年期间，受北京地区疫情防控政策影响，部分读者到馆需求无法被满足，申请虚拟卡人数直线上升，部分图书滞留在读者手中无法参与流通外借服务，综合导致整体文献外借量有所回落。以上几点成为影响活跃读者占比的主要因素。

二、读者群体构成

1. 读者性别

近十年读者性别比例分布趋势图如下所示，历年来女性读者比例均略高于男性读者，且二者差距有逐年扩大趋势。女性读者走进图书馆、办理读者证的人数相对大于男性读者，在疫情期间预约入馆服务措施的限制下，女性读者办证热情依旧持续高于男性读者，体现出在利用图书馆资源方面女性读者整体比男性读者有着略高的积极性。

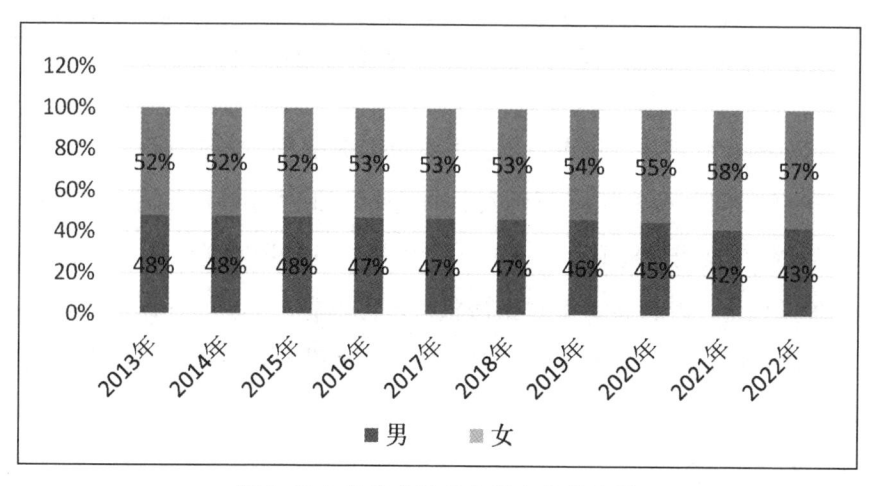

年份	男	女
2013年	48%	52%
2014年	48%	52%
2015年	48%	52%
2016年	47%	53%
2017年	47%	53%
2018年	47%	53%
2019年	46%	54%
2020年	45%	55%
2021年	42%	58%
2022年	43%	57%

图 2 近十年读者性别比例分布趋势图

2. 读者年龄

读者年龄整体呈现正态分布趋势，历年来各年龄段读者数量均保持稳定增长，26—45 岁之间的青壮年读者居多，且近年来增幅远超其他年龄段读者，表明虚拟卡等电子证卡更受年轻读者欢迎。下图为近十年各年龄读者数量变化趋势图，可以看出 26—35 岁年龄段读者占比持续较高且近年来增幅显著，成为历年读者群体的主力军。

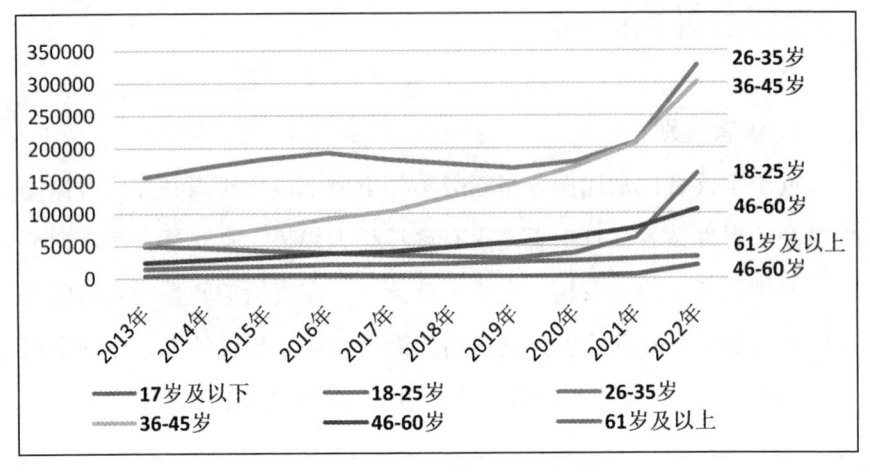

图 3 近十年各年龄读者数量变化趋势图

36—45岁年龄段读者数量上升幅度较为明显，表明此部分读者利用图书馆需求持续旺盛；紧随其后的是18—25岁年龄段读者，且在近三年增幅出现明显提升；46—60岁年龄段读者数量呈现稳步上升趋势，61岁及以上年龄段读者数量虽然整体占比不高，但历年活跃读者数量占比数据均较高，体现出中、老年读者文献借阅需求明显且持续稳定的特点。

3. 读者学历

持证读者中以大专、本科学历为主要构成，其他各学历读者数量稳中有升。从表4数据可以看出，本科学历读者数量增幅最大，其他各学历中研究生（硕士）学历读者增幅也相对明显。

表 2 近十年各学历有效读者证数量统计表（单位：个）

读者学历	2013年	2014年	2015年	2016年	2017年	2018年	2019年	2020年	2021年	2022年
初中及以下	14482	15777	16984	18134	18748	19114	19449	19446	19653	19749
高中	49977	53106	56162	59212	60951	61565	62073	62028	62052	62083
大专	63208	67706	71801	75929	78951	80060	81268	81202	81407	81513
本科	88809	102547	114286	126802	139059	144668	150661	151335	174830	375633
研究生（硕士）	17621	22549	26794	31391	36814	39537	42701	43325	45065	46148
博士及以上	1973	2650	3237	3863	4550	4931	5325	5405	5663	5840

本科以上学历读者连续几年保持高增长趋势，体现了读者学历普遍有所提高的发展规律，且读者学历与活跃读者占比呈现正相关关系。可结合读者需要为有学术研究及相关专业需求的读者提供主题资源推荐、专题参考咨询等服务内容，也可采纳部分读者荐书意见，为合理配置馆藏文献提供一定参考。

三、总结

本文对读者证卡服务数据及读者群体构成进行统计分析，纵向对比近十年来数据变化规律，分析总结如下：

1. 读者利用图书馆方式发生改变

智慧技术（人工智能、5G、区块链等）带来的技术产业革命，使馆舍阅览环境及服务手段得以改善，以人为本的服务理念持续推进图书馆服务门槛不断降低。以上原因造成读者阅读习惯及走进图书馆、利用图书馆的方式和目的发生改变，读者在图书馆中的角色定位也由被动接收信息向主动参与活动、提供志愿服务、参与图书馆建设等多角度转变。

数据表明首图读者群体构成及分布均衡、稳定，馆藏文献分配能满足不同年龄、不同学历读者的基本需求。未来可参考读者性别、年龄及学历分布情况，合理优化馆藏文献结构，增加专业性文献的入藏比例，丰富文献类型及品种，策划针对不同读者群体的资源推荐、读者活动、专题咨询、专项服务等个性化读者服务内容，以满足读者多样化服务需求。

2. 读者证卡服务及管理模式亟待更新

疫情期间预约入馆服务措施有效带动了读者办证热情，A级证（虚拟卡）作为主要增长点占疫情期间新办证数量的九成以上。反映出读者对手机移动服务的关注，也体现了虚拟读者证、线上资源服务等数字服务手段的优势。读者参与图书馆服务的方式更加自由，资源推荐、阅读推广、线上直播等服务形式更加多样，使得以文献借还为主的传统读者证卡服务模式面临挑战。

建议积极借鉴其他公共图书馆服务经验，探索免押金办证、信用办证、社保卡办证等服务方式，以为读者提供便利、减少管理成本为出发点，不断革新突破读者证卡服务及管理模式，推出与现阶段移动服务、数字服务和"无接触服务"的读者需求相适应的智慧化证卡管理方式。

3. 数据调研及分析重要性日益凸显

公共图书馆利用丰富、系统、全面的文献信息为社会大众提供服务，包括证卡数据在内的各类服务数据本身也是图书馆信息资源的一部分，具有很高的挖掘和利用价值。例如，在线上服务过程中可以收集读者身份信息、预约信息、使用频率、阅读倾向等更为精细的行为数据，为开发个性化读者服务内容提供数据支撑。

依托于移动互联、新媒体的线上服务手段不断拓展读者数据来源，但数据规范性差、部分数据采集缺失的问题明显。建议未来在做好各项线上、线下服务数据收集整理和规范化工作的基础上，针对服务过程中的问题矛盾积极开展调查研究，对调研数据和服务调整策略进行科学研判，为提高读者服务质量、优化业务工作流程提供有价值的决策参考。

（于妍 首都图书馆业务部）

文化活动浸书香　躬身而上谱华章
——首都图书馆文化活动中心廿年记

盛　静

身处闹市，书香缭绕，通透的图书馆，安静的读书人，遮蔽了窗外车水马龙的喧嚣，这里只有轻轻的翻书声、观看展览的轻轻呢喃、品读讲座的窃窃幽语……这里便是首都图书馆。从2001年在东南三环拔地而起的"文化坐标"，到现在服务设施、环境一流，每天需要排队进馆阅读的"智慧化图书馆"，首都图书馆发生了巨大的更新迭代之变化。也是从2001年首都图书馆新馆开馆伊始，经过20年的努力，首都图书馆的会展工作实现了从无到有、从有到优、从落后到超前的跨越发展，成为首都图书馆读者文化活动的又一张名片。

第一阶段：起步（2001—2012）

2001年5月首都图书馆由国子监迁址东三环，文化活动中心（前会展中心）随即成立。部门主要负责首都图书馆各类文化活动的组织、策划、实施、保障，同时也是首都图书馆展示自身服务理念、面向大众进行文化宣传、拓展对外文化交流的重要窗口。

部门创建伊始，我们便面临展览资源匮乏、宣传手段单一、专业人员不足、场地设备建设缺失等诸多方面的不足。经过首都图书馆几代会展人的不断探索和实践，背靠首都图书馆这块金字招牌，通过与

图1 2017年"首图讲坛"开奖仪式上的表演

图2 2003年余秋雨做客"首图讲坛"

北京市委宣传部、原北京市文化局、北京市社会科学界联合界会、原北京人民广播电台、各驻华使馆等单位的合作，利用多功能厅、报告厅、文化艺术展厅等场地，十年间开展了"博茨瓦纳艺术展""千古传承——中国陶瓷艺术家优秀创作展""首图乡土课堂"等一系列的文化展览、品牌讲座等活动近2000场次，获得了上级领导和各合作单位的认可以及众多主流媒体的关注，算是迈出了首都图书馆文化会展活动坚实的第一步。

第二阶段：深耕（2012—2022）

自2012年首都图书馆B座新馆开放以来，部门依托本馆良好的社会形象和综合优势，凭借现代化的影音设备、舒适优雅的场地设施和积极主动的服务，积极为到馆读者和社会各界提供多元化的文化供给。从2012年至2022年十年间，陆续在首都图书馆的展厅、报告厅和剧场等场地承办了数百场国内外文化艺术展和千余场形式各异的报告会、学术讲座、文艺演出、电影放映等，观众达百万人次，并在场地条件升级、读者活动预约、志愿服务、对外活动拓展等方面做出诸多有益尝试。

1. 围绕宣传阵地的功能定位，提供优质文化供给

党的十八大以来，首都图书馆文化活动中心举办的各项读者活动始终坚持公益性导向，在落实"丰富人民群众精神文化生活，培育和践行社会主义核心价值观，深化群众性精神文明创建"等一系列政府工作要求中发挥着示范表率作用。

从2012年至2022年，随着首都图书馆展览活动场地的增加及配

图3 2018年"美美与共 水城相生"北京"一核一城三带两区"专题摄影展在首都图书馆开幕

图4 2021年"光辉的旗帜"庆祝中国共产党成立100周年摄影展在首都图书馆开幕

套设备设施的升级，我中心配合馆内主办、联合其他单位承接各类主题鲜明、内容丰富的展览展示活动。所承接的展览项目既有像"中华瑰宝艺术展""秋实华艺——北京民间艺术展"等反映北京文化民俗的展览；也有联合各驻华使领馆推出的如"拉美艺术季""伊朗文化周"等带有异域风情特色的外展。十年来共进行各种类型的展览展示活动200余场次，接待参观者近50万人次，为到馆读者提供了丰富的文化资源服务。

2. 坚持改革进取，创办自有品牌栏目

2016年国务院政府工作报告指出："深化群众性精神文明创建活动，倡导全民阅读。"首都图书馆文化活动中心从这一年开始，坚持发挥行业、阵地、职能、资源优势，积极创新阅读活动形式和载体，联合政府部门、主流院团、头部媒体，推出两个影响至今的品牌项目——"首都市民音乐厅"和"百名摄影师聚焦系列展览"。

"首都市民音乐厅"项目

2016年由原北京市文化局主办，朝阳区文化委员会、北京交响乐团、首都图书馆等单位共同发起并承办的公共文化惠民演出"首都市民音乐厅"项目创立，并由文化活动中心负责对接。该项目采取"政府＋专业院团＋公共文化机构"合作机制，形成了文化搭台、企业唱戏、百姓受益的三方协作运行模式，探索出一条公共文化服务品质化发展的创新之路，让首都市民更便捷地享受优质文化大餐。通过购买专业院团的演出免费供市民观看，将高雅艺术带到百姓身边，厚植公共文化底蕴，增强百姓的文化获得感和满意度。

五年来，"首都市民音乐厅"已经在首都图书馆演出60场，惠及线上线下观众1040万人次，观看网络直播观众约500万人次。并在2021年，"首都市民音乐厅"走出首都图书馆，在北京大兴国际机场进行了对外演出，该项目已成为具有首都图书馆特色的明星品牌。

"百名摄影师聚焦系列展览"

2017年首都图书馆积极发挥公共图书馆宣传教育基地和文化传播平台作用，联合中国新闻社、中国日报社等单位共同主办了"新思路·心纽带'一带一路'主题展"和"百名摄影师聚焦香港京津冀联展"，迈出了"聚焦"系列展览在首都图书馆展出的第一步，文化活动中心作为该项目首都图书馆方面的主要对接部门，义不容辞地承担了大部分工作。截至2022年底，首都图书馆积极与中国日报社、中国图书馆学会等单位展开合作，相继举办"'百名摄影师聚焦改革开放四十年'专题展""'百名摄影师聚焦新中国70年'主题摄影展""百名摄影师聚焦COVID—19""百名摄影师聚焦脱贫攻坚""百名摄影师聚焦时代""百名摄影师冰雪奥运"等多场次"聚焦"展览活动。

为践行"城乡公共文化服务体系一体建设"这一目标，聚焦系列展览，不仅在首都图书馆进行展览，我们同时致力于将这些展览从首都图书馆走向京津冀地区、走向全国各个角落。截至2022年底，已经有近百家全国各省市县的公共图书馆和高校图书馆以不同形式，在当地进行了"聚集"系列展览，星星之火，业已燎原。

图5 2013诺贝尔奖获得者北京论坛主题展

3. 开拓工作领域，走出图书馆服务活动新道路

随着2012年首都图书馆B座的落成及投入使用，首都图书馆文化活动中心拥有了新的展厅和在全国领先的专业剧场，并凭借优质的场地资源和过硬的服务手段承接了如"2012年外国驻华使节招待会"、2013诺贝尔奖获得者北京论坛——"新材料和新能源"主题展、"城市与图书馆"学术论坛暨首都图书馆百年纪念会议、2020年世界旅游城市大会等多项由北京市委、北京市人民政府牵头的重点活动，整体活动的策划实施、场馆场地的布置、来馆嘉宾的服务接待等工作都圆满完成，为这些活动的成功举办和胜利召开做出了"首图贡献"。

图6 2020世界旅游城市联合会工作交流会

同时，在主办、承办各类展览及演出活动的同时，我们也不忘相关出版物和内容建设的再开发。2021年，我们联合北京市扶贫协作和支援合作领导小组办公室等单位，面向社会征集、选稿、修订关于北京对口援建地区建设的图片，并积极寻求与"聚焦"项目中合作的媒体和出版社的帮助与指导，完成《大爱北京——聚焦北京扶贫支援画册》的出版工作。

同年4月，首都图书馆完成"《大爱北京——聚焦北京扶贫支援画册》首发式暨精选图片展"的首展。此后，推动该展在各地的巡展工作。

4. 老树开新花，加快图书馆文化场地硬件建设

2012年，首都图书馆B座建成并投入使用，首都图书馆文化活动中心参与了新馆展厅建设规划、会议室设备安装、接待室建设、首都图书馆剧场验收等工作，并于2019年对首都图书馆A座报告厅进行了空间的改造，在不到一年的时间里，首都图书馆报告厅以崭新的面貌

出现在读者面前。

第三阶段：展望（2023）

在首都图书馆2023年重点工作中提出：坚持以习近平新时代中国特色社会主义思想为指导，深入学习贯彻党的二十大精神，坚持正确政治方向、弘扬优秀文化、创新服务方式、助力全民阅读，坚持稳中求进工作总基调，着力强化业务建设、努力提升服务效能、持续规范内部管理，推动首都图书馆各项事业实现内涵式高质量发展，为首都市民不断提供高质量的文化服务供给。

文化活动中心作为首都图书馆的展览、演出及各类文化活动的组织者和实施者，是首都图书馆面向外界的重要交流平台和展示窗口。我们将立足于本馆的场地资源和内容，开发活动资源，组织更为丰富的展览、演出、讲座等读者文化活动，为读者提供更为优质的文化供给。

同时，借着北京城市图书馆开馆和首都图书馆110周年馆庆的东风，我们将以城市图书馆的馆藏为基础，打造首都多元化文化建设，通过数字化技术手段，汇集城市文化访谈、名家讲坛、口述历史等特色内容的创意，展现北京首都特有的文化积淀和新时代蓬勃向上的城市活力，并在智慧图书馆建设、公共图书馆文创开发与利用、各类图书馆资源共享等方面，继续做出自己的努力。

结尾的话

站在历史节点，回望这非凡的20年，首都图书馆的发展足音铿锵、蹄疾步稳。图书馆文化活动蓄势腾飞正当时，砥砺奋进谱新篇，为推进北京市公共文化服务事业不断向前发展提供了强大的精神动能。回望过去，艰辛却坚实；还看今朝，欣喜且精彩；展望未来，坚定而美好。

廿载筑梦奋进路，开拓创新铸辉煌。蓝图绘就，使命在肩，航程再启，首都图书馆全体干部职工坚持以习近平新时代中国特色社会主义思想为指导，以新时期"全民阅读"战略为抓手，以新阶段人民文化需求为导向，奋力书写图书馆读者服务工作的"文化答卷"！

（盛静 首都图书馆文化活动中心）

筚路蓝缕百又十载
笃行致远砥砺前行
——首都图书馆建馆110周年感怀

张 颖

  首都图书馆在中华民族崛起、奋进的历史长河中，走过了百余年光辉历程。栉风沐雨砥砺行，春华秋实满庭芳。回首百十年漫长路，首都图书馆始终与国家同呼吸、与民族共命运、与时代同步伐、与社会共发展，虽历尽沧桑、坎坷沉浮，然一脉相承、笃行致远。

  每每想起2009年的那个炎炎夏日，依然感动，依然深刻。如果说大学是一座象牙塔，那么图书馆就是象牙塔中的"藏金屋"，是浩瀚知识海洋上的引航灯。初出茅庐的我来到首都图书馆，四周弥漫着浓浓的书香，感觉空气都是甜的……仿佛昨日。

  一晃，来到首都图书馆已10年有余，那个葱葱少年已经到了不惑之年。何其幸运，在首都图书馆的日子里，我一直从事着自己喜爱的工作方向——地方特色资源建设。2009年这项工作刚刚启动，一切都是未知的，颇有种"开荒辟地"的感觉。从开始的无从选题到后来学会深度探究馆藏资源，我在工作中得到了历练，得到了成长，学会了如何选题、如何策划建设方案、如何挖掘更有价值的文化资源。

  十年磨砺，辛勤耕耘结硕果。自建资源的建设过程虽困难重重，但回想起来更是充实而有乐趣的。略显夸张地讲，真有点披荆斩棘、乘风破浪之意味。在文化和旅游部全国公共文化发展中心和首都图书馆各级领导的关怀和支持下，我和同事们劲往一处使，心往一处想，凝心聚力，共同打造了195集大型历史文化系列专题片《典藏北京》。这是首都图书馆自主建设完成的，它就像首都图书馆的孩子，凝聚着首都图书馆人的心血与付出！

《典藏北京》专题片大部分是以口述采访为主体，完成一次圆满顺利的采访工作，可为后期专题片的剪辑制作打好基础。从制定采访提纲到电话联络采访嘉宾，再到拍摄现场与采访嘉宾面谈沟通，每一个细小的环节都不容忽视。

创作伊始，我们致力于打造不一样的梨园故事，从不同以往的角度挖掘幕后的趣闻逸事。但如何让采访人讲出不同以往的内容呢？这需要在查阅大量资料的基础上，与采访人多次沟通，在多次反复的交流中发现新的闪光元素，继续深度挖掘。

2014年一个阳光和煦的下午，在北三环外的一家茶楼里，我们采访北京京剧院的国家一级演员翟墨。然而，看似万事俱备，但结果并不尽如人意。这一次采集的内容因为没有创新点，只好又约了第二次。我们回来讨论，为什么采访嘉宾说的都是大家新闻节目里已经知道的内容，她为何不多说一点"题外话"呢？头脑风暴之后，大概是我们没有让嘉宾老师充分了解我们的题材定位。因为每部节目的定位不同，我馆的《典藏北京》系列专题片更希望从平实的讲述中，给予观众感动，是那种让人一直微笑地看着，然后看着看着就哭了的小感动。风格敲定，一方面主动去告知，另一方面为了采访更自然，内容更具体，我们不仅演出跟拍，排练也去跟拍。从夏末走到深秋，在我们多次跟拍的过程中，彼此更加熟识，她充分信任并了解我们的诉求后，采访出来的内容与我们的诉求越发相符，最终我们对口述采访和纪实拍摄的内容都非常满意。

《国韵京剧——梨园弟子口述历史》是《典藏北京》20余部系列中非常具有特色的一部。它是我馆打造的第一部口述历史专题片，共分为十五集。口述历史，是一种将记录、挖掘和认识历史相结合的史学形式。简单地说，它是一种搜集历史的途径，源自采访者的记忆。这本书里的每个人，都是京剧发展的亲历者。对于梨园弟子们的采访，与其说是保留一份口述凭证，不如说是在抢救珍贵的京剧历史资料。在采访人名单中不仅有翟墨、谭正岩等新一代的梨园弟子，也有几位德高望重、年事已高的前辈。2014年6月，京剧大师程砚秋之子程永江先生接受了我们的采访，看起来状态尚好。不料几日后，老先生与世长辞，享年82岁。噩耗突然，在哀痛的同时，我们更加感到时间的紧迫，口述历史的抢救性工作迫在眉睫，任重而道远。

白云苍狗，岁月如梭，十年光景恍恍一过。回望十余年的工作，感慨颇多。我们每一次采访都是对采访嘉宾内心深处的造访，也是对自身的知识滋养。来到首都图书馆从事资源建设工作已十年有余，参与建设的《典藏北京》系列专题片已经制作完成近200集，从项目立项到通过文旅部专家验收，获得业内的肯定与好评，我心怀感恩。伴随着首都图书馆资源日益丰富，我们作为首都图书馆人也在快速成长。这是磨炼积累的十年，在学习与摸索的同时，我们一直在思考一个问题：如何将多年打磨的自建资源增加传播渠道，让更多的读者看到。多年积累的采访资料，既可以内化为文档性的记录，也可以外化为广泛性的宣传，两者合一，更好地传播地方特色，弘扬传统文化，彰显文化自信。经反复斟酌，我们考虑调动文字与视频多重元素，激发图书与专题片之间的内在关联，从2019年开始，我们基于《典藏北京》国韵京剧系列所收集的采访资料，进行二度整理编辑，打造出一本《国韵京剧——梨园弟子口述历史》。

《典藏北京》是十几年来首都图书馆地方特色资源建设工作的一个缩影，一个总结，可谓收获良多。因为每年的题材切入点都会有所不同，每一次都有新的元素注入，着实有一种既熟悉又陌生的感觉。特别感谢每一位采访人的真诚与执着，他们深深打动着我们，鼓舞我们坚定地走下去。衷心感谢馆领导在百忙之中对数字资源建设给予的关怀与指导，尤其感谢北京地方文献中心为我们提出了很多醍醐灌顶般的宝贵建议。还要感谢部门同人一起勇往直前的"摸着石头过河"，以及首都图书馆各个部门的战友们团结一致、众志成城、不遗余力地在自建项目实施过程中给予帮助。

雄关漫道真如铁，而今迈步从头越。从1913年鲁迅亲自参与筹建京师通俗图书馆，到如今北京城市图书馆即将开馆，百余年间，几代首都图书馆人勤勉求索，耕耘不辍。

14年间，我与首都图书馆共同成长，时间是最好的见证。逝去的是岁月，回报的是无限的爱。首都图书馆是我工作的地方，也是我梦想的起飞之地。在新的时代要求下，除自建资源的建设工作之外，我还担负着数字资源相关的服务与运维工作。随着互联网+、大数据时代的兴起，首都图书馆紧跟时代需求、读者导向，在实践中寻求新媒体多渠道传播途径、创新性读者服务模式等。我和部门同事们抓住智慧化发展机遇，结合大数据、5G等科技要素，以动态数据分析为基础，提升引进数字资源的利用效能，拓展自建数字资源的使用范围，提升公共文化服务数字化水平。

作为首都图书馆人，我倍感自豪。作为数字资源中心的一员，我亦深感骄傲。日新月异，开拓创新，首都图书馆自2016年开创首都图书馆数字图书馆微信服务号、首都图书馆APP等数字资源平台，结合瀑布流、AR、VR阅读等数字资源展示设备，通过APP、微信、微博等平台将首都图书馆的资源和活动推广传播出去，可谓推送到每一位读者的手中。值得一提的是，2022年首都图书馆数字资源总使用量达到4000余万次。

《"十四五"公共文化服务体系建设规划》中明确提出建设以人为中心的图书馆，推进公共图书馆功能转型升级。适应高质量发展要求，推动公共图书馆向"以人为中心"转型，建设开放、智慧、包容、共享的现代图书馆。完善文献保障体系，提升服务能力，创新服务方式。

拓展与深化公共图书馆服务创新,鼓励支持各级公共图书馆推出一批示范引领作用强的创新项目。

同时,推动公共文化服务数字化、网络化、智能化建设。实施智慧图书馆建设,依托云计算、大数据、人工智能、区块链等新一代信息技术,加强云端数据挖掘和分析能力,推动公共图书馆、文化馆(站)实现包括智慧服务、智慧分析、智慧评估和辅助决策等功能在内的智慧化运营,优化数据反馈模式。构建公共文化服务用户画像和知识图谱,为差异化服务提供数据支持。利用现代信息技术加强基层公共文化机构的智慧化服务与管理,强化服务数据采集,提升基层公共文化服务供需对接水平。

在"十四五"的指导下,首都图书馆勇于担当。作为首都图书馆新馆的北京城市图书馆紧跟时代步伐,积极践行城市规划方针,整体建设正在如火如荼地进行当中,力求建立实体智慧服务空间,运用人工智能为读者提供沉浸式体验,从而推动公共图书馆的知识服务功能。

数据是被记录下来可以被识别的符号,是关于事物的客观事实描述。信息是经过处理具有逻辑关系的数据。通过对数据进行组织和整理,同时赋予它一定的含义,数据将成为信息。知识是信息的集合,是对信息的应用。知识由相关信息加工提炼而得到,它体现了信息的本质。智慧则是人类所特有的运用知识作正确判断和决定的能力,可以看作对知识的最佳应用实践。

北京城市图书馆的区域智慧展陈"全景图书馆"是以数据为基础,形成信息链,加工提炼形成知识图谱,融入新技术形成实体的智慧服务空间。项目的实施有力地推进数字资源服务水平,推动首都图书馆数字资源实现内涵式高质量发展,为广大首都市民不断提供高质量的文化服务供给,提升知识深度体验,具有广泛的社会意义。

如今,首都图书馆110岁了,北京城市图书馆建有世界上最大的单体阅览室,面积达18000平方米,正在申请吉尼斯世界纪录认证。

该认证一是能帮助提升北京城市图书馆知名度；二是能指引公众关注图书馆功能与特色兼具的新型设计；三是以突破传统阅览空间固有模式的新型阅览空间为抓手，引领读者体验新理念下的新时代人文特色公共服务。

新时代、新征程、新伟业，相信在不久的将来，首都图书馆将走在国际前列。位于北京城市副中心的北京城市图书馆马上要和读者见面了。与传统图书馆一间间封闭的图书室不同，被誉为"森林书苑"的北京城市图书馆有着巨大的开放空间。"临山间、于树下、勤阅览"，体现出图书馆传承知识、传播文化的功能定位。北京城市图书馆要成为集知识传播、城市智库、学习共享等功能于一体的文化综合体，设立了一系列特色主题馆，通过展示、体验、互动等多种方式，将非遗文献、古籍文献、艺术文献、少儿文献等特色资源推送至读者的身边。北京城市图书馆将深入探索，努力构建一个具有全景生态、跨界交融、全要素知识服务的智慧图书馆典范。随着"森林书苑"北京城市图书馆的建成，首都图书馆必将为北京打造全国文化中心添上浓墨重彩的一笔。

未完的梦继续，未完的事坚持。

首都图书馆，愿你是风，鼓起白色的帆；愿你是船，劈开蓝色的波澜。下一个百年，再创辉煌。

（张颖 首都图书馆数字资源中心）

坚守初心使命，做新时代合格图书馆员

康 迪

2023年，首都图书馆迎来110周年华诞，首都图书馆秉持"大开放、大服务"的理念，历经一代代图书馆人埋头苦干和辛勤奉献，发展成为集文献借阅、信息咨询、讲座论坛、展览交流、文化休闲等全方位、多层次文化信息服务功能于一体的北京市重要的知识信息枢纽和精神文明建设基地。

我从2016年毕业后来到首都图书馆工作，不知不觉已经7年了，回首这些年的工作，有硕果累累的喜悦，有与同事协同攻关的艰辛，也有遇到困难和挫折时的惆怅。自己作为一名图书馆人，要时刻做到爱国、爱馆、爱书、爱人。在平凡的岗位上坚守初心，爱岗敬业，尽职尽责，积极主动热情地为市民提供高效优质的信息服务，践行自己的初心使命。

图书馆不是一座冰冷的建筑物，而是一个有温度的生命，是具有精神气质的有机体；图书馆能够涵养人文素质、培养创新精神、提升幸福感；图书馆不仅是读者的图书馆，也是馆员的图书馆，馆员的职业情感是幸福图书馆的重要内涵。当我还在大学图书情报系读书时，就有人劝过我：这个专业将来在图书馆工作只会消磨掉自己的满腔理想抱负，是一份清闲养老的工作。工作之初，我也一度错误地认为图书馆的工作无非就是一些简单的借书还书的操作。自己作为堂堂研生，读了这么多年书，在这里恐怕难以找到用武之地，只能是混日子罢了。当我真正开始步入工作岗位，陆续走过了采编中心、少儿综合借阅中心、历史文献中心等馆内主要部门，熟悉了图书馆的各个工作流程之后，才发现实际情况并非我一开始想得那么简单。图书馆工作看似简单却内藏深奥，但要想干好、干明白还真的需要具有广博的学识和综合的技能。在首都图书馆工作的这7年中，承蒙馆领导对我的信任和厚爱，我得到了施展身手的广阔空间，利用在校期间学习到的图情学知识，采用读者问卷、网站搜集、课题研究等方法了解学习全国省级公共图书馆数字资源采购方向、选择标准及读者使用偏好，对首都图书馆现有同类数字资源进行深度挖掘、对比分析，探索新型数据库，更新陈旧数据库；积极响应图书馆发展需求，瞄准图书馆行业前沿，不断创新数字资源服务方式和管理模式，不断提升资源保障服务水平；认真分析新一代信息技术带来的发展机遇，学习新兴技术与图书馆传统业务的融合，积极探索数据驱动的管理创新与服务转型；立足于北京城市图书馆政府决策、科研生产等定位需求，采购以决策支持、立法咨询、工具类为主题的数字资源成品库；通过不断完善数字化服务平台，升级首都图书馆APP，增加界面动态后台、虚拟卡办理注销、读者个性化定制模块及年度阅读报告等特色功能，让数字服务伴随着智能移动终端真正实现随时服务，随地享用。尽管工作十分繁重和辛苦，但是看到在自己和同事们的不懈努力下，首都图书馆的数字资源建设和服务正在不断地丰富和完善，看到自己的工作价值获得了肯定，心中还是感到十分的兴奋和由衷的欣慰。自己在图情领域所学的理论知识在实际工作中得到了施展和发挥，又在数字资源建设和发展的过程中不断更新和进步。图书馆的工作虽然平凡、琐碎和繁忙，但正是在这种平凡中却孕育着崇高、孕育着伟大、孕育着不朽。图书馆事业的前辈们用他们身体力行的实践告诉我们：一个人能否取得成绩获得成功并不在于从事的职业和薪酬，而主要在于其工作的态度。职业不一定成为每个人的事业，可从事任何职业都可以成就一番事业。有些人觉得图书馆的工作不尽如人意，主要在于他们把大量的附加条件纳入职业之中，而又过多地看重这些职业之外的附加条件，结果是不断地跳槽，转换岗位，一直在追逐所谓的"理想"职业。马克思曾说："如果我们选择了最能为人类福利而劳动的职业，我们就不会被它的重负所压倒。"当今社会，我们并不缺乏一份满意的职业，而是缺乏足够的敬业精神。在今后的岁月中我将勇于担当、主动作为，坚守文化传承的初心使命，在图书馆的前进道路上留下自己坚实而有力的脚印，并最终成就自己的人生梦想与追求。

如今的首都图书馆，已拥有各类文献逾967万册（件），古今中外文献并汇，学科门类齐全，文献载体多样，尤以古籍善本、北京地方文献、近代书报、音像资料、外文书刊最富特色。开通馆内外访问的数字资源91种，资源涵盖电子图书、电子期刊、多媒体等多种类型，每天24小时不间断为读者提供网络信息服务。与此同时，微信、APP、抖音等新媒体平台也在迅速发展，推动了众多读者参与阅读与学习新知，培养了公众阅读兴趣。

从1913年到2023年，首都图书馆即将走过110年的岁月，回顾过往，图书馆人初心未改，我们见证了一批批读者于书架间求索知识，在文献中追寻真理；展望未来，图书馆人将砥砺前行，力争做大阅读时代的启航人。

（康迪 首都图书馆数字资源中心）

时光飞逝，初心不变

李雅莲

春日穿花拂柳，夏日树荫掩映，秋日风轻云淡，冬日皑皑白雪。在年年复年年的365个日夜中，首都图书馆带着不同的美丽景色迎接着不同的读者，景不同人不同，无论岁月如何变迁，不变的是静静矗立在这里的图书馆以及图书馆中一腔真诚服务读者的图书馆馆员们。太阳升了又落，一个又一个的365日慢慢走过，首都图书馆即将迎来为读者服务的110周年。

相比于首都图书馆开馆的110载悠悠岁月，我到馆的时间实在算得上一个新人，从2019年入馆至今也才不到五个年头。还记得刚来馆时，坐在天光会议室的面试席位上，抬头看细碎的阳光透过遮挡的玻璃窗慢慢洒落，我内心的激动与紧张。激动于图书馆如此的壮阔与绚丽，紧张于即将到来的面试环节。我向往能遨游在书籍的海洋中，向所有渴望知识的人播撒书籍的种子，但我也十分忐忑自己是否可以承担这份责任。幸好，我有机会证明自己可以。在2019年7月我成为了图书馆的一分子。

在进馆之初，新人们需要了解各部门结构、各部门工作内容及图书馆运作模式。在7月到次年1月，我一直在部门间轮岗。在采编中心，我学习到了中文书目编目、外文书目编目；在典藏借阅中心，我学习到了编目书籍录入借阅系统、为读者借书还书解答疑问、巡视阅览室情况；在少儿视听中心，我学习到了如何应对幼儿、儿童、青少年数字资源服务；在数字图书馆管理中心，我学习到了图书馆设备维护、机房维修；在北京地方文献中心，我学习到了古籍核查、库本整理；在数字资源中心，我学习到了资源建设、资源推广。入馆之初的半年间，我与图书馆做了一个深入的互相介绍，图书馆在我的心里从刻板的借书还书的地方变得立体起来、丰富起来，图书馆的内部运行机制也慢慢在我心里成型。轮岗这个机制，让刚入馆的我快速地适应了图书馆的工作，并找到了自己的位置。

在图书馆服务的这五个年头中，我所在的岗位是数字资源建设，我看着、听着、感受着老员工们如何做出资源建设工作。这项工作需要遴选高性价比资源内容、时刻监测资源服务质量、总结统计资源服务情况等等，负责数字资源服务的同事们，时刻保持着高度集中的注意力，以优质服务为前进的方向，每时每刻，每天每晚，孜孜不倦地审视着资源服务质量，对比着资源内容优劣，建设着数字资源服务新方式。在缓缓流淌而过的无数个春夏秋冬，我们记录着馆内近百个数据库的使用统计，并调研着不断更新的资源内容，尝试着规划出优质的资源服务方案和数字资源管理办法。如何做好数字资源服务，一直是我们不断探索且为之奋斗的方向。

在技术不断革新的形势下，在首都图书馆110周年之际，数字资源服务样貌已经今非昔比了。资源种类繁多，服务形式多样，包括了图书、期刊、报纸、影音等各种类别，还交叉使用在电脑、手机、读报机、瀑布屏、VR机等硬件设备中，图书馆已经改变了阅读方式，提倡沉浸式阅读、多维空间阅读等方式。如何在新技术的环境中利用不同媒介为读者做好电子资源服务是我们不断尝试的服务新模式。

回看漫长时光中，首都图书馆经历的一次次革新，其中最浓墨重彩的两件事当属首都图书馆A座翻新和首都图书馆B座建成服务了。我未曾见证过2001年A座新馆落成，也未曾见证过2012年B座新馆在大家期待中开始服务，但我有幸参与了2023年北京城市图书馆新馆的规划、设计、主体落成、内部装修、资源配置等，我也可以像先辈一样，付出自己满腔热情来建设更加智慧化、科技化、共享化的新一代图书馆。

在北京城市图书馆建设中，我承担了北京城市图书馆2023年数字资源建设项目重担。在建设之初，面对市场上大量的资源，需要做的调研工作是非常繁复且巨大的。面对这项工作，需要从始至终耐心细致，小到试用期的使用量统计，大到资源内容的对比分析、呈现效果，事事都需要多次的调研及讨论。前期调研工作的重要性，只有在后期呈现出成品时，才能展现出价值来，只有经过浪里淘沙，才能收获珍珠。只有经过全面评估，才能提交出一份读者想要的、图书馆需要的资源清单，用这份清单描绘出多彩的蓝图，建设出智慧化、科技化、共享化的新一代图书馆。

在2023年北京城市图书馆资源建设中，我们每天都在与各宣讲单位洽谈、与技术供应单位讨论资源展示方式、与新馆设计单位商量资源呈现模式、与资源供应商细化资源技术参数等等。数字资源建设的工作细致且复杂，我还记得一上午接待两拨宣讲单位的事情。那次，我们邀请了北京地方文献中心的同事，一起洽谈关于全景视频内容制作的详情，从上午9点开始，一直保持着紧凑的节奏，对选择2D、2.5D还是3D模式来展示资源、对资源需呈现的文献内容、对资源最终的呈现位置和如何与城市图书馆整体融合等做出深入研究，北京地方文献部门的老师们在制作内容上给出了十分专业的指导，我们则在资源实现的技术方案、展现效果上提出问题。最终在口干舌燥中，我们对于未来的工作进展有了初步的规划。然后无缝衔接至艺术文献馆关于艺术资源的宣讲内容上，这一讨论就延续到了午饭时间。这只是2023年北京城市图书馆资源建设工作中普通的一天，每一天，我们都在脚不沾地地奔波，只为在北京城市图书馆开馆时，给读者们奉上一份满意的答卷。

  北京城市图书馆的数字资源建设项目因其项目规模大、涉及部门多，造成工作推进程序相对复杂、进展相对困难。"迎难而上，积极沟通、认真请教，详细记录沟通内容"是我在工作中时刻提醒自己的一句话。项目庞大、内容琐碎，若不是时时刻刻提高警惕，很容易出现重复沟通内容或内容出现偏差的情况，造成项目进度滞后。我还记得一天回复上百条消息，打几十个电话的忙碌感，为了保证项目进度能按时推进，吃饭时回消息、上下班路上回消息、坐在工位回消息、奔跑在各部门间回消息已经成为一种常态。但也正是因为这样的忙碌，才使得项目能够进展顺利，感受着离2023年北京城市图书馆开馆又近了一步，我的心中充满了自豪感。

  数字资源建设的根本还是在于服务读者，数字资源中心不仅紧锣密鼓地做着资源建设，也要验证资源服务的效果。我们开通了对读者的直达服务热线，解决读者对于电子资源使用的问题。办公室中的大家无论手头工作有多繁忙，在接起读者咨询电话时，都把解决读者的困难与疑问放在第一位。有时候还会集思广益，共同解决读者提出的问题。记得有一次，一位读者的读者卡在使用电子图书服务时一直出错，无法阅读书籍，读者很着急。在接电话时，我首先安抚了读者的情绪，然后让办公室的同事帮助我一起进行读者卡状态测试，看我们的读者卡是否能够正常访问，以此来判断是否是读者的读者卡状态出现问题，然后再进行资源内容测试，查看一下不同的手机型号在阅读资源内容时是否出现相同问题，最终帮助读者定位问题原因，并提供临时解决办法，然后留下读者的联系方式及读者卡信息进行最终的技术排查，在找到并解决问题后，第一时间反馈给读者。类似的情景几乎每天都在重复上演，有询问开馆问题的，有询问借书还书问题的，也有需要我们帮助寻找资源内容的，更有需要我们做出资源引导的。不同的对话内容，不变的温柔细致，这也是图书馆工作人员不变的工作初心。

　　有人觉得图书馆的工作是一成不变的、是枯燥重复的，但我却觉得截然相反。图书馆的工作是充满挑战性的、是值得深入挖掘的。在读者们看不见的地方，图书馆馆员们一直在为图书馆能够更好地服务读者而努力着。图书馆馆员们面对内容繁杂的工作，对每一件事情都怀揣着当初选择图书馆工作为终身职业时的赤诚初心。伴随着首都图书馆一年年春夏又秋冬，或者是不久之后的北京城市图书馆的一天天日日又夜夜，在其中工作着的我们，一个个奔波在图书馆书影间的图书馆馆员们，无论是之前抑或是以后，在图书馆矗立起来的110年或下一个、下下一个110年，都在汲汲前行，并且不忘初心。

（李雅莲　首都图书馆数字资源中心）

从业抒怀

我与首图的四分之一世纪

李念祖

1998年是不平凡的一年，那一年北京电视台第一套节目上星播出，对外称号"北京卫视"；中国四大名著电视剧《水浒传》在CCTV—1首播；《泰坦尼克号》获得11项奥斯卡金像奖，追平了《宾虚》于1960年创造的纪录；微软公司发布Windows 98操作系统。这一年我开始了我的职业生涯，成为一名图书馆馆员。

那时候首都图书馆在国子监，一个有琉璃牌坊、日晷和大殿的建筑。我的宿舍就在这个建筑里，两个人一个屋子的小平房，有两张床，还有我第一次见到的蜂窝煤炉子，冬天我就靠这个炉子取暖。

上班第一天，人事科科长找我谈话，问我的第一个关于职业技能的问题就是你的计算机水平怎么样？对于一个计算机白丁的我，也是直接回答"不怎么样！"人事科长迟疑了一下，说我将要在报刊部开始轮岗。

刚到报刊部时我在后库倒架，当时觉得这真是一个累傻小子的活，将一本本的报刊，从这个架子挪到那个架子，再把下一个架子的期刊挪到前边的架子。有一天负责期刊登到的老师把我叫过去，让我学习期刊登到，这是我第一次接触到图书馆的计算机。时间过得很快，期刊部一个月的轮岗结束了，我被定岗采访部，负责大部头的图书采购。工作很简单，就是把新到的图书一本本登到计算机里，虽然我只会打拼音，但是工作量不大，一周的工作任务两三天就能完成。我就开始琢磨起计算机这个物件，想装个小游戏啥的，无聊的时候消遣一下，那时候部门的计算机还用的是 Windows 95，不是很稳定，没想到刚弄三两下子就来了个大蓝屏，然后就启动不起来了！部门主任对我也没客气，罚了我 500 元，当时我的工资是 840 元。这一下子激发起我学习计算机的斗志，从此我的 IT 生涯开始了。斥巨资买了一台计算机，每天拆了装，装了拆，搞定家里的计算机以后就开始折腾单位的，开始学习配置 TCP/IP 协议组网络，为了下班以后可以跟同事一起玩会儿当时流行的游戏"三角洲"。这个时候是 1999 年，我入职了当时的计算机室。

2000 年首都图书馆搬迁到华威桥，首都图书馆 IT 系统大升级，上了最新的图书馆业务系统"智慧 2000"，首都图书馆从卡片年代进入 OPAC 检索时期，有了一个存放将近 100 台电脑的电子阅览室，纸质图书扫描数字化生产有了自己的车间，首都图书馆进入了信息化的年代。中心机房，思科的核心网络设备、固定 IP 地址的专线、数十台的 HP LH6000 服务器、光盘塔、UPS，太多新鲜玩意儿，让人眼花缭乱！就在那时我从一个个人电脑爱好者，变成了中心机房的工程师。网站可以检索图书馆的书目了，二次文献的数据库可以使用了，"智慧 2000"要卖到全国各地去了。2004 年"智慧 2000"从局域网升级到了互联网版，北京市公共图书馆计算机信息服务网络（图书馆"一卡通"）的时代到来了。

2005 年我参加图书馆第一次岗位竞聘，成为了信息网络中心的主任。这一年"北京记忆"网站正式开通，同年首都图书馆启动文化共享工程建设。北京市的公共文化服务网络铺天盖地地建设起来，那时候网络还不普及，边远的地方用卫星的方式传输数据，所以大部分的远郊区县都支起来能够接收卫星信号的"大锅"。这个时期图书馆已经开始通过网络发布视频资源了，但是由于带宽低，只能看到码流偏低的视频节目。"北京记忆"开始做全文数据库，电子书、舆图、音视频资源，包括通过网络抓取的数据全部纳入数据库中。这时候全国的公共图书馆也开始建设自己的特色数据库。图书馆"一卡通"服务也借助共享工程的网络开展起来，从几个图书馆的一卡通借，发展到上百家成员馆的"通借通还"的服务网络。

2010年国家启动数字图书馆推广工程，建设平台、统一数据标准、统一身份认证、资源共享，图书馆进入数字图书馆时代！首都图书馆也开始了首都图书馆B座的工程建设，我作为数字图书馆管理中心的主任负责首都图书馆信息化建设，信息化建设工作分成了图书馆系统建设、数字图书馆平台建设和办公自动化系统建设。自此北京市公共图书馆业务管理系统开始更换，从"智慧2000"到"ALF500"，这个系统更换不简单！由于北京市公共图书馆用户多、权限多、功能复杂，系统更换整整用了5年时间。其中3年我去了新疆任职，这几年间首都图书馆的手机端应用不断推新，如首都图书馆官方微信、首都图书馆数字图书馆服务号、首都图书馆APP、北京记忆微信、少儿动漫APP，同期推出了首都图书馆自己的内部办公系统，其手机端也同步上线。

2017年我正式担任副馆长，还记得当时的重点工作是建设手机支付、少儿一卡通和首都图书馆的大数据平台。同年也开始了"一卡通""十三五"收官任务，它要覆盖北京市333个街道乡镇，当时还剩下100多个街道乡镇没有图书馆（室），没地方建！没人员配置管理！没有预算！都是硬骨头，都是建设难题。在相关部门的配合下，在各位同事的努力下，任务一个一个完成，困难一个一个解决！

现在，北京市公共图书馆"一卡通"已经有成员馆457个，其中实现通借通还的图书馆427家；现在，可以通过小程序预约借书，送书到家；现在，可以办理虚拟读者证，坐拥300万册电子书，150万余集有声书，140万余首音乐曲目和海量的学术资源；现在，不仅仅可以用读者证借书，身份证和手机也都可以借书；现在，首都图书馆在机场里有了自己的图书馆，在高校里有了自己的图书馆，在文化园区也有了自己的图书馆；现在，首都图书馆已经进入了智慧时代，有了智慧问答，有了机器人馆员——小图。

2023年首都图书馆已经建馆110年了，2023年大兴机场分馆2周岁了，2023年北京城市图书馆要开馆了，2023年我在首都图书馆工作25年了。

"首都图书馆，生日快乐！"

（李念祖 首都图书馆副馆长）

我与首图的二十年

徐 建

今年是首都图书馆建馆110周年的庆典之年，抚今追昔，曾经参与和见证了首都图书馆的建设和发展，我与首都图书馆共同成长，这一段缘分延续了20年。

首都图书馆的前身是京师图书分馆、京师通俗图书馆、中央公园图书阅览所，三者分别创建于1913年7月、1913年10月、1917年8月。三馆的创建，都有鲁迅先生的关怀和指导，鲁迅先生还亲自参加了京师通俗图书馆的开馆典礼，这是辛亥革命后中国第一个面向普通民众的图书馆。

首都图书馆几易其址，1956年10月，北京市市立第一图书馆又迁入元、明、清三代最高学府国子监，并正式定名首都图书馆。首都图书馆新馆的设计始于2013年，当年我在北京建筑设计院一所工作，记得当时设计室主任冯国梁交给我一项工作，就是首都图书馆新馆的方案设计，那是我参加工作的第五个年头，领导把这么重要的任务交给我，对我来说真是一个惊喜。接到任务后经过了解，在这之前设计团队已经做了十几个方案，由于种种原因都没有通过，看来作为首都四大标志性文化建筑之一的首都图书馆，政府的期待很高，这对于我来说意味着机遇和挑战，不过我在清华研究生阶段研究的是中国建筑史，对中国传统建筑文化有较深的理解，对于做好这个项目我还是挺有信

图 1 首都图书馆在国子监时期平面图与实景

心的，可能是这个因缘才把任务交给我的吧。

接到任务后我并没有着急画图，而是从各方面收集资料，做好充分的准备，我认为磨刀不误砍柴工，对项目了解越透彻，做出的设计才越有说服力。我从首都图书馆现有场馆的调研入手，从多个方面了解首都图书馆的历史、演进和使用现状。现馆位于国子监内，利用了古建筑部分馆舍，其核心建筑辟雍大殿维持原有功能，东西两厢为阅览室和业务用房，彝伦堂则为书库，由于格局，馆内业务开展受到很多限制，又因古建筑防火的要求，新馆建设时间很紧迫。

新馆设计的构思来源于对历史的延伸以及新的使用功能的拓展，首都图书馆位于国子监内是一段值得纪念的历史，辟雍大殿作为中国古代文化宣讲的场所，自然成为首都图书馆新馆的代表符号，设计构思

图 2 华威桥畔的首都图书馆

以辟雍、牌楼、书卷为典型元素，被人们形容为"一本打开的书"。

新馆的功能设计在当时具有较强的创新性，在设计之初调研了国内国家图书馆和部分省市级图书馆的使用情况，确定了开放阅览室+

基藏书库+业务办公的格局，对外交流服务的展厅、多功能厅等位于一层，形成平层流通、竖向串联的格局，二层的集中外借处设书籍传送系统与各书库相连，形成早期的物联网。2001年5月1日，作为北京市四大文化标志性建筑之一的首都图书馆新馆一期（A座）正式对外开放，服务效能得到质的提升。

图3 首都图书馆一期开馆典礼现场

新馆设计打破了当时以阅览室划分空间的封闭格局，实现了场馆阅览借阅与文化交流的综合功能，方案在首都规划建设委员会上会的时候一次性通过，得到首都规划建设委员会主任赵之敬的赞赏，在1994年首都规划成果展上获得十佳设计，在1999年获得北京市九十年代十大建筑之一称号。

图4 九十年代北京市十大建筑颁奖大会现场

随着北京市文化事业的飞速发展，首都图书馆二期（B座）暨北京市方志馆工程又开始了设计建设，2006年8月，我和设计团队参加了由7家设计单位参与的设计投标，经过大家的不懈努力，终于拔得头筹，首都图书馆A座和B座的设计均由我们设计完成。

首都图书馆B座的设计以建设世界领先图书馆为目标，在设计中体现"大开放、大服务"的办馆方针，是一次在互联网和信息化条件下建设数字化图书馆的探索和实践。

首都图书馆A座采用了开放阅览室+基藏书库+业务办公的格局，

而B座则采用了人流+物流+信息流+服务网络的格局，重点规划的是人的使用与信息服务的空间匹配，将图书馆的使用和服务体验提升到一个新的高度。

现代图书馆既是阅览和获取知识信息的场所，也是读者和市民休闲社交的"城市起居室"，是开展各种教育、培训、观演和展示的公共场所，它是图书馆，更是城市文化中心和枢纽，现代图书馆已经形成了文化传播的网络，超越了空间和时间的局限性，首都图书馆就是这样一座图书馆。

首都图书馆A座的设计强调了北京的历史文化以及首都图书馆发展的历史渊源，B座的设计则更注重开放、包容、平等和信息化、人性化的理念。从国子监剪影的入口，穿越连接A座、B座的空中廊桥，进入B座开放的共享大厅，读者经历了从传统到未来的空间序列体验。

B座的造型简洁明快，与A座的曲线造型形成强烈的对比，其L型平面围合与A座形成汉字"图"的意向，整体平面图形好似一枚印章。

在设计方法上采用了模块化的设计理念，将竖向交通、弱电竖井、管道竖井组成若干核心筒，均匀布置在平面的暗区，使其服务半径均匀合理，形成若干藏阅组团模块，满足使用方组织特色阅览区的要求。

在空间组织上体现灵活可变性和通用性，网络布线点位、柱网模数和家具布局方式，乃至室内吊顶和灯光分布都体现了通用性和灵活可变的原则。

图5 首都图书馆A、B座整体模型

图6 首都图书馆B座南立面造型

图 7 首都图书馆 B 座共享大厅

图 8 首都图书馆 B 座阅览室　　图 9 本文作者在"首图讲坛"与观众交流

　　整个设计过程，设计团队与使用方无缝对接，对使用功能和需求反复探讨研究，首都图书馆领导对设计团队给予极大的信任，设计内容包括功能布局、阅览分区、室内设计、网络布线、材料色彩选择等，涵盖了使用需求的方方面面，首都图书馆 B 座的设计是我们完成度最高、与使用方沟通最密切的项目之一。

　　从首都图书馆新馆 A 座设计方案开始至首都图书馆 B 座竣工，前后经历了整整 20 年的时间，这段时光我亲历和见证了首都图书馆的成长和发展，也经历了首都北京日新月异的发展变化，我不仅经历了首都图书馆A座、B座的设计工作，也参与了首都图书馆的文化传播和百年庆典，可以说我不仅是建筑师，也是首都图书馆文化的建设者，同时与馆内领导和同事建立了深厚的信任和友谊。建设首都图书馆不仅仅是一系列项目，它是伴随我设计生涯的一段不可磨灭的印记。

如今又迎来了首都图书馆建馆110周年这个重要时刻，在这里我衷心祝愿首都图书馆越办越好，成为北京市民最喜爱的文化殿堂，成为北京文化的金名片。

首都图书馆，生日快乐！

（徐健 北京清华同衡规划设计研究院有限公司总建筑师，清控人居遗产研究院副院长）

我与首图共成长

顾梦陶

2012年，22岁的我，带着初入社会特有的羞涩和好奇仰望着首都图书馆这座宏伟的建筑。它沉稳、大气地迎接日出月落，看云海翻滚，听三环上车水马龙。

那是我生活中的糖

2012年，首都图书馆B座开馆，原先被分配到少儿活动中心实习的我，根据开馆需要，统一调至共享工程北京分中心（现数字资源中心），在数字文化社区样板间台口负责读者服务工作。B座的开馆，轰动一时。各级领导逐层视察走访，新闻媒体采访、拍照络绎不绝。一时之间，台口工作人员全都变成了解说员，日常背诵解说词，调试设备，确保带给读者优质的服务体验。记得在一次市领导访问前，我所负责的设备出了问题，当时远远地走来一位戴眼镜的老者，眼神矍铄，但他有个奇特的造型，在右眼上贴了一张纸条，和他挺拔的灰色西装形成了强烈的反差。老者走近手忙脚乱的我，气定神闲地说："小姑娘，别着急，这机器啊，就是喜欢在关键时刻出问题，不像人。"说完冲我笑了笑，我隐约认出他应该是当时的馆长倪晓建。他的从容与淡定在精神上给了我极大的安抚，那天倪馆长是因为右眼皮一直跳，所以试了个土方子。在当时的我看来，这是首都图书馆一把手拥有的自信和洒脱。我第一次感到图书馆与社会的关系如此之近，而图书馆内部本身的氛围远比我想的灵动、风趣得多。

一线服务读者的这4年我享受着与"图书馆"三个字匹配的安静时光，时间和空间被慢悠悠地拉长了。在我服务的读者中，有一位年近70岁的老先生总喜欢拿着他的平板电脑向我询问各种操作问题，每次都像学生一样认真记录我说的步骤。他的态度谦卑又真诚，让我短暂地跳出了图书馆员的身份，履行着社会中青年人的责任。面对更新迭代飞速发展的技术，老人们在被迫学习发力追赶时代前进的脚步，生怕生命的质量被夕阳吞并。在我教会他用微信与家人视频时，他开心了很久。

不是所有的故事都有像模像样的结尾，他突然的消失在我意料之中。这种不期而遇反而让我倍感荣幸，与老人相识的方式，时常在我内心深处涌起温暖和力量。现实注定我们各有各的人生，短暂的交集更谈不上熟络，但这寻常的时光因平凡、真挚而令人难忘。它铸就了我内心深处的柔软。那份单纯到都不曾知道彼此姓名的信任与友善，幻化成我生活中的糖，打磨出属于我自己独有的耐心与柔情。

走出舒适圈

随着入馆时间的增加，我逐渐对馆里的各项任务熟稔起来。需要和不同部门的同事、合作方交流。我的性格比较内向，接触陌生人或不熟的人时我会天然地产生为难情绪，多数以沉默应对。但工作让我必须走出舒适圈。

2017年开始，我负责面向北京市各区县图书馆开展一年两次的培训及共享工程推广活动。第一次知道什么叫"上会"，完全不懂的我跑去问财务部王主任什么是"政采"，对方被我搞得哭笑不得；第一次逐个催促区馆馆长提交会议反馈，打电话的时候要先在纸上打好草稿，生怕用错词给首都图书馆丢脸；第一次在李念祖副馆长的办公室里和陈建新主任一起汇报方案，只记得自己坐得笔管条直，接连吐出数次"明白"和"我回去改"，颇有些像某种低智商的不明生物；第一次和培训住宿酒店经理一来一回地杀价，一眼都读不出数字是万位还是十万位的我，先自己算了满页纸的数；第一次电话邀请全国文化信息资源共享工程的老师们授课，拿到手机号码的我为难情绪飞快涌上，直到我吃完麦当劳一个凉飕飕的甜筒，才借着有些麻木的舌头混着紧张说完了邀请。这些或窘迫，或紧张，或丢脸，或畏难的情绪在这3年中反反复复地出现，职责的需要驱使我必须不停地去发现另一个我，挑战自己的边界。随着交流的不断升级，边界不断扩大，我认识了许多以前不曾接触的同事，发现了她们身上可爱的闪光点，就像可以被深挖的洋葱，剥开一层又一层。她们或在生活中多姿多彩，或在特定的领域里颇有建树，遇到和自己兴趣、品位相投的 soul mate 更是兴奋不已。我意识到首都图书馆的五颜六色，我们就像是一颗颗小水珠，反射出不同的色彩，最终映射出首都图书馆的彩虹。

首都图书馆所带给我的除去自身价值在工作中的实现，它也成了我不断自省、进化、成长的助推器。它赋予我使命，促使我成为敢作敢当的人。它抛给我挑战，教会我成为不断探索的人。它带给我真情，锻炼我成为包容多元的人。

我是见证者

到今年 8 月，我来首都图书馆将满 11 年。每个工作日的早上，从潘家园地铁站出来向南走，不一会儿我的视网膜就会映入三面飘扬的旗帜，随后便看到了那熟悉的建筑。我见证过 B 座开馆的繁荣盛况，解说过数字化服务内容；感受过 100 周年馆庆的热闹非凡，来自世界各地图书馆的馆长、专家们开展的学术论坛接连不断；体验过3次全国图书馆评估工作的艰辛，办公室充斥着打印机的油墨味，走廊里交汇着堆满黑色文件盒的小推车；经历了全国共享工程、国家数字推广工程和公共电子阅览室工程合并为公共数字文化工程的决定性时刻，而我所在的原共享工程部门也和原采编中心数字资源部合并为现在的数字资源中心；参与了首都图书馆大兴机场分馆的建设工作，同事们齐心协力排除万难，为首都图书馆取得了第一家在机场建设图书馆的殊荣；还有在那疫情肆虐的日子里，居家办公的时光让我恍惚间看到了中学时期在家看"空中课堂"的小小身影。

我也陆续见证了那些为首都图书馆事业发展呕心沥血的前辈们退离舞台。我先后经历了倪晓建、常林、肖维平、王志庚馆长带队建设，也看着陈坚、邓菊英副馆长日益花白的鬓角和与日俱增的白发。直属领导陈建新主任2022年退休，因为有充沛的情感和朝夕相处11年的时间，我不敢正面和她提起"退休"二字，今年33岁的我，在逐步成为年轻时的她们，成为首都图书馆建设发展的主力军。而身为90后的这一代，我们逐渐变为家庭里的顶梁柱和事业中开疆拓土的革新力量。

如今，首都图书馆的全体职工正在为北京城市图书馆的建设而挑灯夜战。这一次，我将不仅是见证者，更是建设者，无数次的方案修改，上会立项，沟通交流，带领部门成员全力确保数字资源的落地效果，推广数字资源阅读服务，是我为新馆建设添砖加瓦的独有方式。

首都图书馆在成长。它变得开元、破壁，展现出了惊人的吸纳能力。它既能通过元宇宙、5G、虚拟人等前沿技术让你惊叹于天马行空的阅读模式，又能在舒适、宁静的阅读空间里让你安静地欣赏那晨曦折射在阅读椅后的光影，参透过窗外夕阳的余晖。它成长为技术与情怀兼有的大艺术家。我也在成长，变得果断与包容，各种对立的性格同时出现在我的身上，发生着裂变，铸就未来的我。

我对未来，从不设限。

首都图书馆对未来，从不设限。

　　　　　　　（顾梦陶 首都图书馆数字资源中心副主任）

春风拂面人情暖
——记我对首都图书馆的感受

韩 芳

正值春天，风暖，草青，木欣，花香，如同我的心情。提到首都图书馆，我的脑海中就会浮现这些词语，感受到春风拂面的暖意。

"他们说话很和气，让人感觉很舒服，你大胆跟他们打电话吧。喏，这是电话号码……"2014年初，我刚调入西城区图书馆不久，部门主任对我说。因需要填写一个报表，她让我给首都图书馆合作协调中心打电话，咨询具体怎么填写。她还告诉我，宣传辅导部的工作之一就是及时传达和落实首都图书馆发的文件、通知等，要经常跟首都图书馆进行电话沟通或面对面交流。后来，我翻阅自己记的日志，发现2014年我居然跟首都图书馆有将近百次的工作联系。正是在频繁的沟通交流中，我逐渐掌握了图书馆业务，也逐渐爱上了图书馆工作。

除了电话沟通，2014年我还参加了首都图书馆组织的多次学习活动，如"ALPHE系统课程""公共文化空中大课堂""图书馆总分馆制"等培训或讲座。其中印象最深刻、收获最大的，是面向新馆员进行的专业知识培训。四天八场的培训，内容之丰富，信息之密集，如春日繁花正待孕育丰硕果实，又如溪水潺湲将欲流进宽广江河，使我对图书馆工作有了一个全面而系统的了解。培训中，我认真地做了笔记——我曾反复翻看我的笔记，尝试撰写了学术论文，还在中国图书馆学会征文中获了奖。我素来内向，一般不跟培训老师互动。唯一的一次，我对李诚老师的讲解非常感兴趣，于是紧张地问他："老师，您说的'北京记忆'是怎么一回事？什么是地方文献？"李诚老师温和细致地回答了我的问题，缓解了我的紧张情绪。如今的我，作为地方文献工作者，感觉那时真是幼稚。

此外，邓菊英老师讲解时激情昂扬，声音嘹亮，富有感染力；倪晓建老师亲切随和、深入浅出，语调不疾不徐，讲解了论证策划图书馆自己品牌的话题，让我联想到我所在图书馆的品牌"法源寺丁香诗会"；李念祖老师语言幽默生动，巧妙地结合自己的经历和感受，时不时地会令我会心一笑……每个老师语言风格虽不同，但都毫无保留，娓娓道来，让我感觉如沐春风，似浴暖阳，连灵魂都透着香气。

《学习的革命》一书中说："在学习方面，你最有价值的财富是一种积极的态度。"2014年至今，我积极参加首都图书馆组织的各种活动，像一只小蜜蜂，在各色花朵上努力采撷，也收获了些许花蜜。比如从"换书大集"中换得早就渴望一读的图书、参加北京市诵读比赛积累舞台经验、撰写散文获"最美书评"奖项等。

提到"最美书评"，我很有成就感。2016年以来，首都图书馆"最美书评"活动已经组织实施了七届，其中五届有我的奖项。因为积极参与该项活动，我得到了首都图书馆赠送的新书，如格非著的《望春风》、余世存著的《时间之书：余世存说二十节气》、徐则臣著的《北上》、吴钩著的《风雅宋：看得见的大宋文明》、西嶋定生著的《秦汉帝国：中国古代帝国之兴亡》、阿列克谢耶维奇著的《二手时间》等。为写好书评，我不仅要读写书评的书还要读其他相关图书。例如，2022年为张征的散文集《北京往事：渐行渐远老北京》撰写书评《以老百姓的视角书写北京生活》，我同时阅读了金受申的《老北京的生活》、萧乾的《老北京的小胡同》、老舍的《老舍的北京》、罗孚的《北京的十年》、侯磊的《北京烟树》等散文集，在比较分析中深入了解北京地域文化，了解散文大家对北京地域文化的解读。读到共鸣处，就像生活中遇到情投意合的有缘人，足可咏之歌之，手之舞之，足之蹈之。不仅如此，阅读还为写作提供了肥沃的土壤，引导我把一腔激情倾诉在笔端，用文字记录阅读体验，让原本平凡的生活变得有趣而美好。陶渊明《五柳先生传》中的话"常著文章自娱，颇示己志"，于我心有戚戚焉。

可能是多次在"最美书评"活动中获奖的缘故吧，首都图书馆馆员沈兮姝曾联系我，邀我参加2022年底的采访和展演活动。可惜这一活动因为疫情取消了，实际上我只是接受了媒体的电话采访。虽然是非正式采访，但毕竟是我人生的第一次，不禁有小小的激动。也正是因为这一小插曲，沈兮姝跟我有了联系，她请我撰写个人介绍并拍发近照，应我的要求去拍书评集的目录和书页，发来"最美书评授权出版协议"让我签字……

给我如春风拂面般温暖的人，还有首都图书馆馆员于景琪。除了填写报表、落实通知、撰写总结、领取证书等工作上的联系外，私人联系上只有为职称的事向他多次咨询。我两次报名参加图书资料副高级职称评审，都没有通过答辩，不知道问题出在哪里，我只好抱着试试看的心态给于景琪打电话。他安慰我说："我经历了四次答辩，第四次才通过。两次不通过，不要灰心。你要多写论文，争取发表到核心期刊。在答辩时，要注意面带微笑，充满自信……"他的语气平和而真诚，抚慰了我一颗焦躁的心，让我有了努力的方向。2021年底，我终于取得副高级证书，马上给于景琪老师发了一段话："于老师，我的副高终于过了。为评副高的事咨询了您很多次，每次您都耐心解答。正是因为您的鼓励，我才坚持下去，不怕失败……"他很快回复道："恭喜恭喜！天道酬勤，你的努力取得了成功，再次祝贺！"

写到这里，我不禁想起中央电视台大型文化类节目《古籍里的中国》中的一句话："灯照亮书籍，而书籍照亮世人。"是啊，阅读和写作照亮我的精神世界，而首都图书馆的馆员照亮我的图书馆事业。"春风拂面人情暖"，他们，正是我学习的榜样。

(韩芳 北京市西城区图书馆信息咨询部副主任)

回　忆
——写在首都图书馆建馆110周年之际

李　诚

在首都图书馆走过110年历程中，我作为其中的一员，在它的庇护、影响和培养下，从对图书馆懵懂无知，到经过近40年的磨炼逐渐成长，我从心里感谢首都图书馆给予我的人生之路。如今退休在家，没事时想想在首都图书馆工作生活的日子，把工作点滴记录下来，与大家分享。

首都图书馆100周年馆庆之际，我负责组织编写《首都图书馆百年纪事》。在梳理史料、理清脉络的过程中，深深地感受到首都图书馆一路走来很不容易！一个公共图书馆，它的发生、发展都与国家命运紧紧相连。从1913年鲁迅先生参与创办到新中国成立前后，这个时期可以说是事业初创时期，惨淡经营。1956年首都图书馆搬移国子监后，迎来一段短暂繁盛时期，奠定了省级公共图书馆的地位。由于党和政府对文化事业的重视，图书馆迎来最好的发展时机，2001年，首都图书馆新馆拔地而起。如今的首都图书馆今非昔比，影响巨大！我深深地体会到国家强盛，文化事业就发展，图书馆事业就蓬勃！

一、业务工作

1976年，过了元旦我来到首都图书馆上班。那会儿处于"文革"

后期，在经历了"文革"的十年动乱，急需恢复正常业务工作，可多年没有人员补充，全馆也就是八九十号人，要干的事情太多了，总是感觉捉襟见肘。那年我们30人来到首都图书馆工作，一下子来了这么多生力军，虽说都是外行小青年，但是学中干，从基础学起，总会成熟的。

那会儿图书馆使用的都是卡片式目录，分类体系也很繁杂。有中图法、人大法、东北法、四库法等。目录体系中要有一套分类目录，这是图书馆的主要目录，还有著者目录、书名目录、主题目录等。图书馆的基础业务工作就是整理图书和编排目录。年轻人很烦排卡片目录，整天要背汉字笔画，以提高排目录的工作效率和目录准确率。

"文革"期间中国人民大学停办了，图书馆被划归首都图书馆管理。这期间，包括人大图书馆馆长程德清同志等很多图书馆馆员都来到了首都图书馆工作。首都图书馆一下子接收这么多藏书，调配使用是那个时期的重要业务。先是把人民大学图书馆的书往首都图书馆拉，补充首都图书馆藏书。不久后，1978年人大复校，又要把人大的书拉回去。折腾人啊！我曾与一位女同志骑三轮车去人大拉一个目录柜和20多捆图书，往返近30里地，真是很累！

人民大学图书馆藏书分为两个地方，一个是人民大学校内；一个在原清朝海军部和陆军部旧址，中华民国时期，袁世凯总统府和段祺瑞执政府都在这里，俗称"铁一号"，也就是如今的张自忠路3号院。最后一排楼是图书馆的一部分。这个时期我主要在这里整理人大的藏书。那里的书多年没动过，整个室内被很细很细的尘土覆盖着，稍微一动就尘土飞扬，带着口罩也不行，很多同事都得了鼻炎。下班时洗手更麻烦，要用刷子刷手的纹路才能洗干净，现在想起来真的是很脏很脏！

那会儿科技部和参考部用的都是基藏书库，书库在国子监后院的敬一亭里，每次有读者来借书都要走着去后库取书，来回一趟少说也得十多分钟，赶上人多或天气不好，让读者等候时间很长那是常事。后来配发了自行车，骑车往返节省了不少时间。我们这儿不管是走着还是骑车往返取书，人送绰号"书腿子"。

那会儿，为了方便读者省去在目录柜里翻卡片查找索书号的麻烦，在外借处有半开架服务。所谓半开架就是书架的一面用有机玻璃封闭上，书架的每一层下方都留有一个开口。我们上书时将书脊朝向读者，读者可以清楚地看到书名，一目了然。需要时招呼我们，用手指捅到需要的书，以此告知出纳员要借的图书。当然，半开架的书基本上都是当时的热销书。

1996年国际图书馆协会联合会大会期间，首都图书馆是参观单位之一，外国同行参观后发出这样的感叹，"这是世界上最漂亮的图书馆，也是最不适用的图书馆"。由此可以看出，国子监的古建群虽然是无与伦比的美丽，但图书馆事业的发展却受到了极大的限制，难怪外国同行发出那样的感慨！

2001年首都图书馆搬迁到了华威桥新址，随着一期二期馆舍拔地而起，为首都图书馆带来空前的发展机遇。如今首都图书馆的许多服务都是智能化、全开架服务，包括各种类型的数据库、线上线下的信息服务、借还书自动化和自助服务、通借通还等。图书馆业务工作智能化和自动化程度越来越高，读者自由地在书架之间浏览，看到自己需要的书直接取下，然后到自助机自己办理借书手续。也可以足不出户，通过网络在家享受图书馆的信息服务，是一个完整的文化服务、信息服务，真叫一个方便啊！

二、杂务与福利

我到图书馆的前几年，和其他年轻同事一样没有干啥业务工作，基本上都是打杂，哪里需要哪儿去，换句话说是青年突击队。清理院里常年积累的垃圾，挖防空洞。当年赶上唐山大地震，满院子都是抗震棚，还要随时出车赶赴老同事家去送抗震物资，啥都干。因为图书馆多年没有来新人，好不容易来这么多年轻人，得用足了！

老同志都知道，当时馆内的办公区域的保洁主要是靠员工自己来做，后来有两个打扫院子的老太太，但她们是不会管你的。各部门根据所属的辖区，每天都要对房间内的办公区域进行擦地板、抹桌子等日常保洁，还要对窗前廊下进行保洁。国子监东西两廊很长，每天做好廊子外拖地等保洁工作是多年的老传统，当年我们正年轻，基本上都是我们来干。

当年脏活累活没少干，可个人卫生的条件就差多了。干完活洗洗手擦把脸总是要有的吧！可肥皂毛巾得自备，后来有了些福利，一条肥皂的四分之一和半条毛巾，每月有四张洗澡票（每张两毛六）和一张理发票（每张五毛六）。

2001年搬入新馆以后，员工劳保福利逐年递增。洗浴用品按季度发，足够个人用的；服装更是分类发放，根据不同工作环境有不同的大褂，男篮女红的颜色，还分长短袖；西服衬衫更是不同季节就发一套，算来我就有6套西服，开个运动会还会有运动服。

在老馆时，第一次发放的工作服大褂，那是老员工刘辅民同志带领几位年轻人，自己用缝纫机制作的。蓝色的条格、化纤面料，很结实，时至今日我还留着！后来又请外面厂家做了一件带里的大褂，款式有些像风衣，还别说就有很多员工拿它当风衣来穿了。就这样大家都还很开心，为什么？因为劳保福利进步喽！后来，又发了一套西服，有烟色和灰色两色，很多老员工拿它当做礼服用！

大概是70年代末。国子监中院没有路灯，一到晚上黑乎乎的，有盏路灯该多好啊！可是安装路灯需要电线杆，图书馆哪有经费买电线杆。有同志发现在铁一号那里有根电线杆，经联系人家不要了，说您要是有用就自己拉走吧！就这样，在鲁昌同志的带领下，我与几位同志用212吉普车拖斗拉回了电线杆子。当时，喊着号子抬起电线杆放到拖斗上，捆绑好了，一路走来挺不容易！要说那会儿，图书馆真是个清水衙门，有限的经费要用在刀刃上，许多生活上和福利上的事都得自力更生！

结束语

在首都图书馆110周年之际，凭回忆记下了一些事情。这些事情，在今天看来不算什么，但细细品来，反映出一种精神！工作精神，生活精神！近三十里地，骑三轮车往返拉东西；出纳员为读者取书奔波于国子监的前后院；每天早上自己打扫办公区域环境，抡着大墩布擦着东西两廊的水泥地面；在没有现代物业管理的前提下，自己解决工作、生活中的事情。这在如今简直是不可思议，估计也很少有人去干了。然而，这些对于我们来说都是家常便饭！现在条件好了，社会分工细化了，但这种工作精神不能丢了啊！

（李诚 首都图书馆北京地方文献中心原主任）

人生与你相遇

田 红

应该说，人生中我们走出的每一步都与个人的付出分不开。然而这似乎又不是全部，有时候意想不到的机遇也会助力我们。

与首都图书馆相识始于我的少年时代。20世纪60年代中期，在进入中学不久，一个偶然的机会我得到了一张首都图书馆的借书证。时至今日已回忆不起来，每个班级仅分有六七张，我如何就幸运地得到了一张呢？而就是这张小小的借书证带我认识了首都图书馆。下午放学后来到国子监街，看到一座座古建筑牌楼以及高大圆柱的大门，心中充满了新奇。

少儿部的借阅室并不是很大，但书柜里满满的图书已让我大开眼界，足以满足我们的需求。徘徊驻足于书柜前，浏览选择感兴趣的书籍。记得当时的借阅多为中长篇小说，诸如《野火春风斗古城》《青春之歌》《前驱》《三家巷》等等。初冬时分，迈出图书馆的大门，常常是天已黑了，抱着图书走出国子监街奔向汽车站的那幅情景，一直清晰地留在了我的记忆中。那是我少年时代生活学习的一个篇章。

不久"文革"开始，两年后"上山下乡"运动兴起，我们离开了北京。在内蒙古十几年的时间经历了下乡务农、上学、工作等一系列的变化，80年代中期，我调回北京。在联系接收单位之际意外遇到一位师长，在他的帮助下我得以把简历交到了首都图书馆。

当再次走进首都图书馆时，看到眼前的一切，感觉既熟悉又有些许陌生。高大的树木、安静的环境、保存完好的国子监古建又一次深深地吸引打动了我。许多年后，当首都图书馆迁入了如今这座具有科技设施的现代化建筑新馆，仍然会时不时地想起那带有古色古香气韵的首都图书馆老馆。

人生"三百六十行"，这其中无论你从事哪一种职业，只有亲身经历了才能真正懂得了解。曾经图书馆工作给人一种安静舒适的感觉，而这种错觉会在你走近它时被打破。当来到图书馆开始工作时，给我的第一感觉就是需要学习的东西太多了。面对繁多的图书文献，如何将它们分门别类地呈现出来服务于读者，图书馆人需要完成的是一个全系统的工作，这其中既需要图书馆学的专业知识，更需要具备一定程度的文化素养。

那时候馆里为我们提供了学习的时间和机会，使我们可以在学习理论知识的同时尽快地掌握图书馆工作的专业技能。工作带动了学习，而学习又可以更好地促进工作，工作与学习起到了相辅相成的作用。想起那段时光，边工作边学习，还要兼顾家庭孩子，紧张的程度可以想见。然而当你倾心愿意这样做时，就能够克服遇到的所有困难。

北京地方文献部，其工作内容包括了图书馆工作的各个环节，可谓"麻雀虽小，五脏俱全"。单独的采分编系统，单独的文献保存书库，同时还有二次文献的编制工作。部门里有学识丰富的领头人，有北大毕业的年轻学子，还有终身从事图书馆工作的老一辈人，每天与他们一起工作可谓受益匪浅。

在承担编制二次文献工作时，我曾了解到北京地方文献的报刊索引检索系统，是在冯秉文老馆长的带领下于20世纪60年代初建立的。当时一批下放到图书馆的知识分子，在馆里的安排下承担了这项工作，他们不仅实时地检索每日的报刊，更对1949年以来主要的报纸与期刊进行了回溯式检索，从而才使北京地方文献报刊索引这种二次文献能够起始于新中国成立之初。这不仅在时间跨度上更加完整地体现出来，更为日后查阅这一时间段史料的众多人员，提供了必要的检索点。那时候我们在做这项工作时还完全处于手工阶段，检索出来的每一条信息都需要制作一张手抄卡片，包括题名、著者、时间、页码、分类号以及提要，一张小小的卡片包含了所有的信息，最后再有序排入报刊索引目录柜中。遇到跨学科又较为重要的信息内容时就要多做一张卡片，使其在不同的类目中得到"互见"。看到目录卡片上前人那或工整清秀或遒劲有力的笔迹，想到这将会长久地保留下去，也敦促自己一定要尽力做到最好。这种纯手工的形式一直延续到1996年。

传统的图书馆服务工作是帮助读者获取他们所需要的书籍。随着时间的推移、社会的发展，图书馆服务工作中出现了新的读者群。与其他读者不同的是，他们所需要的不是一些单本的分散性的文献资料，而更希望得到一批某一个时间段的资料信息或是能够完成一个文献主题式的服务。这个特定的读者群有的是个人，但更多的是一些行业团体的代表。在部门负责人的引领下，我们适时地开展了参考咨询服务工作，并一直延续发展至今。当时由于地方文献部人力有限，参与者只能在完成本职工作的同时兼职参考咨询工作，每个人都尽其所能，除了检索各类型书目，还要经常翻阅一些重点书籍。课题的最后完成不仅为用户提供了系统的较为全面的第一手文献资料，同时工作者自己也从中得到了锻炼与提升。

21世纪初图书馆开始向新馆搬迁。新首都图书馆坐落于东三环华威桥一隅，面向首都市内核心区。老首都图书馆内的重要建筑辟雍的轮廓造型嵌刻于新首都图书馆的正门之中，人们乘车从华威桥上通过远远就能够看到，十分醒目。

首都图书馆新馆的扩大与发展，需要不断融入新的力量，众多高校学子的到来为图书馆注入了新的血液，也为图书馆带来了年轻的气息与色彩，恰与现代化设施的新馆十分吻合。新馆宽敞、明亮，为广大民众提供了更为舒适的读书学习环境。与此同时，我们的工作环境也有了很大的改变，而更重要的是图书馆工作全面实现了计算机系统化操作与管理。在这一过程中，自己虽然已不年轻，但因工作的需要也学会并掌握了计算机技能。

书籍是人类进步的阶梯，图书馆是传承文化的桥梁，回想那时每天在这样一个充满文化氛围的环境中工作，自己的学习成长与进步很大一部分来源于此，确实是令人欣慰的。当年在即将退休的时候，想到就要告别这熟悉的一切，心中的确很不舍，以至于在自己生日的当月，依然愿意每天来图书馆上班，一方面完善手头的交接工作，同时也是尽可能多地享受一下图书馆独有的文化气息。如今，首都图书馆在城市副中心又新建了北京城市图书馆，我也曾前往那里，看到坐落在绿心公园旁即将竣工的图书馆，依然会有一种亲切之感。

2023年，正值首都图书馆建馆110周年。从最初的京师三馆到北平市立图书馆、北京市图书馆，再到如今的首都图书馆，图书馆事业在一代又一代图书馆人的传承中不断向前发展。而在这一进程中，自己有幸与其相遇并参与其中，这是自己人生轨迹中最为重要的一个时段。的确，我工作经历中的大部分时间与精力都凝结于此，从少年到中年自己的成长与图书馆也都有着密不可分的联系。每每想到这些总会出现一个心念，或许这就是我与首都图书馆的缘分吧！

（田红 首都图书馆退休人员）

忙碌让人生变得充实而有意义
——我在首都图书馆文献典藏组工作的几个片段

张晓梅

时光荏苒，一晃离开首都图书馆历史文献中心文献典藏组工作岗位已有近十个年头，在这3400多天里，我无时无刻不回忆起在文献典藏组工作的一个个场景、一个个片段、一个个值得回忆的精彩瞬间……我记得，一个午后的阳光里，馆历史文献中心主任刘乃英来到我工作的咨询台前："张老师您好。"我立刻站起来："刘主任，您找我有什么事吗？""是这样，咱们历史文献中心文献典藏组的王老师即将退休。我和领导商量，想让您去文献典藏组，您看行吗？""我？"我一脸惊诧地问道。"是啊，我们都觉得您最合适，您不用担心，准能行。""您如果同意，五一过后，就到古籍阅览室，我等您。"我掩饰不住内心的喜悦，一连说了几个"谢谢"。谁能想到，我人生的最大愿望竟在我即将退休之际实现了：我不仅来到首都图书馆工作，而且，还到了最最喜欢的文献典藏组工作。这是多么令人庆幸啊！

我高兴，为馆领导对我的信任而高兴；为自己的愿望得以实现而高兴！

我记得，"五一"节后，一早我便到了首都图书馆A座地下一层古籍阅览室……阅览室内的每一张桌椅、每一个书柜都是那样的古色古香、那样的雅致并富有情怀。一组组书柜里都整齐地排放着中文工具书和四库全书存目等，每一张阅览桌上都摆放着温馨的提示牌与削好的铅笔……这里，好一个搞研究做学问的环境啊！古籍特藏库内，50万册（件）的古籍静静地躺在那里，犹如一位位智慧的长者，历经千年沧桑，在它们身上蕴含着一股股沉静的力量。

我兴奋，为自己能够成为首都图书馆历史文献中心文献典藏组的一员而兴奋！

我记得，我站在古籍阅览室的那一刻，就已经感受到肩上的担子重千斤。我知道，我的工作岗位是在首都图书馆、是在历史文献中心、是在文献典藏组。我的工作岗位极具特殊意义——我守护的是宋元善本、明清古籍、碑帖拓本……这些历史悠久、卷帙浩繁的中华典籍，她们承载着中华儿女丰富的历史记忆，它们凝聚着中华民族的深邃智慧……我深深懂得，留存在首都图书馆的这些古籍特藏，则更成为首都北京厚植文化自信的重要源泉。我暗自提醒自己，我既要做好古籍特藏的保护工作，更要为中外学者研究古籍提供便利服务。我从那一刻起，就暗下决心，一定要做到知责于心、担责于身、履责于行。

我自豪，为自己能够承担千斤重担而自豪！

我记得，每天，我和同组老师都要匆匆行走在阅览室通往古籍特藏库的水泥地板通道上，穿梭于书柜间，为读者寻书；每天，我和同组老师都重复着接提书申请单、按申请单提书送书，与阅览室老师清点交接，查看古籍书叶及点册签单、归库；每天，我和同组老师都要查看木制书柜门是否关闭、铁制书柜摇架是否归位，都要检查库内温湿度是否正常、喷淋系统及自动报警装置有无异样……这些看似平常且枯燥的工作，在我看来，却是件非常有意义的工作。因为，我的工作是要让书写在古籍里的文字活起来，以服务社会、赓续传承，是为中外学者研究利用古籍提供服务，是在助力学术的繁荣与进步。

我骄傲，为自己能够为更多的研究人员提供便利服务而骄傲。

我记得，在短短的十余天里，我和同组老师精心地将馆藏清《御制龙藏经》一函一函地登记后搬上库里的小推车，提出书库，将其交到扫描人员手中，下班之前，又接回《龙藏经》，一函一函打开、一册一册清点签字归库，总计322函、3516册（未包括单册封面扫描560册、函套封面扫描58册），没有一函一册出现差池。一段时间，我和同组老师负责部分区县馆转来由首都图书馆代存的古籍数十种、近千册，仅丰台图书馆的冷冻古籍便有52种151册。我们一函一函登记、一册一册查看清点，装入冰柜进行冷冻、杀虫。一年一次的点架工作如期进行，古籍特藏库内两排书柜间各有两位老师，一人唱叫古籍名称、函册数量，一人则在记录单上填写着……点架工作除去中午吃饭时间一站就是一天。我从没有抱怨与叫苦。先后两次参与点架工作，库藏古籍没有出现一部一函一册的差错。

我高兴，为自己的工作得到大家的验证而高兴。

我记得，我和同组老师为接待到馆参观考察古籍特藏库的客人们忙碌着：摇开铁制书柜露出一排排整齐的普通古籍函册，轻轻打开善本古籍柜玻璃柜门取出镇馆之宝，揭开遮苫展柜绒布露出珍贵的经书，拉开展示名师大家字画的展柜绒帘……先后接待了中国台北"中央图书馆"的同行、韩国大学参观考察人员、兄弟省市的专家学者、考察指导工作的政府领导，当听到参观考察人员对古籍特藏库管理到位的赞叹声时，我是何等的高兴。

我自豪，为自己的辛勤努力得到大家的肯定而自豪。

我记得，我和同组老师轻轻地巡走于古籍柜（架）前仔细地查找残破古籍，伏案一点一点地揭开破损古籍残叶，查看古籍残破的原因与等级，详细填写《古籍修书登记单》……我和同组老师一道接收馆内修复老师及馆外修书师傅送回的古籍，一边清点书叶，一边欣赏修旧如旧的古籍。有时，我和同组老师会有幸听到国图专家为馆内修复组老师讲解修复技艺，有时，我和同组老师会聆听到有经验的修复师为我们介绍修复经验；有时，我们还会听到中心主任介绍古籍装订方法：卷轴装、经折装、蝴蝶装、包背装、线装……

我兴奋，为自己能够有幸欣赏古籍尊荣、学到更多的古籍知识而兴奋。

我记得，我和同组老师曾将拆卸下来的破损函套、夹板一个一个登记入表，一副一副装箱，一箱一箱贴标、摆放，既保护留存了破损函套夹板，同时又不影响参观摇架的美观。当我看到名人字画展柜的遮帘搭在柜顶不便于参观的窘况，便利用业余时间将绒帘上方加以缝合，并请馆内后勤师傅将绒帘穿上粗电线固定在柜顶下方，从而方便了参观人员到库欣赏字画时的拉合。我在完成古籍特藏库工作的同时，还身体力行参与库区定期的卫生保洁工作，有时甚至为保洁人员提拿吸尘器，以减少吸尘过程中对柜脚的碰撞，防止吸尘器电线脱落带来的安全隐患。当我大病初愈返岗后，恰遇库区检修喷淋系统、更换库区防火门……虽然，身体还很虚弱，但我深知，此时古籍特藏库区的安全比任何时候都重要，我和同组老师每天一上班便值守在库区，整整坚守库区近一个星期，顺利地完成了库区建设与改造工作。

我骄傲，为自己能够为首都图书馆古籍特藏库的安全建设出力而骄傲。

我在首都图书馆文献典藏组工作虽然只有两年零四个月，但我为首都图书馆古籍特藏库的安全与管理做了力所能及的工作，为此，我骄傲，我自豪。

我在首都图书馆文献典藏组工作虽然只有两年零四个月，但我为中外学者到馆查阅研究古籍提供了便利条件，为此，我骄傲，我自豪。

我在首都图书馆文献典藏组工作虽然只有两年零四个月，但我为自己在首都北京全国文化中心建设中做出了一点点贡献而感到骄傲与自豪！

（张晓梅 首都图书馆退休人员）

图书馆情节

吴秉惠

我从小非常喜欢看书，上到小学五六年级认识了许多字，阅读也更加顺畅，但20世纪七八十年代家里经济不富裕，不可能买更多的书供我读，我便央求爸爸从他单位的图书馆里给我借回书看，像尼古拉·奥斯特洛夫斯基的《钢铁是怎样炼成的》、车尔尼雪夫斯基的《怎么办》、歌德的《少年维特之烦恼》、列夫·托尔斯泰的《安娜·卡列尼娜》等都是那几年看的，通过看书阅读，我的精神世界一下子就丰富起来，想象着欧洲金碧辉煌的宫廷、向往静静的顿河、西伯利亚的冬天，感到世界那么丰富多彩，太令人向往了……

随着年龄的增长，我高中毕业参加了高考，由于那是"文化大革命"后恢复高考的第三年，前两年的高考由于是"文化大革命"刚刚停止，许多初高中学生中断学业，上山下乡，戍垦边疆，荒废了学业，为了照顾普遍水平，高考题出得相对简单一些，到了第三年（1979年），考题难度一下子就提高了许多，远远超出了高考大纲，故我也失利落榜了，上了中专——北京第二卫生学校，通过两年学习，我被分配到北京积水潭医院骨科工作，我不安于现状，萌生了第二次参加高考的愿望，当时的政策规定：刚刚走上工作岗位的新人不能马上参加高考，要工作两年后才能报考，于是我重拾高中课本，努力备战高考，经过努力，我考取了北京师范大学图书情报专业，报考图书情报专业，这和我从小的爱好不无关系。

我于1988年4月调入首都图书馆工作，每天徜徉在书的海洋里，别提有多高兴了，图书馆分中文外借、西文借阅、期刊部、地方文献、书库、宣传辅导部、采编部等，随着工作的深入，我了解了各部门的工作职能及工作要点，我先后在书库、期刊部、图书外借处、采编部工作过，当时图书外借处还兼办证、搞读者活动；办证工作需要我们到各中小学校去公关，宣传我们图书馆的优势；搞读书活动，需要我们提前选题，策划活动内容，让小读者对活动感兴趣，乐于参与，总之这些工作对我有很大的锻炼。

在20多年的图书馆工作中，有一件事让我至今难忘。由于少儿阅览室是开架阅览，图书的码放不是很系统，有目的地查找某本书就很困难，有一位高中老师，他想借阅《西行漫记》这本书，在有限的书架旁来来回回找了好几圈都没有找到，看到他失落的样子，我就对他说："您要特想看这本书，哪天我从家里给您带过来，我家里有这本书。"老师听后特别高兴，当他还给我书时感激地对我说："以后您要有什么需要帮忙的尽管说，如家人上学等。"我很感动，我们只是为读者做了一些该做的分内之事，就让读者感激万分，我深感我们的服务还有很大的提升空间，还可以延伸，后来我们就想办法，推出了新举措：让读者把想要借阅的书名写下来，我们抽空给他们找，找好后单独放一边，便于读者下次来时就能看到自己想借阅的书，大大节省了读者找书的时间，再后来我们少儿借阅室的图书也按号排架，这样读者找书就更方便了，有一个团队专门整理搞乱的图书，维持图书的有序码放。

我的职业生涯是33年，在积水潭医院工作7年多，在图书馆工作25年多，在这20多年间，我见证了图书馆由手工操作到电子计算机的转化，像图书采访、编目、调拨到各个部门，再入库、借阅，都是在计算机的加持下完成的，又快又准确，提高了工作效率，后来还实现了自助借书还书，读者的阅读环境和阅读空间也大大改观，与80年代的设施不可同日而语。

  总之，我跟新认识的朋友都介绍自己是从图书馆退休的，我以自己是图书馆人为傲，现在我退休已经9年多了，但仍在关注图书馆事业的最新进展、首都图书馆的各项新举措，偶尔首都图书馆被新闻报道时我都和周围人沟通，转发有关消息，我感到很自豪，很愿意跟她们分享；去年夏季我外出办事，刚上公交车落座，对面座位上一位老大姐就问我："您以前在图书馆工作吧。"我说："是的，就是从图书馆退的休。"她说："我一眼就认出了您，您的发型、体形都没有变。"我惊喜万分，因为我退休多年，又是疫情期间，人人都戴着口罩，她能一眼认出我，让我感到很惊讶、很高兴，说我还那么年轻，一点都没有变化，哪个女人听到这些不开心呢！她说她家孩子上学时经常去借书，至今还保留着借书证，孩子都要结婚了，我说借书证还有押金，您可以退掉，把押金拿回去，她说"不退了，留作纪念，这也是孩子成长过程中的一份经历"，那一刻我深感图书馆不是简单地借借还还，还承载着更多……

（吴秉惠 首都图书馆退休人员）

忆往昔

黄 菁

30多年，往事并不如烟。让我想起毛泽东的《沁园春·长沙》："恰同学少年，风华正茂；书生意气，挥斥方遒。"曾经有一群少年，怀揣梦想，来到首都图书馆；曾经有一群少年，借着改革开放的东风，给首都图书馆带来无限生机。

1988年，首都图书馆迎来了一批年轻学生，大约30人。这批年轻人，有的活跃，有的沉稳，但他们都是第一批图书馆专业毕业的职业高中生。他们的专业课老师都是首都图书馆抽调的专业技术人员，例如李烈先、周心慧、韩朴、陈坚、邓菊英、李诚等等，三年的专业学习，树立了"为人找书、为书找人"的图书馆工作服务意识。

年轻人的注入，为首都图书馆带来新的活力！轮岗是每一个新员工的必经之路，先总的了解，再具体细化工作，这充分体现了图书馆的传承。我实习就在首都图书馆，最后被分到视听资料室。全馆有多个部门是自成一条龙服务体系的，例如期刊部、外文部、地方文献部、古籍部，视听资料室也属于这种。

在卢曼、尹立文老师的引领下，我和早我一年到岗的吴敬晨一起学习和工作着。我的好奇心、求知欲、工作热情，在一次次接待读者服务的过程中，发挥着作用。

我每天快乐得像个陀螺，上午对外接待读者，下午手工刻蜡板、刷卡片，建立目录体系。每天与油墨和蓝大褂为伍。没两年，添置了中文打字机，全馆一开始就那么几台，后来才逐渐多起来，每天听着机器声，熟悉字盘铅字位置。当年采编用第一台电脑进行订购工作时，还羡慕过人家。紧接着，全馆开始应用，掀起了学习输入法热潮，有用五笔字型的，有用双拼的，有用自然码的，有用汉语拼音的，输入法大比拼。谁能想到，现在拼音输入成为最普遍的输入法！工作室由吵闹进入了无声的世界。

馆址在国子监时，每年秋天的收获季，是年轻人的小确幸！办公室按部门的人头分核桃、柿子之类，这可都是院子里结的丰硕果实，有一年分了一人五个核桃、一个柿子！那份喜悦与分享的美好，在心中呈现的是对首都图书馆老院的美好回忆！

随着日新月异的首都图书馆改革，我也用上了四八六电脑，背五笔字型，1998年以后，工作就越来越离不开电脑了，每天到馆第一件事，是开机，最后一件事是关机断电。

刚到馆那几年，社会上到处流行向"钱"看，辞职下海做买卖，停薪留职出国或去南方。首都图书馆的馆领导为了提高职工福利待遇，留住人才，千方百计想办法，广开思路。记得有一次在期刊部开全馆大会，冯秉文老馆长回忆说，当初为了学习外单位创收，曾经有一年奖金只有人均几分钱，当时只好买了几筐西红柿，按人头分给大家。从发几分钱的奖金实物，到1988年我参加工作，工资改革已经开始，但刚起步。我3月到首都图书馆实习。5月拿到第一个月临时工工资，56元！兴奋！当时我妈说，她工作那么多年，一直拿38元工资，我一上班就拿这么多，解决了家用。卢曼老师是老员工了，也是才涨不久，大概60多元。临时工的工资要比同期刚参加工作的还高一点。五一节前两天，最乐的事，是发实物，一只活鸡！我那时骑车上班，活鸡怎么拿回家呢？卢老师和小吴帮我把鸡五花大绑，捆在后架子上，我都怕它啄我屁股！哈哈哈！回家后，不敢解扣，怕飞了！从一层把车抬到六层屋里，后面的事交给我妈。给鸡松绑，先捆在桌腿下边，等水烧开，好烫毛、拔毛。杀鸡这一环节交给我爸。以前看奶奶杀鸡，它挺听话的。鸡脖子毛一揪，刀一划，小碗一接，一小碗血。好嘛！我家出命案了！鸡每挣扎一下，我家墙上和围观群众——我、我妈、我爸就一身一脸血，最后我爸一狠心，拿刀剁了鸡头，终于消停了！残局我妈收拾了好几天！好多年过去，墙上还有血印。最快乐的时候就是发东西——烧鸡、国光苹果、扇贝、毛衣、鞋，五花八门，自己穿不了，送人。号不合适，送人！家里人、亲戚、朋友，都不嫌弃，只有羡慕的份。当时觉得，不发点实物，就没有过节的气氛！非得大包小包拎着，才有感觉。那时年轻，不知柴米贵。现在收入都打卡里，内心没什么感觉，好像只有网购时，动动手指的喜悦了。

首都图书馆女职工多，能有个澡堂就好啦！馆领导让改造烧水打水的锅炉，终于大家洗上热水澡了！烧水的小伙大家都称他小付，顶父亲班来的，只要水太凉了或者太热了，都在里边嚷他，好不热闹。

我到馆时，就已有职工食堂了，补贴和结算，每月公布在小黑板旁。结余放到下月。2000年搬家时，整理物品，我抽屉里还有几元几角几分的粮票和钱票，当时换完没用掉，后来也不知丢到哪里去了，那也成为历史啦。

我们这批来了近30人，馆里年轻人多了，在后院建起了简易房，当青年之家，学习培训；又添了乒乓球桌、篮球架，举办各种联谊会、十一国庆青年集体舞会、游园会，年轻人还自发去白洋淀等地旅游，其乐融融。

我们这批年轻人，给首都图书馆带来勃勃生机，也带来青春活力！

本文只记录一名普通职工的点滴回忆。默默工作30多年，即将在首都图书馆退休的图书馆校友、同学以及学友、学妹、学弟们，在纪念首都图书馆建馆 110 周年之际，我们用青春见证了首都图书馆的发展，也见证了首都图书馆历史中的一瞥，祝愿首都图书馆的未来更加辉煌灿烂！

（黄菁 首都图书馆汽车图书馆）

十年徘徊：首图研讨交流工作侧记

孙慧明

首都图书馆即将迎来110岁生日。若问近二三十年首都图书馆的老领导们业务拓展上还有哪些遗憾，我想，"没有拥有自己的刊物"应该是回答之一。图书馆人一直都把刊物，尤其是学术类刊物，作为推进事业发展、展示能力、扩大影响力的重要平台和手段。过去这些年，首都图书馆的领导们一次次念叨"全国三十几个省馆，就北京和西藏没有自己的刊物"，一次次拜访各级负责出版管理的相关同志，但受限于政策和一些现实原因，首都图书馆的办刊之路并不算顺畅。

2012年借北京市大力推动文化体制改革创新，组建首都剧院、博物馆、出版发行、影院、影视产业、图书馆六大联盟的契机，首都图书馆争取到"首都图书馆联盟"副主席单位及秘书长单位的资格，进而组建了联盟秘书处，负责该联盟的日常事务处理。为扩大首都六大联盟的影响力，北京市委宣传部除了鼓励各相关单位进行资源整合、多做惠民实事外，也希望各联盟成为宣传阵地，传播城市文化、增强城市综合竞争力。为此，2012年7月18日，北京市委宣传部组织召开一级内刊工作会议，首都图书馆派代表参加了此次会议。领会了市委宣传部、原北京市文化局等各上级单位的原则性要求和办刊宗旨后，作为联盟秘书机构，首都图书馆主动承担起了联盟内刊筹备和创刊职责。

尽管时间要求非常紧迫——7月18日召开会议，9月前就要求刊物面世。但首都图书馆依然克服困难，以最快的速度调集人力、物力和资源，将这一任务落实完成。在40天内，首都图书馆组建了《首都图书馆联盟》刊物的编委会、编辑部，确定了刊物的栏目和主要内容，收集、征集了约5万字的稿件信息，完成了编辑、设计、审查、出版等各项事务，最终参加并通过了8月底召开的刊物评审会议。刊物评审专家对刊物的内容和办刊效率给予了肯定评价，因而《首都图书馆联盟》刊物的创刊号在当年9月份就分发到了各上级单位、联盟成员馆单位、兄弟图书馆等机构以及相关作者、支持者、热心读者等个人手中。

由于经验薄弱、能力有限，时间又非常紧张，这份刊物后来被我们看出了很多缺点，比如刊名不够响亮、封面设计不够大气、排版不够时尚、印刷太过粗糙等等，但在当时的环境下我们确实已经尽了最大的努力。2012年7—9月正值首都图书馆B座新馆即将开放的关键时期，2013年首都图书馆还要迎来百年馆庆；而且，当时党和国家要召开重大会议，北京市也在全力推进文化大发展大繁荣，在这些背景下，首都图书馆的高层和中层领导们的工作强度其实可以想象。到现在我依然记得当时主管领导——邓菊英副馆长的办公室门口一直排着长队，各位汇报、请示、沟通、交流工作的同事们络绎不绝。很多时候都让人感觉，这些领导连喝水上厕所的时间都没有。而为了这个刊物，送审前的那个星期六，邓馆长带着我们还有从外面请的美编，从早上7点，逐字逐句、逐个图标颜色，修改到晚上12点。敬业、负责的工作风格可见一斑！

也因为馆里正在办很多大事，这种"突发"的事务就落到了我这样的新人身上。馆里把办刊的具体事务交给了我和张法，还开绿灯让我们从当时刚来报到的新毕业大学生里挑人组建团队。这些大学生做完基础培训后就会派到各个部门轮岗，而一旦到了各部门，也许就会被主任们看中。张法和我哪有能力和主任们"抢人"呢？因此我俩一分钟都没耽搁，直接候到培训会议室的门口，等培训散场的间隙用十几分钟"截留"了三位小同事，她们看起来略有相关经历并且不排斥编辑一职。现在想起来，我俩真是"初生牛犊不怕虎"，完全没有展现出做大事应该具备的沉稳、考虑周全等素质；而王璇、王宁、武克涵三位同事也是刚出校园，估计还没来得及考虑我俩这样浅薄的身份资历对她们是否会有长远影响。就这样，一个稚嫩但热情的编辑部成立了。我们策划选题、约稿组稿、调研访谈、写稿改稿、编辑排版、印制分发、沟通回访……相关事务在领导们的指导下，几个人通力合作，全情投入，工作的气氛自然是很好的。但因为没啥经验，做不到游刃有余，这一路上的探索和努力当然也少不了泪水、紧张和遗憾。

许多细节还历历在目。比如，作为刚创立的刊物，刊物上自然要有一些有分量的专家们的作品。但我们不光是经验没有，资历显然更是缺乏——尽管约稿是办"公事"，可一向只是低头做事的我们看待行业大专家们，心态上的距离何止隔了几重山！那感觉就仿佛是非要让"仙人"落入凡尘，颇感心虚和罪过。自身本就已经惶恐不安了，何况人家还可以不理或是直接拒绝！哎，这种纠结当时耗费了多少脑细胞！所以最后我们终于鼓起勇气，从同时也兼任联盟主席、副主席等各种职务的领导们那里，得到非常温和亲切的肯定答复时，开心与轻快溢于言表，觉得他们真是德高望重、知识渊博又和蔼可亲、平易近人！再比如，这个内刊也是联盟的工作刊物，而联盟的成员除了北京大学图书馆、中国科学院科学图书馆这样的行业知名机构，还有很多中小学图书馆和专业图书馆，刊物的内容理应要有他们感兴趣的东西。为此我们曾到访过曾因"贤二"名声大噪的龙泉寺的佛学图书馆，观摩他们的布局和运营特色；也曾约访北京实验二小图书馆的小小图书馆管理员和志愿者们，了解他们的所思所想和远大志向。曾经的编辑部一心办刊（部分成果参见图1），试图完成上级交代任务的同时也能真正做出点实事，为联盟增添一点凝聚力，也能让地处北京的图书馆同行在行业中展示出特有的地域风采！

但显然很多事情都并非一帆风顺。刊物原计划由北京市委宣传部筹措经费予以支持，后计划部里批文支持联盟自行筹措，再然后计划局里支持首都图书馆筹措，再后来一切都归于沉寂……首都图书馆在坚持几年明白有些事情确实只能顺势而动，无法逆势而为。不过曾经的努力并非毫无所获，停刊好多年后还有同行索要刊物或者相应文章，尤其是调研类的文章，这多少是个安慰！

图1《首都图书馆联盟》期刊

2016年我们在研讨交流方面迎来了新的机遇。研讨交流工作除了可以把办刊作为交流平台和媒介外，办会也是重要的渠道和手段。

当时中国图书馆学会第九届常务理事会成立，并通过决议新设立一个分支机构——中国图书馆学会公共图书馆分会，分会主任由原文化部公共文化司巡视员、学会副理事长刘小琴女士担任。基于既往渊源、地域影响以及首都图书馆馆长新到任等多重因素的综合影响，新成立的公共图书馆分会秘书处设立在了首都图书馆。时任馆长和书记指派我帮着处理一些日常事务，从此开启了我跟着刘小琴主任与全国各地同行沟通协调、辗转办会办活动的日子。几年下来，我想刘主任的足迹应该已经踏遍了全国各个省份，我以分会秘书长的名义应该也麻烦了不下上百个图书馆的领导和同行们。

翻看工作日志，我们举办的第一个工作会议是分会成立大会，2016年9月18日在首都图书馆召开。当时原北京市文化局副局长庞微、原文化部公共文化司事业发展处处长王晓松、中国图书馆学会秘书长霍瑞娟等领导出席并致辞，各省馆和副省级馆的兼任分会职务领导（或代表）皆出席。我们举办的第一次学术研讨会议是在当年学会铜陵年

图2 公共图书馆分会成立会议暨2016年工作会议

会上承担第二主题论坛——"公共图书馆发展的新理念、新经验和新视野",业内专家与300余位参会代表共同交流了公共图书馆领域的新思想和新经验。我们举办的第一个大型交流活动则是"第一届公共图书馆创新创意征集推广活动",来自28个省市区的同行踊跃参与,相应的交流研讨会举办了5场。几年间公共图书馆分会总共主办、承办会议37场,线下参与近万人次!若非疫情影响,这一数据还会更多。这些数字代表了刘主任的多方谋划,代表了学会对分会工作的大力指导,代表了首都图书馆和兄弟馆的通力合作,代表了各位同行的热情参与,也代表了很多社会机构和热心人士对公共图书馆事业的大力支持!

在办会过程中,我们学会了如何策划一个好的主题并确定嘉宾;如何调动各方资源去通力合作并且分担经费;如何和当地省市学会或者图书馆沟通服务好各位参会人士;如何收集反馈意见并把宣传推广工作做好。我们还领悟到了很多细节,比如,如何制作会议手册才最贴心,如何才能让会议交流氛围活跃,如何安排各位领导和嘉宾的位置……

当然办会只是公共图书馆分会秘书处工作的一部分,在担任分会秘书长职务任上,我的感悟和体会也有许多。借助这个身份,我在完成学会交代工作任务的基础上尽力为公共图书馆同行服务,答疑解惑当然是必不可少的。高峰时期一天几十个电话,硬生生地让人"和气""健谈"不少。

在这个位置上,还有一个分内工作是撰写中国图书馆年鉴公共图书馆部分的综述。这大约1万字的综述源于各省学会提交给中图学会的年度总结。每年这样的稿子合计起来大约40万字,我仔细拜读它们,就感觉字里行间全是同行们的辛劳,删掉哪些都觉得对不起他们的付出!当然,图书馆的工作大同小异,真正有创新创意的毕竟是少数。但各个馆的禀赋自有不同,因此每年对这些材料的权衡确实也会纠结很多时日!此外,当眼里不再是首都图书馆本身,而是全国公共图书馆时,自然而然地就会想到要把每一个图书馆,特别是每个大馆的情况都了解清楚,做到心中有数。可惜,这个事情一拖再拖,到卸任时依然觉得所知甚少,算是一个遗憾了!希望日后能有所进益!

十年时间眨眼就过去了,事情虽然没有办成几件,但心态上多少还是有所长进。即使有很多遗憾,但"往者不可谏,来者犹可追"的道理略微有些明白了。

站在首都图书馆110周年的节点上,我们更该考虑的是未来当如何。首都图书馆1956年迁入国子监迎来重大发展机遇,当时根据中央对省级图书馆任务的规定和原市文化局的指示,首都图书馆应以"为科学研究服务为主要任务",尽管这个指示后来根据现实情况,被建议改为"为科学研究服务和为普及文化教育服务并重"更合适,但无论怎么改,作为首都的图书馆,很快就要成为近20万平方米、上千万册文献资料的超级大馆,研讨交流职能无论如何都不能太过于薄弱。如果能对首都图书馆事业发展有所帮助,我辈当然应该竭尽全力!借公共图书馆分会的工作,我们曾经放眼全国,未来更有可能放眼世界,从更高更前瞻的角度讨论事业发展。这当然也是我应尽之义,衷心希望首都图书馆的未来再创辉煌,道路越走越宽阔!

(孙慧明 首都图书馆信息咨询中心)

百年伟业，十载见证

刘雅婷

十年匆匆，十场花开，十度叶落，我在首都图书馆不知不觉已度过了三千多个朝夕，但细数我与首都图书馆的渊源，其实并不仅是这一个十年。

2003年，正读初中的我，每天上下学都要路过东南三环的一栋宛如打开的书本一样的建筑。那时，首都图书馆于我是个"宝藏"般的存在，有数不清的藏书，可以来这里读书、借书或是自习，即便只是信步于书架之间，也仿佛有种能令人宁心静气的舒适感。

2013年，是我工作的第一年，未曾想工作的地点就是当年每天路过的这座图书馆——首都图书馆。2012年夏末，第一次以员工的身份迈进首都图书馆大门的那一刻，一种既熟悉又陌生的感觉裹挟着图书馆特有的墨香向我袭来，彼时的光景就那样无比清晰地镌刻在我的脑海中，从这时起，我开始真正了解这里、热爱这里。从此，首都图书馆于我，便是工作和奋斗的地方。来到首都图书馆的第一年，我先后在组织人事部和共享工程北京分中心两个部门的不同岗位工作，体验了不同的工作内容，也学习了不同的业务流程。从党委、团委档案整理、立卷，到志愿者的招募；从上书排架，到读者服务，我从未想到图书馆的日常业务工作如此丰富多样。难得的是，在工作的第一年里，我就有幸见证了首都图书馆的四件大事，这对于一个新人来说既是一种荣幸，也是一种历练。

第一件大事是首都图书馆二期开馆。在开馆筹备期间，我加入了新馆开馆讲解员的队伍，从讲解稿材料的搜集、撰写到背诵，首都图书馆的历史、发展沿革，渐渐地从一份份枯燥的数据和资料变成了一段段娓娓的述说和讲解。在首都图书馆前辈老师的指导下，我也在短短几个月内对首都图书馆有了迅速的了解。首都图书馆二期开馆的那段时间里，经常会有各地团体前来参观，有图书馆的同人，有媒体记者，甚至还有学校的学生。我从一开始的紧张局促，到后来能够如数家珍般地向每一位来宾介绍这座图书馆，这次难得的讲解经历也为我后面的各项工作打下了坚实的基础。

图1 为前来参观的小朋友介绍首都图书馆

第二件大事是举办了驻华使节招待会。作为英文讲解员的一员，我参与并见证了首都图书馆的这次盛会，而此前中文讲解的经历帮助我成功地克服了紧张的情绪，使我能够更从容地为大使们服务。但同时也让我看到了外国使节们的关注点与中国国内参观团体的不同之处，国内参观团更加注重馆内先进设备的介绍和使用，而外国使节们则更加注重外文文献、外文电子资源等，例如，一位阿拉伯国家的大使十分关心馆内的阿语文献情况；一位非洲国家的大使询问党的十八大文献的英文版本……此次活动是首都图书馆在世界平台上的一次展示，为日后进一步走向国际化开辟了新思路。

第三件大事是2013年7月的全国公共图书馆第五次评估定级工作。为此，我由台口的岗位暂时调入共享工程办公室，主要负责整理"文化共享工程"部分，从人员、设备、经费，到资源建设、活动培训等方面厚厚的一摞材料，都要一一了解，幸好有部门内部的各位老师及其他部门的前辈帮忙协调，补齐材料。经过馆长、主任的一轮轮批改、补充后，终于推敲雕琢出了最终的评估材料版本。在每一位首都图书馆人的努力下，首都图书馆在这次公共图书馆评估中得到了满分的成绩，这在全国历次评估中也是首次。

第四件大事是首都图书馆建馆100周年。馆庆期间，我被分配到"城市与图书馆"学术论坛外事工作组，参与了外宾联络和接待工作。为到达的外宾办理入住手续和发放房卡、为外宾翻译馆庆期间的活动时间安排表、带领芬兰赫尔辛基城市图书馆副馆长参观了附近的街道，还接待了来自加拿大不列颠哥伦比亚大学亚洲图书馆代馆长刘静女士，陪同她参观了首都图书馆并参加了全天的馆庆各项活动。在馆庆接待活动中，一年以来积累的关于首都图书馆的讲解功力再次发挥作用，向来自世界各国的图书馆同人展示了首都图书馆的百年历史底蕴。

2014年，我的主要工作是在首都图书馆B座二层的数字文化社区样板间服务台为读者提供咨询和帮助，以及维护和管理阅览室内的设施设备。面对形形色色的读者，一开始确实难以适应，但随着经验的积累，我在待人接物和处理问题方面成长了很多，遇到突发情况也可以沉着面对。记得一个闷热的下午，一位老人在阅览室犯了急病，不停挣扎，我作为第一发现人，先通知了台口其他同事，大家分头联系医生、保安和馆内值班领导，并通过老人的手机联系到了他的家人，使老人得到了妥善的救治。此外，在台口的工作还让我感受到了不少温暖，2014年除夕的晚班，闭馆铃声响起，工作了一天后疲惫的我正在收拾少儿区的图书，突然，一位4岁左右的小朋友笑着走过来，对我说了一声："阿姨辛苦了，节日快乐！"然后便害羞地跑回了妈妈怀里，牵起妈妈的手，一边朝我挥手，一边开心地走出了图书馆。这些经历每每想起，依旧感慨万千，让我感受到了自己这份工作的意义。

2015年，校对共享工程"典藏北京"系列专题片英文字幕的工作开始了，未曾想这项工作一干就是好几年，并且不断推陈出新。2020年起，在专题片的基础上，我又撰写起了推广"典藏北京"专题片的微信推文。同年，部门还出版了由专题片采访等素材整理而成的图书及音像制品。这些虽是后话，但从此，"典藏北京"就像是一个我看着慢慢长大的孩子，从褪褓婴孩直至羽翼丰满。

除了本职工作，在首都图书馆的平台上，还能接触到一些开拓视野的馆内外活动。

每年，首都图书馆的新春联欢会节目质量都很高，我常常惊讶于那些巧妙的节目设计和迅速的排演能力，总是感叹首都图书馆是个藏龙卧虎、能人辈出的地方。在2015年初的"首都图书馆新春联欢会"上，我终于有幸成为三位主持人之一，能为馆内联欢会撰写主持词并担当主持人，是我的荣幸，也是对我的锻炼。

2015年和2016年，我连续两年作为首都图书馆书香宣讲团成员，参加了宣传系统百姓宣讲选拔赛，在选拔赛中为我们的团体贡献了一份微薄之力。

在2016年的业务工作中，我逐渐开始接触到一些部门合同、付款等相关工作，对部门业务和馆内部分工作流程也逐渐熟悉。需要与馆内其他部门的同事沟通协调时，各位老师也都耐心地给予我帮助和指导，让我感受到了首都图书馆大家庭的温暖。这一年我参与撰写的公共数字创新服务案例，被收录在《公共数字文化创新服务案例选编》

中结集出版，这是我在部门内部工作后收获的第一项重要成果。

2017年，我有幸参与了"2016年度北京市公共数字文化工程考核"和"文化部第六次全国公共图书馆评估定级"两项重要工作，这是我第二次参与评估定级工作，对相关工作流程熟悉了很多。其间，我在各位领导的指导下，与同事们一起搜集、整理、装订了相关考核和评估材料，圆满完成了这两项工作。

当时，共享工程北京分中心负责的北京市文化共享工程、数字文化社区项目在2017—2019年连续三年被列入市政府工作报告的重点工作中，在这三年中，我则需要每月及时与各区图书馆负责人联系，收集和汇总全市各区报送的《市政府工作报告重点工作进展情况》，并将汇总结果按月报送原北京市文化局。此外，还协助同事举办每年两次的北京市文化共享工程业务骨干培训班，这些工作体现了首都图书馆的中心馆作用，让我的业务视野拓展到了全市的范围。加上这一年参与撰写了北京市文化共享工程工作报告，以及对部门建立以来签订合同的整理，让我完整而系统地梳理了北京市共享工程建设多年来的工作成果。

2018年9月，首都图书馆与中国图书馆学会学术研究委员会地方文献研究专业委员会联合主办了国际"城市记忆"学术研讨会。我撰写的论文《地方文献视角下的北京市文化共享工程地方资源建设》《浅议现代公共文化服务体系下公共图书馆古籍文献中的地方古籍文献》，被收录在首都图书馆《国际"城市记忆"与地方文献学术研讨会论文集》当中。

2019年是文化和旅游部全国公共数字文化工程融合工作元年，原有的共享工程、电子阅览室工程和数字图书馆推广工程整合为公共数字文化工程，我的工作内容也由此逐渐发生了变化……

2020年初，为响应国家抗疫号召，图书馆闭馆，所有职工居家办公。由于部门分工的调整，我也第一次撰写起了公众号的推文。从疫情相关信息到自建数字资源的推荐,从文字的撰写到简单的排版,我一步一步地摸索着学习公众号的相关技巧。疫情期间需要有人到馆值班,领导体谅我的情况,没有安排我值班,但在孩子满1岁半之后我还是主动报名,参加部门值班工作。值班期间,看着与以往门庭若市的场景大相径庭的图书馆,我感慨之余随手拍摄了一些闭馆期间图书馆的视频、照片素材,并在业余时间将素材剪辑成小视频,后来,这些素材和视频被"首都图书馆公共文化云"微信公众号、"首都图书馆"官方微信公众号等采用。首都图书馆恢复开馆当天,我在领导的建议下,继续拍摄小视频并嵌入当天的微信推文中,收到了良好的反响。

2021年,除了部分公共数字文化建设相关业务工作外,我在首都图书馆公共文化云公众号撰写并发布典藏北京等原创推文共计60篇,修改并发布志愿蓝相关推文147篇,分类并更新菜单栏近300条;此外,由于2020年部门调整,我所在的部门名称调整为数字资源中心,同时承担了数字资源的相关工作。因此,我这一年还在首都图书馆数字图书馆微信服务号发布推文23篇,分类并更新菜单栏百余条。

由于疫情干扰,2021年全球图书馆界的盛会——IFLA大会定于线上举行,我参与翻译了2021年IFLA大会日程表并观看了大会部分线上直播,了解了世界最新的图书馆资讯。

2022年是充实的一年,全国智慧图书馆体系建设项目工作持续推进,为了各区图书馆能更加明确工作任务,我在领导的统筹协调下,于7月邀请了国家图书馆的相关专家,组织全市各区图书馆开展了一次工作培训。

此后,我借调到首都图书馆业务部工作,协助进行第七次全国县级以上公共图书馆评估定级中首都图书馆的评估材料准备工作。这是我第三次参与评估工作,这次不再是仅仅负责所在部门的评估档案,而是参与到全馆评估档案的整理当中,从电子版材料的收集、整理、校对、修改、上传,到纸质材料的打印、组卷、装订,我见证了档案的一次次丰富，而这些档案也见证了我的成长。借调期间，我还协助进行了北京城市图书馆读者服务类家具采购的部分工作，这项工作经常能让我想起十年前的首都图书馆二期开馆工作，恍惚中似乎又回到了十年前……

十年弹指一挥间，如今，我已在首都图书馆工作了十年，从读者服务一线到内部业务工作，从实体文献的排号到电子资源的推广，有汗水、有欢乐、有感动、有成长。首都图书馆也日新月异，发展成为北京市重要的知识信息枢纽和精神文明建设基地。十年间，我参与了首都图书馆的发展，也见证了首都图书馆的壮大。如今，110岁的首都图书馆在每一位首都图书馆人的共同努力下，根深叶茂，欣欣向荣。

十年踪迹，十年故事，三千多个朝夕与共，我已对首都图书馆视如拱璧，许我继续见证它的更多十年，愿它的伟业赓续谱写更多百年……

（刘雅婷 首都图书馆数字资源中心）

首图北京地方文献工作所学、所悟

刘 埌

2023年是首都图书馆建馆110周年，抚今追昔，感慨万千。

110载筚路蓝缕，110载铢积寸累，馆名多有变化，馆址几经变迁，经过一代代首都图书馆人的不懈努力和奋斗，现如今首都图书馆已成为北京市公共图书馆的中心馆和龙头馆，拥有近千万册(件)馆藏资源、600余TB数字资源，担负起了传播优秀文化、提供公众素养的社会职责，为城市社会经济发展提供了有效的智力支撑。

我到首都图书馆工作已有十五载春秋，参与北京地方文献工作也近十年，初期主要负责"首图北京记忆"微信公众号运营以及参与一些文献数字化加工等方面的工作。2015年8月首都图书馆"首图北京记忆"微信公众平台正式步入运营，采用微信服务号的方式，向用户提供有关北京历史文化的信息咨询服务。当时平台采用自定义菜单界面模式，分为3个一级菜单：北京记忆、地方文献、各类活动，9个二级菜单：文人笔下的北京、口述历史、历史上的今天、人文地理、京城史话、京味儿文化、京味儿土语、讲座和新闻。图文信息发送是平台工作人员的主要工作，图文页的阅读量成为衡量平台使用情况的重要指标。

记得当时要策划一篇关于"地方文献源流及其价值"的文章，我觉得很有意义，对于用户群体可以普及知识，对于从事地方文献工作的图书情报工作者，也有必要对地方文献的源流及其价值有一个系统的认识。于是我查阅了一些资料，精心撰写推文。经过反复推敲，文章最终推送收到用户们一致好评，当日阅读量就达到350次，并且吸引新用户点击关注53个，这让我们倍感兴奋！推送一篇优质文章，除了精心策划选题、编撰拟稿以外，内容来源是根本，平台正是依托首都图书馆地方文献庞大的专藏系统和北京记忆网络资源。经过几年努力，"首图·北京记忆"微信公众平台也在业内小有名气，截至2018年我调离这个岗位，共推文450篇，公众号拥有粉丝数1371人。我工作期间发表的《北京记忆微信平台服务现状及策略研究》《微信公众平台在图书馆阅读推广中的应用——以首都图书馆"首图北京记忆"微信公众平台为例》两篇论文也被多次关注及引用。后期我申请调入一线服务台，将微信公众平台移交给其他同事运营，心里还是有百般不舍！

从事文献流通、借阅工作是另外的一种工作场景，与读者零距离接触，第一时间了解他们所想所需，既真切又富有挑战，不仅需要细心、耐心、责任心，还需具备一定的图情专业素养。面对读者各类关于借阅、查询、咨询等问题，我们都是要尽可能地给予解答。地方文献库本借阅是我们一部分主要工作，读者借阅大多集中在C类传记、F类经济、K类历史和M类政治，如《北京历史舆图集》《老北京旅行指南》，民俗类的《宣南饮食文化》《边吃边聊》《北京礼俗》，还有一些非公开出版物《北京市土地利用总体规划（2006—2020年）》《房山区土地利用总体规划》以及《北京晚报》《北京日报》等报纸，这需要我们对这类文献有一定了解，才能高效、高质地提供阅读服务。所以在工作之余我们常常去阅览室、书库溜架，这会更加帮助我们快速、全面地了解地方文献资源。服务于普通民众、普及文化知识是图书馆一直坚守的宗旨和初心，也是根本所在。

北京地方文献部1985年成立至今，馆藏量已达8万多种，19万册（件），除了常见纸质文献外，还收藏了具有一定价值的舆图、金石拓片、老照片、戏单等特种文献。"北京记忆"网站拥有电子文本、图片文献资源总量达 30737.07GB。正因为一代代地方文献人的不懈努力，今日的地方文献才能建立全国唯一的北京地方文献专藏库，拥有研究级的文献资源系统，为社会大众提供阅读信息咨询服务。

我热爱我的工作，热爱这座城市，也热爱生活在这里的人们。在这个天堂般的地方与书相伴，丰富了岁月，惊艳了时光！

最后祝首都图书馆 110 岁生日快乐！

（刘堞 首都图书馆北京地方文献中心）

共创首图辉煌　再续今朝华章

张文静

今年初馆里的总结会向满 30 年馆龄的职工献花致谢。算起来我到退休时在首都图书馆也只有 25 年工龄。满不了 30 年馆龄也算是我图书馆职业生涯中的一个小小遗憾吧。

我是一名转业军人，说起来我能入伍也是偶然，当年我是本着高考答题绝不能有空白题目的心态填写的高考志愿表。从第一页的提前录取院校到最后一页的中专学校，我都填得满满的，连老师见了都笑我：难道中专也要去上嘛！没料到录取通知书下来，我竟然被第一页的第一个提前招生的军校录取了。那段时间我刚看了几本军事题材的小说，作品代入感超强，让我对军旅生活憧憬不已，当时就遗憾没能当兵，可仿佛这个愿望距离我的校园生活很遥远，却没有想到这只是缺少了一个契机，高考竟意外地让我圆梦了。军校思想教育抓得紧，我又在部队里历练了 11 年，对部队的感情很深。桃李春风一杯酒，江湖夜雨十年灯。真的是生命里有了当兵的历史，就有了刻入骨髓的烙印。后来因为家庭原因，我转业回到了北京，人生经过这次转折，理想似乎破灭了，我深感茫然，当时有极致的彷徨，失去了奋斗的方向，真的是"灵魂无处安放"了！也有之后就这样混日子的消沉想法。

我大学修的是档案专业，对图书情报专业比较了解。记得小时候老师让每个学生选一条格言当座右铭，我选的是"书籍是人类进步的阶梯——高尔基"。也许是潜意识里喜欢读书过简单的生活，加上我还是比较喜欢从事专业工作，转业我就选择了首都图书馆。那年我30岁，当时感觉自己心已经老了。

我刚转业不久，在2006年，北京市市委组织部、宣传部联合举办了"学习党章遵守党章贯彻党章维护党章"的征文比赛，我在党办段瑞林老师的指导下，撰写的征文获得了二等奖。这算是对我之前部队工作的一个总结，也开启了我作为首都图书馆人的新篇章。

我到首都图书馆工作以来，至今一直待在采编中心。陈坚副馆长当年是采编部主任，他那时候就是公认的书痴。如果我们周末带孩子去西单图书大厦、王府井书店逛逛的话，大概率能碰上他，同事们都调侃说那真是上班下班都跑不出陈坚的视力范围啊！张云萍是采编部副主任，她工作兢兢业业，每天都要在办公室巡视一圈儿，跟大家谈谈心。大家都亲切地称呼她"张大姐"。

现在的采编中心是个"女儿国"，那会儿的采编部虽然远没有现在的人员多，但是男同志占比较大。有已经退休的于广亮老师、陶建明老师，还有后来调走或离职的袁申、李斌、李恺、曹晓宽。李恺从历史学到图书馆学，跨专业丝滑转身，自己主动去参加全国各地举办的图书馆学术会议，撰写了多篇高质量的论文，在图书馆界脱颖而出。他虽然早已离开了首都图书馆，但是江湖中至今还流传着关于他的传说。

我最早是在采访组工作，当时没有外包这回事儿，都是大家一起干活，在一间不大的办公室里有人负责拆包并拿着纸质目录，有人同时上机校对。常常是于老师一组，陶老师一组，同时念书号、题名、价格的声音此起彼伏，忙而不乱。还因为工作原因，经常会有出版社的人来访或者是张子辉主任等同事来谈工作，在办公室里需要大声说话，场面很是热闹。因为那时候没有食堂，午餐我们要么相约去A座餐吧，要么是组团出去吃大餐。我和黄菁、岳玥经常跟着去，我们一边品尝美食，一边听他们讲趣事，那时的采编部文心侠骨，充满人间烟火。

2012年，我们搬到了首都图书馆B座。现在的采编中心主任是走路快说话快的张娟和总是细声细气的宋艳萍。采编中心人员翻倍，面积翻倍，购书经费也上涨了很多。办公室里人多书更多，所有的空隙都码满了书籍。同事们上班时像一条条小船点缀在书的海洋之中。目前，本来每个人的工作量已经增加了不少，因为疫情又积压了半年的图书，导致每个环节、每个人的工作量剧增。大家每天都要努力赶任务，生怕因为自己影响了工作流程，而且有时候还需要在周末加班。都说鸟鸣山更幽，如今的采编中心人越来越多，地方越来越大，反而安静了许多。现在的大趋势使然，很多工作都可以外包出去，采编部门的加工、编目、标引等岗位也大量外包了。现今能被简单人工代替，能被机器替代的工作都面临着巨大的挑战。如何在人工智能时代不被淘汰？如何顺应大趋势，这需要我们积极参与到时代中来。事实上，每一次潮流涌动的机遇都均匀地分布在每个人的生活里，不要把顺应时代看得高高在上，而要着眼于自己的日常提升，这也是顺应时代吧。

功夫在平常。采编部历来重视员工的业务能力提升。从前就经常邀请国家图书馆的老师来上课，还记得当时学习MARK格式时，老师鼓励我们实操，还打趣说："MARK虐我千万遍，我待MARK如初恋。"疫情期间，部门积极组织大家进行专业学习，我还是更喜欢纸质图书的阅读体验，买了《信息检索》《文献编目理论研究》《信息组织原理与方法》等书籍来仔细钻研，立足专业，转变思维，然后行动起来，充实自己。如果老是觉得时代跟你没关系，它就真的跟你没关系了。馆里关注并重视信息素养教育的普及与发展，促进大家自主学习，提升能力，我从中受益匪浅。四五十岁，人到中年，对生活少了热情，不去主动发展爱好，学习新事物，在理念上、知识上、文化素养上做种种准备，那么余生只剩下重复，日复一日、年复一年的千篇一律，生命又有什么意义呢？没必要理所当然地责怪社会、抱怨家庭，如果过早地选择了屈服、躺平，而自己不做任何的理疗处理，随着年龄的增长，暮气沉沉，思维固化，那么没有位置便是注定的命运了。其实人生，无非是一场与自我的较量。人活着，总要有所热爱，有所坚持，不愧于"我到人间只此回"。

马文大主任在我馆首场 2023 年度职工继续教育线下培训中提到，他和韩朴副馆长曾经探讨过，要想干好图书馆工作，要么对图书馆事业有兴趣；要么就得敬业，对工作有责任心。确实，兴趣和爱好是向前奔跑最好的动力。近几年，首都图书馆又增加了大兴机场分馆和北京城市图书馆，未来有无限发展空间，身处时代的风口浪尖，适逢其会，也是一种命运的转机。

共创首都图书馆辉煌，再续今朝华章。首都图书馆人还有广阔的天地可以奋发。

为了工作、生活、带孩子，城里城外，南城北城，汲汲营营几十年。父母健在，人生尚有来处，然归途已经在望。纸屏石枕竹方床，手倦抛书午梦长。愿余生随心意做快乐事，访访旧友，翻翻新书，带着我心爱的小女儿或未来可爱的小孙子，逛逛形形色色的图书馆，希望他们今后的人生中，喜欢阅读，浸润书香。

写此文感念我在首都图书馆工作的 18 年时光。

（张文静　首都图书馆采编中心）

走过百年 你依旧如此美丽

李梦楠

那天听北京交通广播，说到一个话题"我的梦中情司"，听到很多听众分享自己理想中的公司，我也不由得想到，我所工作的地方就是我的梦中情司。她有着百余年的历史，她是知识的宝库，也是灵魂的栖息地，她能让你感受到温暖，也能让你感受到安静的力量，她就是首都图书馆，能成为这个大家庭中的一员，我倍感荣幸。

我是2009年来首都图书馆工作的，至今已有14个年头。初到首都图书馆工作时，新入职的员工都要进行一年的岗位轮换，我在地方文献中心轮岗的时间最长，那一年我开始接触到地方文献的工作，同时也开启了我的口述历史工作生涯。14年的时间，那些我采访过的每一位受访人，他们的经历与人生态度都深刻地影响着我。首都图书馆建馆100周年时，我参与了"一个世纪的开放历程"百年馆史展中以口述为主的9个专题片的拍摄工作。又十年，首都图书馆迎来了建馆110周年，我再一次参与了《北京公共图书馆事业口述史》纪录片的制作工作，全面梳理首都图书馆百十年的建设历程以及北京市公共图书馆的发展变化。翻开尘封的档案，走访每一位亲历者，仿佛打开了历史的大门。

首都图书馆的前身是由京师图书分馆（1913年7月）、京师通俗图书馆（1913年10月）和中央公园图书阅览所（1917年8月）合并而成，这三馆都是在鲁迅先生的倡议和参与下建立的。其中京师图书分馆和京师通俗图书馆建于1913年，所以首都图书馆的历史可以追溯到1913年。由于当时时局动荡，馆舍调整，三馆经历过多次的搬迁与合并，馆名也数次变更，一直到1946年，首都图书馆彻底结束了三馆分立的局面。在1956年，定名为"首都图书馆"，馆名由郭沫若先生亲笔题写。

谈到首都图书馆的名字，在采访亲历者刘德原老馆长时，他回忆道，当时首都图书馆的馆名叫北京市图书馆，国家图书馆的馆名叫北京图书馆，这两个馆名因为一"市"之差，很容易混淆，为了将两馆馆名区分开，于是他想到了首都电影院的名字，由此提出改名为首都图书馆，后经市文化局批复同意。馆名确定后他就想请郭沫若先生为首都图书馆题写馆名，于是让办公室主任拟了公函，拿着公函找到了郭老的办公处，当时郭老人不在，是秘书接待的，秘书将他的来意记录下来并进行了转达，大约两三天后，郭老的秘书就打电话说，郭老已经写好了馆名，可以来取，题写馆名就这样顺利办成了。由于题写的馆名字不大，他请来美术公司的工作人员把原件复制放大后刻成了当时的馆牌，而郭老亲笔题写的馆名也一直被首都图书馆完整地保存着。

在北京市公共图书馆的发展历程中，首都图书馆在1956年还承担了筹建城区图书馆的工作，由刘德原馆长主持筹建工作，他说当时北京市的行政区划城区有7个，分别是东单、西单、东四、西四、崇文、前门和宣武，后因城区规划的改变，最终筹建了东单、西单、东四、崇文、前门五个区的市图书馆分馆，由首都图书馆统一采购图书，并将图书进行分编，制作书目卡片之后，送至各个分馆，分馆的主要业务是阅览和外借，这在当时就已经形成了一个市有总馆，区有分馆，分馆下面有文化站的图书馆网结构。

1957年首都图书馆搬到了元、明、清三代的最高学府国子监，这个时期的首都图书馆，也被往来读者称为最美图书馆。在红墙绿瓦、绿树环绕的国子监，首都图书馆走过了45个春秋，从那些泛黄的老照片中可以看到当时在回廊看书的读者很多，他们表情专注，似是享受着阅读带给内心的安静与美好。其中有一位老读者，知名评论家、学者解玺璋先生。他是从20世纪70年代开始就一直在首都图书馆看书至今，他说他最初的知识结构体系就是在首都图书馆获得的。据他回忆，当时的年轻人都喜欢读书，早上图书馆还没开门就已经有很多人在排队了，图书馆门一开，大家就都急着往里面跑，去占座位，座位占到后就到目录柜前翻找书目卡片，登记好所需图书的信息后交由工作人员取书，为了节省时间，他就把经常看的文史方面图书的所有书目信息都抄录下来，以便来图书馆可以快速取到图书，光是抄录书目目录就抄了好几本。后来他考上了大学，但他始终认为首都图书馆是他的"第一所大学"。70年代末的时候来图书馆看书的学生特别多，尽管增设了座位但还是不够，大部分学生都是来写作业的，为了给需要阅读和查找资料的读者更多的空间，图书馆调整了馆舍功能，特增设了科技阅览室。随着时代的不断发展，读者对图书馆的需求也日益增加，2001年首都图书馆告别了国子监，迁至现在东南三环的华威桥馆址（首都图书馆一期）。谈到当年首都图书馆搬迁新址的变化，解老师说，他的感受是阅览空间更大了，在图书目录的检索上也从手工抄写卡片变成了自动化查询系统，在硬件设施的配套上也更加智能。迁入新址的首都图书馆完成了从传统图书馆到现代化智能图书馆的转变。

  2012年首都图书馆二期开馆，阅览区实现了全开放，读者借阅各种文献可以全程自助，完美体现了"大开放、大服务"的办馆方针。今年北京城市图书馆（首都图书馆新馆）即将开馆，新馆将设立一系列特色主题馆，在智慧化服务上将综合运用5G、人工智能、区块链、云计算和大数据等新技术，构建全场景沉浸式体验，让读者感受到智慧化图书馆的多彩魅力。

  舒适的阅览环境，丰富的馆藏，以人为本的服务理念，从传统图书馆到智慧化图书馆,首都图书馆一路走来始终稳扎稳打,不忘初心。一份份档案、一张张照片、数位参与过首都图书馆过往亲历者的回忆,串联成首都图书馆的百年历史,那些蕴藏在历史中首都图书馆的模样仍清晰可见。

曾参与过《首图百年》专题片录制的冯秉文老馆长,现今已经故去,翻看当年的采访记录,冯馆长说:我们完全有条件把首都图书馆变成一个世界一流的图书馆,首都图书馆已经100年了,在这100年中曲曲折折、风风雨雨,但是总的来说,首都图书馆在传承中华文明上是发挥了作用的,这就是书香百年,希望首都图书馆可以继续传承中华文明,再接再厉,为实现中华民族的伟大复兴作出自己应有的贡献。

在和首都图书馆共同走过的14年里,我参与了首都图书馆的变化,她也见证了我的成长,我对首都图书馆的明天有信心,同时我也有责任为她的发展贡献出自己的力量。

祝走过百年依旧那么美丽的首都图书馆越来越好。

(李梦楠 首都图书馆北京地方文献中心)

首都图书馆工作二三事

刘雅丹

2012年8月，我从对外经济贸易大学国际经济与贸易专业毕业后进入首都图书馆工作，从事文献流通和阅览室读者服务工作。2020年8月，我馆部门职责调整，我转岗从事数字资源管理方面的工作至今。11年来，我坚守每个工作岗位，刻苦学习专业知识和技能，不断提升服务水平，当好台前幕后的"螺丝钉"。现以本人经历的二三事与大家分享有效履行岗位职责的体会。

着力展示首图馆员风采

图书馆是知识宝库，承担着保存人类文化遗产、开发信息资源、参与社会教育等职能。图书馆工作是系统工程，要求每位馆员履行岗位职责，恪尽职守，确保全馆工作一盘棋。在阅览室工作期间，我虚心向老同志求教，很快适应了岗位职责要求，完成了从大学生到图书馆员的角色转换。

2013年，恰逢首都图书馆建馆100周年，馆里举办了"城市与图书馆"学术论坛，邀请国内和国外知名图书馆的馆长和专家学者进行学术研讨和交流。馆领导十分重视到访外宾接待工作，专门组建了外事工作组，并从馆内各部门抽调外语能力较好的职工担任小组组员。

我有幸成了小组成员之一。

这是我首次参加外事接待工作。外事无小事，往大里说，事事关乎国家形象；往小里说，事事关乎我馆形象。外事工作讲究礼仪，讲究规范，凡事不能打无准备之仗。接受任务后，我参加了国际交流中心为小组成员进行的岗前培训，认真学习并牢记外事接待各项工作要求。国际交流中心袁艳主任和孙洁老师曾在我国驻外使馆文化处工作，有丰富的外事工作经验。我虚心向两位前辈请教外事接待工作中的细节问题，两位前辈耐心解答了我的疑问并分享了她们的工作心得。外宾抵达之前，我利用休息时间背诵英文讲解稿，练习接待常用语，以便能从容自信地用英语向外宾介绍首都图书馆的情况。

外宾抵达当天，我的任务是在外宾下榻酒店——河南大厦负责外宾的迎接、签到、房间指引和房卡、胸牌、会议文件资料、礼品、早餐券的分发工作。为了做好接待工作，我提前熟悉外宾的个人信息和预计抵达时间，做好一应物品和资料的清点工作。外宾抵达酒店之际，我上前热情迎接，给客人以宾至如归的感觉。

学术会议当天，我的任务是引导外宾抵达会场和在会议间歇期间担任外宾的陪同翻译工作。我负责接待的是荷兰海牙市图书馆馆长查尔斯·诺尔丹（Charles Noordam）先生。茶歇期间，我陪同诺尔丹馆长参观了我馆B座的阅览室，向他逐一介绍了我馆宽敞而舒适的阅览环境、先进的自助借还书设备以及丰富的中外文藏书。给诺尔丹馆长短暂的参观留下了深刻的印象，对我馆的藏书资源建设和服务给予了高度肯定，并希望两国图书馆能开展更多的学术交流。

学术会议结束后，我负责意大利米兰市图书馆馆长埃尔多·皮罗拉（Aldo Pirola）先生的送机工作。我提前熟悉外宾的个人信息、职业专长和航班信息，温习了机场常用语。在去机场的路上，皮罗拉馆长愉快地向我介绍了他本人的工作经历以及参加本次学术论坛的感想。临别之际，他对我的服务表示感谢，并希望以后能再次到访首都图书馆并参加学术交流活动。

在阅览室日常工作中，每当有外国读者来服务台咨询时，我都会热情礼貌地予以接待，认真倾听他们的提问，耐心解答他们的问题，主动了解并收集他们关于改进服务的意见。我根据本职工作中接待外国读者的心得体会撰写了《首都图书馆外国读者日常接待工作方案》，获得了2015年首都图书馆青年论坛优秀工作方案奖。

自觉锻炼专业知识技能

信息时代，图书馆事业发展欲行稳致远，要求每位馆员不断学习专业知识，锻炼专业技能。为更好地适应工作岗位业务需要，我于2015年参加了全国研究生统一考试，考取了对外经济贸易大学公共管理专业硕士。此后3年间，我利用周末时间回母校学习专业课程。研究生的学习经历帮助我开阔了视野，获取了专业理论知识，提升了从专业视角看待和研究公共服务机构管理与服务的能力，增强了服务读者的信心和底气。

职称评定是图书馆队伍建设的重要载体，是发挥专业人员工作积极性、提升公共服务的重要手段，同时也是我们每个馆员专业知识和职业技能不断取得进步的"里程碑"。2017年，工作满5年之际，我终于等来了参加图书资料专业中级职称资格考试的机会。然而，中级职称考试需要考察相应的理论知识和专业技能，但我本科是非图书馆专业，在阅览室从事文献流通和读者服务工作，平时很少接触文献分类编目知识，考纲上的知识点多且杂，很多内容对我来说都是从来没有接触过的东西，让我十分发愁。

很幸运，我和同期准备考试的同事们得到了馆里前辈们的指导和帮助。理论知识部分，社会教育中心的王岩玮老师伸出了援手。王老师从事文旅局开放大学的教学管理工作，有着丰富的教学经验。备考期间，他在5点下班后把备考的同事召集在一起，结合考试大纲和相关教材，为我们简明扼要地讲解相关理论，梳理重点知识，罗列备考要点，帮助我们快速理解理论知识，有效准备理论应考点。专业技能部分，采编中心的黄爽老师提供了专业指导。黄老师有着丰富的文献分编工作经验，专门为大家编写了讲义，方便大家学习。她还为我们精心布置作业让大家在课后自主完成，在下次上课的时候公布正确答案并对错误答案进行解析。与此同时，我所在的阅览室的几位同事也加强团结协作，上课认真做笔记，课后认真整理笔记要点内容，分享各种考试资料；有不明白的地方，大家互相帮忙翻阅图书查找答案；画出难点重点内容，大家互相抽查背诵；强大的学习动力和良好的学习氛围感染了每一个人。功夫不负有心人，最终我们都顺利通过了职称考试，获得了中级职称资格证书。

热心关爱老年读者

尊老敬老是中华民族的传统美德，爱老助老是全社会的共同责任。公共图书馆是国家向社会免费提供公共文化服务的重要窗口。关爱老年读者、服务老年读者、帮助老年读者突破"数字鸿沟"，更好地融入信息社会、共享信息化发展成果，是新时期公共图书馆的重要职责。

在阅览室工作期间，我坚守岗位职责，自觉做好老年读者的服务工作。记得有一次在阅览室值班时，一位年近70岁的老年读者来到服务台前神情着急地对我说：他的平板电脑出问题了，怎么操作都没有反应，问我怎样才能解决。我热心接待了他，听完他的描述，我很快找到了故障原因，并帮助他解决了问题。老先生非常开心，对我表示了感谢。由于他经常来阅览室，我们慢慢成了朋友。有一天，他见到我就马上招呼说，"小刘，我的平板电脑又出问题了，请你帮我看看是怎么回事"。我一看，还是那台老旧平板电脑，但这次出的是新毛病。

我很快找到了问题原因，但是这位老先生的听力不太好，我讲解了半天，他还是没有听明白，这让我感到些许无奈。但是，我始终牢记"老吾老以及人之老"。我也有姥姥姥爷，他们在学习新知识、掌握新技能之际，也遇到过同样的问题。因此，我能够体谅老年人掌握新知识、新技能确实不容易。于是，我耐下心来，反复讲解，反复演示，直到老先生掌握操作要领。在阅览室工作期间，类似情况很多，我总能尽自己所能热心为老年读者解答问题，协助他们解决智能手机应用中的各种问题。

2020年8月起，由于岗位职责调整，我的工作不再直接面对读者，但是我心中依然对老年读者群体存有一份牵挂。信息社会飞速发展，不经意间给老年人群体设置了无形的屏障。然而，他们心中也充满渴望，希望自己能和年轻人一样熟练使用智能设备，轻松获取知识和信息，追赶信息时代潮流，享受信息时代的快乐。

今年3月，我在首都图书馆微信公众号上看到了一条信息。首都图书馆开设了老年读者信息素养的培训课程，旨在帮助老年读者熟练掌握智能手机应用。课程内容包括智能手机的基本操作，如微信聊天、朋友圈、公众号和小程序的使用，如何使用手机完成门诊预约挂号和查看化验结果，如何使用手机查找数字资源和使用数字地图。培训课程内容实用、难易得当、循序渐进，紧贴老年读者的日常生活需求，符合老年读者的学习特点和规律。培训一经推出，很多老年读者踊跃报名，并获得一致好评。

看到这条信息，我的内心充满喜悦。这项培训是首都图书馆针对老年读者群体需求开展的专项服务之一，具有良好的社会价值。我希望这项培训能继续开展下去，并且在今后的培训中能增加首都图书馆数字资源方面的内容，让更多老年读者了解首都图书馆的数字资源，使用首都图书馆的数字资源。希望首都图书馆能够与更多的街道社区开展合作，将老年读者信息素养的培训在全市范围内进行推广，扩大培训的覆盖面、影响力和辐射力。希望全市更多的老年朋友能够了解和参与信息素养培训，通过培训切实掌握智能手机的常用功能，解决他们生活中遇到的难题，帮助他们跨越数字鸿沟，享受数字红利，有勇气和信心拥抱数字时代的美好生活。

入馆工作 11 年，有前辈们的无私指导，有同事间的团结协作，有来自读者的认可，这些都是我内心最温暖的记忆。在今后的工作中，我将不忘初心，坚定信念，立足岗位，勤于思考，不断实践，为首都图书馆的发展贡献自己的绵薄之力。

（刘雅丹 首都图书馆数字资源中心）

成长在首都图书馆

赵 娟

第一次以图书馆员的身份迈进首都图书馆的大门时,是16年前那个阳光明媚的夏日早上,那时欣喜激动的心情恍如昨日,却似经年。一本打开着的宏伟壮观之书就矗立在我面前,她包容着眼前的苟且、她收集起远方的诗歌、她内蕴出生活的细腻、她包罗了未来的科技,无数浩渺的知识就承载在这册"书"之内,多元的信息资源、多维的读者服务、多样的阅读推广,还有一群忙碌着的首都图书馆人穿梭于书架和书库之间,热情周到地为读者们服务着,这就是我工作和学习的环境。自此作为首都图书馆的一名成员,我积极发挥自己的主观能动性,认真履行自己的工作职责,每年较好地完成年初制定的工作目标,为首都图书馆总体目标的实现,做出了自己应有的贡献。

首都图书馆前身分别是创建于1913年7月的京师图书分馆、创建于1913年10月的京师通俗图书馆、创建于1917年8月的中央公园图书阅览所,这三馆于1946年正式合并为北平市立图书馆,1956年10月迁入国子监并改名为首都图书馆,2001年首都图书馆又从国子监搬入东南三环的全新馆舍,2012年9月28日首都图书馆二期正式对外开放,2021年6月25日首都图书馆的"春明簃"阅读空间正式开业,2021年7月28日国内第一家机场图书馆"首都图书馆大兴机场分馆"正式开馆、2022年1月5日奥运书屋正式揭牌开馆,2023年年底"北京城市图书馆"更要打开大门迎接读者们的到来。

2013年百年首都图书馆恰是风华正茂时,《一个世纪的开放历程——首都图书馆建馆一百周年》深深震撼并感动着我,书里介绍了馆史发展、历任馆长等耕耘在首都图书馆战线的前辈们和老师们的创业历程,他们对首都图书馆事业的真挚情感和赤诚之爱令我感动着,也正是他们树立了爱岗敬业、无私奉献的职业典范,激励着一代又一代首都图书馆人艰苦努力、奋发进取,百年风雨兼程、砥砺前行。2023年恰逢首都图书馆百十年,我能为她做什么呢?她自美丽着、她且从容着、她也经历着、她又见证着,此时的我身处她的怀抱,这种抒怀的念头愈发在我脑海清晰和强烈,哪怕我写不出赞美她的美文和诗篇,我却有被她滋养十多年后一颗感恩的心。她给予我的不仅仅是一份图书馆的工作,一个成长锻炼的平台,一颗坚定果敢的决心,更是一种职业操守的坚守。

一、从之者与,立足平凡岗位践行初心

"从之者与"出自《论语·先进篇》。做一个有原则有底线的工作者。我所在的部门是汽车图书馆,工作最初我负责典藏工作,这项工作是图书馆的基础业务,但并不是把账目做好、入藏新书、完成加工及新书上架等待外借这项工作就结束,并不是借阅、还书、归架、下架等简单劳动,这项工作我有如下感悟:第一,保持细致认真的工作态度,科学合理的典藏方式;第二,实行典藏文献的动态调整,切实藏为所用;第三,优化图书管理台账,做到图书资产账实相符;第四,优化书库的空间使用并做好图书甄别工作;第五,创新传统人工操作模式,拓展、优化典藏新思路,这是新时代公共图书馆文献典藏工作的重点。还有负责业务统计工作,首先,要明确工作职责,需真实、可靠、确保上报时效;其次,必须有数据来源,如系统截图、原始数据及时收取、

现场照片的留存等；最后，上报工作要按时、全面、准确。

二、敬事而信，细致认真做好读者服务

"敬事而信"出自《论语·学而篇》。要对一件事认真做，敬业，既是一种外在的态度，也是一种内在的责任，更是一种文化的传承。由于2017年部门业务调整，我开始负责汽车图书馆（文化志愿服务中心）送书下基层服务工作，这项工作近五年来不断进行转型、变化。这项工作是为老年人、部队官兵、监狱服刑人员及异地务工人员这四类特殊群体服务，让特殊群体与其他群体享受同样的权利。我的工作是要把精准适合的图书送到这个特殊群体中去，送书连接阅读，结合读者们手中的图书，开展阅读活动，让丰富的文化资源走近他们。2017年至今我为特殊群体送书服务121次，送书65228册，累计行程10245公里。送书下基层这项工作需要统筹安排，如制定送书计划、与服务网点的沟通协作、送书时与第三方单位的车辆调度协调，服务协议新续签、OA协同及财务等诸多方面。

丰富读者们的阅读生活离不开阅读活动，如面塑、折纸、茶文化、五月红歌、中国传统文化非遗手作、皇家园林著名景点解析、保护个人隐私、网络安全问题、急救知识、阅读引航女性魅力、版画拓印等像这样内容多样的阅读活动，读者们喜爱并踊跃参与。在这三年疫情复杂多变的情况下，利用网络调研，摸索使用腾讯会议这种方式做线上阅读活动，像部队官兵、监狱服刑人员这类读者没有外网就为他们量身打造适合的线下活动，开展线上线下活动相结合的模式。从2019年开始，我负责开展读者活动（含线上）41场，活动参与1814人次。阅读活动开展，如定时间、写方案通知、确定活动内容、与服务网点负责人及领读者沟通联络、活动留影等这些只是基础工作，为阅读活动和送书下基层深入开展，了解读者们的不同特性是读者活动的重要

环节。对待老年读者：服务态度耐心亲和，认真听取老年读者的需求，增进与他们的交流，主动指导老年读者使用电脑等电子设备和其他辅助设备，第一时间把老年读者想阅读的图书送到他们手上；对待部队官兵读者：引导官兵踊跃读书、爱上读书。"图书进军营"活动激发官兵阅读热情，根据官兵兴趣爱好、岗位需求及阅读需求，及时补充官兵喜爱书籍；对待监狱服刑读者：推荐阅读红色经典、传统文化等书籍，从书籍中汲取精神力量，与自身改造相结合让服刑人员提升素养、明辨是非、洗涤心灵，把学习感悟转化为改造动力，为早日回归社会增加养分、储备知识；对待异地务工读者：引导异地务工读者们主动走进我们送书的图书角，通过阅读图书提升首都主人翁意识，及时听取他们的需求、诉求，增进与读者的交流。

三、博学于文，打造品质服务升级

"博学于文"出自《论语·颜渊篇》。这里的文不只是文章，而是包含文章、文献、学问。为提高自己的业务能力和专业水平，我积极参加各项学习培训。通过学习，我深刻认识到及时更新、拓展自己的专业知识，提升业务能力，是适应新时期图书馆事业发展的知识保障。

在实践中，业务统计方面还要不断学习，对现有各种的量化数据资料有计划有步骤地进行分析、整理，发现问题要及时处理，才能掌握读者需求并最大程度的满足读者需求；财务工作要更为细致严谨，从实际出发考虑来年预算，每一笔财务手续要实事求是、细心审核，保证手续齐备、规范准确；固定资产工作要更为规范化、精细化、制度化、科学化管理，提高固定资产的利用率，使其在工作中为服务读者们发挥更大的效益；送书下基层服务也需要不断夯实基础，深入基层单位进行实地及电话调研，了解读者服务需求，改进、拓展、创新现有服务资源，提升流动服务站数量、质量和多样性，针对特殊群体服务工作中不同读者们的特点进行分级式送书及组织阅读活动；针对阅读活动，开展弘扬时代主旋律以及他们关注、喜欢、适合的阅读活动，激发他们的参与和互动，用活动促进他们的深度阅读。2023年是中国人口老龄化加剧的年份，深化文化助老服务工作是重中之重，遵从老年人的习惯，定制适老型的阅读活动，让他们老有所乐；要进一步学习特殊群体心理学，了解特殊群体的心理诉求，更有效地提升对特殊群体读者的服务。未来工作中，为特殊群体服务工作任重而道远，应不断开拓创新，锐意进取，制定规范的服务方案，优化服务形式，完善推广机制，让特殊群体读者享有均等的阅读权利，最终实现汽车图书馆为特殊群体服务价值最大化。

今后我将鞭策自己努力学习，继续将奉献精神、服务精神、职业精神融入到具体的工作实践中。让阅读滋养浩然之气，在首都图书馆收获幸福成长。

（赵娟 首都图书馆汽车图书馆）

首图古籍书库从业抒怀
——古籍修复前后留证书影的拍摄经验谈

马小龙

古籍是中华民族宝贵的精神财富，是坚定文化自信的重要源泉。我自 2017 年来到首都图书馆历史文献中心，一直从事古籍书库的管理工作，每天面对着这些珍贵的历史文献资源，深觉责任重大。虽然我大学时期的学科背景是历史学，但细化下来却是考古和博物馆学这个分支，所以对于图书馆的工作，其实还有很多需要学习的地方，首都图书馆的各位前辈老师耐心地给予了我很多指导，带我入行，授我以渔，并让我在这个领域逐渐有了自己的认知。

我来到首都图书馆历史文献中心之后的一项重要日常工作就是负责古籍修复前后留证书影的拍摄工作，由于我馆保存的古籍数目较多，修复工作量巨大，所以现阶段部分古籍需要送交外修。在送修及修后接收的过程中，如何对外修古籍进行书叶数量的确认、防止书叶遗失以及对修复质量进行评定，修复前后拍摄的留证书影起到了至关重要的作用。这些书影不仅可以为现阶段的工作留下重要图像资料，还可以为日后其他古籍保护工作的开展奠定基础。我在工作过程中通过领导及同事的指导、自身的学习及实践的积累，对古籍修复前后留证书影的拍摄有了一些系统的认识，又通过比对中国国家古籍保护中心颁发的《国家珍贵古籍名录申报中的古籍书影拍摄相关规范与样例》，对我馆古籍修复前后留证书影的拍摄产生了一些的思考，加上在工作中的实践，总结出了一定的经验，借着首都图书馆110周年馆庆征文的契机，向我的领导以及同事进行一个简单的汇报。

接触古籍书影拍摄及整理工作距今已近6年，回想这个过程，我感触颇深。刚开始接手这项工作时，我的思路是先拍摄好书影再进行整理，所以首先产生的担心是没有单反相机使用经验的我，能不能使用相机拍摄出清晰的书影。然而，领导安排给我的工作顺序是先进行书影整理其次才是拍摄。这是由于之前部门已拍摄留存了大量的修复书影，这些书影按拍照的时间顺序保存在不同文件夹中，领导安排的"先整理"就是让我根据书影本身和相关的文字记录，把书影按照"修复前""修复后"一一对应起来，保存在以古籍名称命名的文件夹中。在这个过程中，我产生了第一个疑问，为什么在之前的书影存储整理时不是按照古籍的名称而是按拍照时间来命名的呢？针对这个问题，我询问了领导和前辈，得到的答复是：最开始进行古籍书影拍摄只是为了对外修古籍进行一个照片留证，这个留证更多的是防止古籍外修时被二次损坏或是被人为撤页抽页等问题。但是后来随着古籍保护意识的增强，在工作中大家逐渐意识到古籍修复过程是一个不可逆的过程，因此，一套完整而清晰的书影配合相应的文字记录就显得十分必要了，它们可以客观地呈现出古籍修复前的原貌，也可以为之后建立古籍文献修复数据库提供重要的佐证和资料。甚而部分古籍可能存在二次修复、三次修复的问题，留证书影可以很好地记录下两次修复间的古籍状态的变化，在某种程度上反映出当前的保存环境是否适宜。随着这种观念的变化，古籍书影的整理工作有了新的要求。这也就成了我来到历史文献中心之后，除文献流通之外接手的第一项具体工作。

刚开始进行整理工作的时候，我觉得这是一个非常艰巨的挑战。首先书影本身数量巨大，虽然按照时间顺序放在了不同的文件夹中，但在比对过程中需要逐一打开每一个文件，放大书影以确认上面的文字，整个过程极其耗时。同时拍摄的书影还要与当时的文字记录进行核对以确保无误,这样工作量就又加大了一些。刚开始的几天,面对数量庞大的书影文件,我需要翻看很多文件夹,却只能找到少量对应的书影,工作效率很低。但是在慢慢比对过程中我开始总结经验,对于特征明显的书影进行记录,摸索出了一些窍门,慢慢地工作效率开始提高了,我的工作也从"事倍功半"变成了"事半功倍"。看到一个个文件夹找到了"伴儿",我开始感受到了这项工作的乐趣。然而,当时的我还尚未真切地体会到这项工作的实际作用和意义。

在之后的一次布展工作中,相关负责的同事需要我为展览提供一些古籍修复的照片,当时提出的需求是选取一些修复前的、破损特征明显的文献,如鼠啮、絮化、虫蛀等等。我在选取照片的时候,询问同事是否需要修复后的照片进行比对,同事欣然答应。当他们看到修复前后对比书影的时候表现出的惊喜,让我突然意识到了自己这项工作的现实意义,也是在此时,我思考了工作中的另外一个问题。我记得我的领导曾经说过,整理对比书影是为将来建立修复档案数据库做准备。如果真的有了这个数据库,我们在日常工作中只需要输入关键词,就可以快速查询到相应的古籍修复前后的照片、古籍的破损状况、古籍的修复手法等等,那时,这项工作的现实意义将会更大,这也是我未来探索的方向之一。

说完整理工作,再来简单谈谈我的拍摄工作。拍摄时我除了按照古籍书影拍摄相关规范进行外,还在修复前的拍摄中留下了相应的文字记录,这个记录是从我馆开始有交送外修古籍时就有的,我从前辈那里接手并延续下来。在这个文字记录中我一般会录入拍摄时间、拍摄的古籍文献页码(如无页码则记录拍摄页的关键词、特殊标识)等,这样古籍修复后可以根据文字记录,找到相应的页码进行确认,确认后再进行二次拍摄。二次拍摄时我也会标注拍摄时间等相关信息。如拍摄的古籍含有残页、夹带等特殊情况,我会在文字记录中有所描述,对于重要内容会着重标注。

日常工作之余，我也慢慢学习了拍摄古籍留证书影的一些相关规范，这种学习从我开始接触这项工作时起，一直延续至今，因为随着科学技术的进步、古籍保护意识的增强，很多规范标准也在相应地调整变化。在学习过程中，我也有了一些新的认知，提出了一些新的想法。

首先是专业人员的培养。我作为古籍文献流通的工作人员，采取的是选拍和全拍两种拍照方式并用。对于破损不是很严重的古籍，我一般会拍摄三张以上的书影。如果修复的古籍定级程度较高、破损较为严重，则会留取更多的对照书影。单页单拍一般用于特殊情况，包括以下几种：古籍存在正反页内衬纸带文字的现象（文字内容与古籍内容并无相关性，在修复时取出后经过专家鉴定，可以单独成册，在拍摄此类古籍时，我会对内衬纸进行单独留照，在不损毁正反页的情况下尽可能对含文字部分做到单页单拍）；古籍存在撕裂导致断页的现象、存在正反页原有残失的现象以及含有批注夹带的现象等。目前不能实现每一册修复古籍进行修复前后的单页单拍，是由于我馆每年的修复任务量大约是万页级的，再加上拍摄完毕书影的整理工作，工作量极大。加之对于古籍书影规范越来越细化，很多时候在拍摄中甚至需要根据光源条件进行布光，又或者为了还原文献的真实色彩，对相机的白平衡进行设置。如果想把留证书影这项工作做到更加规范化、标准化、常态化，就需要增加相关专业人员的数量，并加强培训，提高人员专业素养。这样不仅有利于我馆古籍保护水平的提高，更有利于为未来古籍的活化利用激发出更多的新思路。

其次是拍摄书影的云端备份。我在日常工作中，根据客观条件，会在本地以不同形式进行多次备份，保证文件安全性。但是考虑到硬件设备的使用年限，最好在本地使用硬件设备备份的同时也进行云端备份。云端备份一是可以增加保存年限，节省物理空间，二是可以在未来建立修复档案数据库时直接进行数据迁移。但是云端备份要考虑数据安全等问题，防止有人通过系统漏洞窃取、篡改、删除原始数据。

云端与本地的两种备份方式并行，可以随时进行比对，确保修复书影的真实性和完整性。

最后是拍摄书影的归档。对于古籍修复而言，拍摄留证书影只是流程的一个组成部分，其最终的目的是建立完善的修复档案数据库。拍摄的书影如何进行科学的整理归类是此数据库能否被充分利用的关键因素。根据我的日常工作经验，提出了以下几种契合我馆的书影归档分类方式：修复方与修复人、进行修复的年限、文献的破损等级、文献的破损方式等。当然这几种分类方式可以交叉并行，从而方便检索。

古籍修复前后留证书影的拍摄工作是一个长期的过程，也是一个不断摸索前进的过程。目前这项工作仍处于初期阶段，但随着工作的不断开展，对于拍摄的要求会更加严格、流程会更加规范，应用也会更加广泛。

古籍工作近年来受到了极大的重视，首都图书馆多年以来的古籍保护工作也得到了广泛的认可。作为一名首都图书馆历史文献中心的馆员，我将尽我所能，提升工作质量，持续做好古籍整理保护工作。

（马小龙 首都图书馆历史文献中心）

与书结缘　如遇美好
——记与首图的点点滴滴

李秋辰

读书不是为了某一刻的熠熠生辉，而是为了在人生的每个时刻，都有自己的底气。读书不仅是外在的修塑，更是内在的精修，是为了摆脱俗气，更好地掸去心灵尘埃。

从记事起，我好像就和书有着不解之缘，它总对我有着莫名的吸引力。童年时期，虽然还不识字，但每次路过书报亭的时候，我总会被那些花花绿绿的封皮儿所吸引，在爷爷奶奶买报纸的时候，央求着他们给我买上一本硬皮儿的童话书，那些五颜六色的《伊索寓言》《安徒生童话》陪伴着我的童年时光。

步入小学，认识了拼音和汉字，文字版的《十万个为什么》《中华上下五千年》，先后走进了我的书柜。我从中汲取了更多的养分，在写作文的时候就会"下笔如有神"，也因此经常得到老师的表扬。除了一种油然而生的骄傲感外，也让我更加热爱读书。少年时代，去得最多的地方是西四新华书店，收到最多的礼物，是一本本内容各异的图书。从雨果笔下的《悲惨世界》，到海伦·凯勒的《假如给我三天光明》，它们陪伴着我一路成长，也见证着我与书结缘的点点滴滴。

初高中时期，我走进了学校的图书馆，也第一次与"她"有了接触。午休的时候，总会约上三两好友，一起到学校图书馆，借阅几本心仪的图书，来缓解一下紧张学习带来的疲惫感。每当看到琳琅满目的图书,我总会说上一句,要是每天都在这种地方待着该多好。那时的青涩时光,是在饶雪漫、明晓溪编织的青春故事中懵懂度过的。也是在高三那年的暑假,首都图书馆一期这座宏伟的建筑,第一次映入了我的眼帘。也许是从那天开始,要去图书馆工作的种子,已在我心里生根发芽。

步入大学,不太繁忙的课业学习,让我有了更多的读书时间,从《不抱怨的世界》《做最好的自己》中,积攒着力量。随着时间的推移,我对自己未来的职业规划也日渐清晰。还记得大三那年,班主任老师问我对未来工作的想法,我说想试试报考首都图书馆。那不是随口说出的一句戏言,而是我想要实现自己的梦想,并为此开始付诸行动。

忘不了去首都图书馆面试的那天,第一次走进首都图书馆一期的场景。那座宏伟的建筑矗立在我的面前,窗明几净,书香满溢,像是在欢迎我的到来;忘不了接到录用电话的那天,激动万分的我,在马路上欢呼雀跃、原地转圈;忘不了来首都图书馆入职报到的那天,一起共事的小伙伴们,那一张张陌生而又亲切的脸庞,那些稚嫩又温暖的寒暄……那个8月的艳阳天,照亮了首都图书馆的一砖一瓦,也照亮了我心里的每个角落。

初入首都图书馆,对于从未接触过图书馆知识的我来说,一切都是那么陌生。图书馆基础知识、图书分类、图书编目……每一次的培训,我都在尽自己最大的努力去学习,记住那些拗口的名词术语、规范标准。作为刚毕业的大学生,我们还要经历几个月的部门轮岗实习。从少儿综合借阅中心到典藏借阅中心,走过的每个部门,都让我温暖和感动。轮岗最后,我选择留在了典藏借阅中心这个温暖的大家庭,被它的青春和热情所吸引,也在此停留了14个春夏与秋冬。

2012年初,我们6层的科技阅览室被定为试点阅览室,对自助借还书机进行测试及推广工作。3月初开始,我便对科技阅览室内每个书架的排数、层数、架数进行了统计,为定制层架、标签做好了前期的准备工作。4月初，开始对阅览室内的所有图书，进行RFID标签的加工工作。在照常开馆的前提下，我们用阅览桌分隔出工作区域，并用塑料板进行遮挡，避免读者误入加工区域。4月中旬，自助借还书机到馆，大家一起学习了机器以及点检车的使用方法。5月初，为了不影响正常开馆，我们选择在晚上闭馆后，安装自助借还书机和RFID的防盗设备。虽然加班到很晚，但成为拥有第一台自助借还书机的阅览室，大家的心里都美滋滋的。

2012年的5月5、6日两天，是自助借还书机上岗后的第一个周末，很多读者对这一新鲜事物感到好奇。由于周末读者较多，我和同事们丝毫不敢懈怠，压缩了自己的吃饭和休息时间，在自助机旁指导读者自助办理借阅手续，一对一进行服务。在介绍如何操作、如何修改密码、引导排队这些工作的同时，还要耐心、不厌其烦地一遍又一遍解答读者提出的各种问题。工作一天下来，大家都已嗓音沙哑，但听见读者们赞许的声音时，所有的辛苦和付出感觉都是值得的。在测试阶段，我要随时记录读者们遇到的各种问题，对操作流程进行反复测试，提出修改意见；对机器的外观提出改良建议，并及时与部门领导沟通。作为第一批接触自助机的工作人员，我的感受也最为深刻。任何新生事物的出现，都会经历两种不同的声音，面对这种新型的服务模式，一些读者很赞同，认为这样方便快捷，省去了和工作人员交流的麻烦；还有一些读者，因为习惯了以前的人工服务模式，对自助形式有些质疑，认为总没有交给工作人员办理手续来得放心。面对那些暂时不能接受这种自助服务模式的读者，我只能耐心地解释，努力地去和他们沟通。

2012年6月，首都图书馆二期工程已进入收尾阶段，各部门都在为搬到二期新馆做着准备工作。从7月20日开始，典藏借阅中心的各个阅览室便开始闭馆，陆续开展了搬迁工作。从按年份将图书分类、倒架，到书目的转库、搬运、上架，我都全程参与。七八月，正值最炎热的夏天，在当时没有空调的新馆工作，考验着我们。每个人的衣服一天都要湿透好几次，即使已经满脸通红、汗流浃背，大家依旧在争分夺秒地和时间赛跑，争取尽早完成任务。在这段日子里，大家齐心协力、出谋划策，上下班的时间早已模糊，加班虽变成了家常便饭，但每个人都在向着同一个目标努力。看着空旷的新馆逐渐被物品充满，我们流下的汗水也变得有价值起来。

2012年9月28日，建设了将近三年的二期新馆正式对读者开放。伴随着新馆的开放，更多的先进技术和服务手段有了用武之地。全新的开放式阅览区域，让读者可以拿着自己喜欢的书，随意穿梭在各个楼层。几十台自助借还书机分布在各个楼层，免去了读者等待工作人员逐本扫码的时间。还有通过移动设备、手机享受的"掌上图书馆"，让阅读无时不在，无处不在。二期新馆赢得了众多新老读者的赞誉，成了市民们文化休闲的新去处，也成了那年十一假期的网红打卡地。

2013年，为了迎接首都图书馆百年华诞这一历史性时刻，开展了一系列"首图百年系列文化活动"，用各种形式记录下了首都图书馆一个世纪以来的风雨兼程。在10月16日举行的百年纪念大会上，来自世界各地的图书馆学者、文化名家齐聚一堂，共同庆祝这个喜庆的时刻。

2013年到2023年的十年间，首都图书馆在飞速发展着。她充分利用现代信息技术与数字阅读技术，使越来越多的现代化设备，走入了我们的视野。网上预约图书、二维码借阅图书、手机借阅图书、网借图书等服务的开通，让读者们感受着多样化的阅读体验，实现了传统阅读与数字阅读的无缝衔接。作为全国公共图书馆中开放度最高、融合度最好、借书量最大的图书馆，我们不断提高服务质量、改善硬件设施，让越来越多的人走进首都图书馆，爱上首都图书馆，成为爱读书的人。

2019年末，围绕着北京全国文化中心和城市功能的定位，依托着"亲民、特色、智慧"的功能设计理念，一座坐落于城市绿心中的森林书苑悄然开工，并计划于2023年底，揭开她神秘的面纱。2021年底，我有幸成为典阅中心东馆工作小组的成员，和大家一起探讨山间阅览区、库本阅览区等地相关的业务工作，平面图的修改、文献配置的类型和数量、家具的品种和数量、电子设备的需求和点位……每一份工作方案的形成，都经历过无数次的研究、讨论，抑或争辩、融合，每一份报告都是我们共同努力的成果，是我们智慧的结晶。位于山顶的阅览区，满足夜读需求的24小时阅读空间，先进现代化的智能书库……从只能在平面设计图上圈圈点点，到进入工地，进行实际调研测量；从平面图上的条条框框，到日渐立体起来的每个空间，都让人心生向往，充满期待。

如果说每隔7年便是一个轮回，那么14年的时间，已让我从初出校门的职场菜鸟，升级成了别人口中的老员工。14年间的每个瞬间，都好像电影片段般历历在目：初次值班，因为自己的业务不熟练，怕不能更好地为读者服务时，那个紧张害怕的我；由于自己的粗心大意，输错读者卡号导致借书失败时，那个不知所措的我；和领导请假照顾病重的家人时，因为田主任的那句"宝贝儿别怕，坚强点"而泪流满面的我；面对读者投诉质疑时，那个满腹委屈和无助的我；经过3年多的不懈努力，终于成为共产党员时，那个喜极而泣的我；作为书香宣讲团的成员站在舞台上，给大家讲述我心中的最美北京人时，那个神采飞扬的我；在新冠疫情下，那个不惧病毒勇往直前，坚守在工作岗位的我；在付出得到回报，被读者感谢，被领导和同事们认可，获得先进工作者称号而受到嘉奖时，那个感动的我……14年光阴荏苒，身边的人来来往往，但我依旧坚守在自己热爱的地方，挥洒着汗水，收获着感动。

从古老的国子监，到北京市市属的综合性大型公共图书馆。从首都图书馆一期，到首都图书馆二期，再到即将完工的北京城市图书馆，首都图书馆已完成了跨世纪的飞速发展。百余年来，几代图书馆人用自己的勤劳与汗水，使首都图书馆从零起步，逐渐发展成为了承载着数千年历史和文化、传播信息和知识的中心，为公众平等、自由地获取知识和信息提供了平台，也让这座宏伟的建筑，成为首都市民心中不可缺少的一部分。

结一份书缘，续一脉书香。何其有幸，让我成为首都图书馆的一分子，在这个滋养民族心灵、培育文化自信的重要场所，我尽自己的绵薄之力，为"她"增光添彩。

在首都图书馆迎来110周年华诞之际，献上我最真挚的祝福，祝福首都图书馆的明天，更加灿烂辉煌，在"世界知名、国内一流"的道路上，继续努力前行。

(李秋辰 首都图书馆典藏借阅中心)

在陪伴中成长

——工作十年小记

王 宁

我一直记得那一刻，仿佛电影里的蒙太奇，前一帧还是2012年盛夏，作为一名青涩新员工站在辟雍剪影入口处抬头仰望，下一帧切换为十年后，却是个忙碌中不动声色的大人了。成长在转瞬间完成，因为责任，因为热爱。

与首都图书馆的缘起，得益于学生时代来自图书馆浸润而培养出来的亲近感。度过了懵懂的实习期，入职后第二年我有幸参与首都图书馆百年馆庆相关工作，虽然只是辅助完成基础的服务事项，但作为员工参与其中，更为近距离地感受到了一个百年底蕴大馆所散发出来的能量以及蓬勃的生命力。我曾在建馆百年纪念文集中投稿写下了《在喜欢的地方，体味生活》一文，浅述当时的心境。而今在2023年，首都图书馆即将迎来110岁生日之际，我重新梳理思绪写下这篇小记，以剖析十年工作带来的触动与感悟。

入职后的第一间办公室位于首都图书馆A座，这里也是烙印下我工作初期迷茫与手足无措的地方。面对陌生的专业领域、抓不住的工作重点、看不清的发展方向以及陷入工作能力自我怀疑的旋涡，是依靠同事兼志同道合的伙伴们的鼓励与支持，才慢慢打破僵局步入正轨。直到B座开馆，我搬进新楼里的新空间，自此拉开作为图书馆员职业生涯的不断探索与蜕变期。

回想这一路走来，首都图书馆陪伴我从初级助理馆员成长为一名能够有所担当的馆员，见证了我曾被突发事务磨砺过、专项工作借调过、工作部门变更过，完成日常琐碎工作的同时，我也逐步解锁些许富有挑战的关卡：参与了两次全国公共图书馆评估定级工作，我看到了首都图书馆梳理过往成绩的同时，不忘力争补足薄弱项；参与了编制"十三五""十四五"时期首都图书馆发展规划，我知晓了百年大馆身上的抱负与期许；参与了图书馆业务系统切换工作，我领略到首都图书馆作为中心馆，为北京市公共图书馆事业高质量发展起到的积极带头作用；参与了国家社科基金、行业标准、馆内科研等多项课题研究，投身调研国内外图书馆现状的同时，激励着我对业界发展的关注与热忱；参与了围绕全民阅读、北京冬奥会和冬残奥会、庆祝中国共产党、建党100周年、读者活动开展情况等主题撰写工作计划和专项报告，我认识到首都图书馆对汇聚阅读能量、塑造书香之城的付出与肩负的责任；参与了调研未成年人、老年人、军人优待等工作开展情况，完成专项总结的同时年年督促开展读者服务调查工作，以及经手处理市民热线反映关于首都图书馆的意见与建议，我深切感受到"以人为本、读者至上"的服务理念贯穿工作点滴……虽然已经过了10年光景，但是这一路上携手经历过的风雨、相伴赏过的风景，回想起来总是笼罩着翡翠的光泽，闪烁着苍翠的颜色。一段段过往，加深了我与首都图书馆的羁绊，在陪伴中成长，在成长中心怀热爱、散发微芒。

闲暇时在阅览区漫步，我曾借阅过一本陶杰写的书，当时并不了解这位作家，只是被独特的书名吸引，现在回想起来书中内容大多模糊了，但有这样一段话却是认真摘抄记录下来："只是当时站在三岔路口，眼见风云千樯，你作出选择的那一日，在日记上，相当沉闷和平凡，当时还以为是生命中普通的一天。"后来偶然发现这是传播度颇广的句子，却并不妨碍我每次看到后依旧怦然心动。十年前，当我最终选择来到首都图书馆工作，当我第一次站在首都图书馆门口，也是相当普通且平凡的一天，却自此开启了我与首都图书馆的专属记忆，珍藏于大脑海马区。我一直坚信那些在纯真岁月里走过的路，恒久透着温和的光和暖，照亮未来前进的方向。10年间，我看到了首都图书馆稳步开疆拓土，馆舍空间从B座开放使用到位于通州区的北京城市图书馆即将建成，服务空间慢慢延展，工作中的新挑战必将随之而来。愿我与首都图书馆相伴的下一个十年，热情不减，初心依"燃"。

（王宁 首都图书馆业务部）

馆际协作促提升　军民共建书香园
——记首都图书馆与火箭军图书馆馆际协作

高　雪

春意盎然，万物生。2023年3月15日，火箭军图书馆新馆在这满园春色中正式开馆。明亮的馆舍、舒适的环境、先进的信息管理系统、品类繁多的精品图书，让阅读升级为"悦读"，喜迎每位爱书者"回家"。

作为一名火箭军图书馆老兵，此时的我回望建馆之路，感谢每位助力者，尤其是与首都图书馆共建协作的每位领导和同志们，曾经并肩同行的画面，一幕幕再现眼前。

独怀忐忑的心，敲门初联

14年前，2009年的初春，料峭春寒。彼时的火箭军图书馆——老、旧、小，看着读者在狭窄灰暗的环境中，与我们工作人员一同翻卡片、查书找书、填写借阅登记，不仅无法提供馆内阅读，且还常常因书目匮乏、更新滞后而悻悻离去的背影，我心急如焚、如鲠在喉！馆舍等硬件设施局限落后，非我单力可改。但如何在有限的条件下提升软性服务，是我分内之责！

充分利用北京丰富的图书馆资源，向最优秀的同行——首都图书馆请教，是我第一时间想到的良策！

"首都图书馆是北京市重要的知识信息枢纽和精神文明建设基地"，

看到官网介绍后，更加坚定了我的想法。

应该和首都图书馆的哪个部门联系，能顺利接洽吗？我抱着试试看的想法，拨打了网上查到的号码，电话那头对外合作部的许凯老师礼貌耐心地听了需求后，给出热情又专业的答复，并随即亲自上门，调研火箭军图书馆实际情况，给出具体提升服务的解决方案。初联的大门，就这样豁然敞开，让我内心充满感动与感激！

暖报学习的心，入门求知

还是14年前的那个暮春，草长莺飞。我踏进了首都图书馆的大门，开始了为期一周的实地见学。在首都图书馆这座展开的"大书"中，我得以见识到她的历史之久——鲁迅先生亲自参与倡建的百年大馆！馆藏之丰——古今中外并汇，学科门类齐全，文献近千万册（件）！服务之全——借阅合一、开放式、自助式、智能化的服务方式，实现了传统阅读与数字阅读的"无缝衔接"，达到了阅读学习与文化休闲的"完美结合"！科技之新——"掌上图书馆""自助图书馆""手持图书器""触屏读报""畅听阅读"等现代信息技术，为读者提供了多样化的阅读体验！人情之暖——许凯、孙晓琳等多位老师在学习资料、专业培训、参观见学和接待用餐等方方面面给予无微不至的指导帮助与照顾！数日虽短，都让我意足！求知入门，学到了！心暖！

互拥共建的心，满门书香

2022年的初春，万物复苏！在火箭军各级首长和领导的关心下，火箭军图书馆新馆开建了。我有幸参与了馆舍布局和装潢设计、器材选购、开馆营运等工作，当年在首都图书馆见学的收获，再次得以实践。参照首都图书馆的先进理念和工作成效，我们在火箭军图书馆的公共服务体系构建、资源汇聚、信息系统搭建、读者服务、文创推广、阅读环境情感化运用等方面多加调整，开启了火箭军图书馆新馆建设的跨越式大发展。

2023年3月，火箭军图书馆与首都图书馆正式签订"合作共建协议"，加入首都"一卡通"联网成员馆，逐步拓展图书文献配置调换、书目信息联合检索、读者卡办理、图书通借通还和数字资源共享等深层次多领域合作，实现书香传递满军营！

弹指一挥间，又是一个春天！在新时代文化事业大发展的历史机遇下，祝首都图书馆续写百年辉煌，再创新业，祝两馆军民共建融合发展开启新局面！

(高雪 火箭军图书馆)

且以芳华浸书香

缪文娜

书香常伴花语飘，迎春的玉兰在树梢绽放，淡粉色的小叶李在风中摇曳，时光匆匆，转眼我已经在首都图书馆工作了20多个春夏秋冬。

2023年将迎来首都图书馆110年华诞，内心充满了成就感和幸福感。有时不禁感叹上千万的图书从我的手中送到读者的面前，时光交错中身边的读者来了又走，有长大的，有变老的，还有的成了知己好友……我也从年轻的女孩成了一位妈妈，成为妈妈以后我更加能体会那些陪伴孩子来图书馆读书的家长们的需求，明白早期阅读指导对孩子阅读兴趣的培养有着至关重要的作用。

我在工作中一边寻找优质的图书，一边学习各种理论知识，我们举办了丰富多彩的阅读活动，"阅读推荐墙""小小图书管理员""悦读会"，这些活动都让孩子和家长们在读书的同时体会到阅读的乐趣，让读者们在沉浸式的阅读体验中感受自我，发现自我。让我印象最深的是"小小图书管理员"这个活动，每年的世界读书日到来之前我们都会举办读书推广会，让每一个来馆的小读者参与主题图书推荐，把自己喜欢的书搜集起来放到几个主题区域，在寻找图书的过程中提醒别的小读者看书以后要把书放回原位，并把书架上摆乱的图书整理码放整齐，在这个活动中表现优秀的小读者也就当选为我们的"小小图书管理员"。这些小读者就成了我们最早一批小小志愿者，在志愿活动中，孩子们的表达能力和社交能力都得到了相应的提高，得到家长们的一致好评。通过各种阅读活动，小读者们更爱来阅览室阅读了，我们也成了一生的好朋友。

现在随着时代的发展，更多的新型技术融入我们的生活当中。为了给读者提供更好的阅读体验，我们搜集整理了数据库里获得"凯迪克""国际安徒生""启发精选国际大师名作"等获奖绘本，科普教育绘本、红色教育图书，还为低幼读者提供了各种可以体验的图画书、异形书和玩具书，他们可以通过声音辨别各种小动物的叫声，通过色彩和图片了解生活常识。这些直观又简单明了的书籍大大提升了小读者参与阅读的兴趣和幸福感。希望这些精品图书给读者朋友们带来美好的阅读体验，让我们图书馆人给读者讲好中国故事，传播中国优秀文化，让中国声音走向世界。

百年历史并不是一个光环，而是给予我们后辈最珍贵的激励和教诲。一代又一代馆员"爱岗 爱书 敬业"的精神鞭策着我们。图书馆新的使命也给我们提出了更高的要求和挑战。虽然我身在一个平凡的岗位，但也能够发光发热，在书香之路上拓展人生的宽度，享受更多阅读带来的乐趣。人生百年，沧海一瞬，生正逢时，恰遇首都图书馆110年华诞，作为新时代的首都图书馆人当踔厉奋进，笃行不怠，为首都图书馆的事业贡献自己的力量。

（缪文娜 首都图书馆采编中心）

我与首图这十年

马 英

下楼遇到在社区居委会工作时的前同事，热络的攀谈中问到我现在在哪儿上班，我脱口而出说：还在首都图书馆啊。道别后才猛然醒悟：去年年底我已办理退休离开了首都图书馆，怎么还说在首都图书馆上班呢？这一刻我才知道"首图"这两个字已永远镌刻进了我的脑海，会成为一辈子不会淡忘的一个名词。首都图书馆与我是怎样的一种缘分呢？首都图书馆百年华诞之时我踏进首都图书馆的大门，首都图书馆110年华诞之时我离开了它，当初也不会想到，10年的首都图书馆工作经历会成为我职业生涯中最浓墨重彩的一笔。

2012年辞去社区居委会的工作时，心里想的是坚决不再干天天与人密切打交道、天天处理各种矛盾纠纷、天天协调上下关系的累心工作，当时第一时间想到的就是去我向往的图书馆，静谧放松，与书为友。于是毅然应聘到首都图书馆，可能既是一种心理逃避也是对儿时梦想的一种追求吧。没想到这一去就是10年，直至我职业生涯完美落幕。

说实话，在接触首都图书馆之前，自大学毕业后就再没迈进过图书馆的大门，我对图书馆的认知还停留在一座弥漫着图书特有香气的三四层高的小楼、阅览室内摆放整齐的排排桌椅、拿着借书卡跟管理员借书登记的场景。所以当我来到首都图书馆，在大门口就被深深震撼了：相互连接的两座沉稳大气而又充满艺术气息的图书馆大楼矗立在我眼前，走进去仿佛进入了知识的迷宫，宽敞明亮的阅览区域是那么舒适自由，海量的图书办证借阅都可自助完成了，居然还可以举办各种展览、讲座、演出。

一切从跃跃欲试开始，我从最基本的阅览室上书员做起，学习图书的分类、索书号的排列规律、码放书架的位置。第一天就给我一个下马威，我像个陀螺一样围着排排书架转了一天，回家一看微信步数，天哪！竟然超过了两万步。脚跟疼、手指疼、脑壳疼，好在那飘荡的阵阵书香不断暗示我：你选的，要挺住，会值得。老师们的悉心传授、同事们的热心帮忙，加上本人不服输的劲头，很快我就可以熟练地上书，迅速找到读者索书的位置，看着自己负责的几排书架整齐顺畅还有那么一丢丢成就感呢。在阅览室工作也让我见证了读者群体的变化成长。首都图书馆便利的交通位置、海量的图书资源、舒适的阅读环境、优质的服务体验，每天吸引着大量的读者来到这里，寒暑假高峰期日到馆读者能达到两万人次。这给首都图书馆的管理带来巨大的挑战。大部分读者养成了良好的阅读习惯，但抢座位、吃东西、乱放图书、大声喧哗、衣冠不整的读者也时有出现。甚至卫生间的卫生纸上后不到10分钟就会被扯完，放到开水间热水器上加热的食物会丢失……图书馆台口老师、上书员、巡视员、保安、保洁可以说是一齐上阵、各司其职，用问不倒的业务知识、难不住的矛盾调节、不怕烦的耐心解答，不断培养优化读者阅读习惯：规范引导进馆占座秩序、加强宣传阅览室纪律、不厌其烦规劝不文明阅读读者……看似一件件不起眼的小事儿，在日复一日的重复下却逐渐扭转着一些读者的阅读陋习。尤其是当时服务台口将近两米高的李老师，每天俯身为一位位读者温柔耐心地解答问题，那巨大的反差萌至今让我印象深刻。可喜的是现在读者已逐渐养成了有序进场、安静阅读、取放有规的局面。这与图书馆人坚持不懈的引导、阅读环境的不断优化、人文素质的逐渐提高密不可分。

在阅览室工作了一年半后，我有幸来到了北京地方文献部门，在这里给我打开了一幅了解北京历史的新画卷。说实话，对于一个从外地调来北京的新北京人，我对北京的认知还停留在游客的心态：名胜古迹走马观花地都看过，因为没有了解其深厚的历史底蕴，也唯有满足视觉而已。进入北京地方文献才真正让我对北京历史有了孜孜探寻的乐趣。它犹如一座宝藏，老北京的前世今生在这里都可找到珍贵的史料。尤其是做恭王府和正阳门课题项目时，看着那些搜集整理出来的难得一见的资料和图片，牵引着我不由自主走进恭王府的大门、登上正阳门的城楼，脑海中不断闪现搜寻到的资料再对照出它们曾经的辉煌，从旁观者到融入其中的体验感简直不要太美妙。而这里的同事们则各个学识渊博、身怀绝技，学术氛围浓厚，真有一种谈笑有鸿儒，往来无白丁的畅快。在这里我深深感悟到：是代代图书馆人海量烦琐的文献采编奠定的基石，才让读者享有了气势恢宏的文化殿堂。

在北京地方文献工作了一年半后，我又走进了陪伴我至退休的志愿服务工作组，开启与志愿者打交道、管理志愿者、策划志愿服务活动的历程。7年间，这里成为我在首都图书馆工作时间最长、最有收获和价值体现的地方。初始还想图书馆怎么还有志愿工作呢，不是社区、学校才有志愿活动吗？带着丝丝疑问和好奇来到首都图书馆志愿服务工作组。这不来不知道，一来才知道自己"轻敌"了，还停留在社区志愿服务认知（巡巡逻、站站岗、铲铲小广告、捡捡垃圾等）的我首先被上了一课，知道了"文化志愿者"这个专属名词，还发现这支队伍原来已如此壮大，志愿服务活动还可以这么开展。首都图书馆的志愿工作是在肖维平书记的亲自指导下，杨芳怀老师带领开展的。从规范项目、策划活动、志愿者管理直至组织起全市图书馆志愿服务组织，成立公共图书馆志愿服务总队，我一路见证和参与了它的发展壮大。火车跑得快全靠车头带，被我们亲切称为"领头羊"的杨芳怀老师全身心地投入图书馆志愿服务事业之中，学习北京及全国文化志愿服务事业发展的文件精神，转化成适合首都图书馆可以开展的志愿服务，不断科学规范志愿者管理、研发志愿服务项目、培育志愿者队伍。我们这支志愿者团队也是名副其实的"志愿小伙伴"，伙伴精神在以李小苏老师等老一代首都图书馆人的传承下沿袭下来，大家各负其责又交叉协作，来了活一起干，有了困难一起想办法，遇到问题共同商量。志愿服务活动吸引着北京市各行各业的志愿者参与进来，志愿服务管理模式成为全国文化志愿服务开展的示范和样本，志愿服务成果硕果累累，志愿服务半径不断延伸（如志愿援建新疆和田等），志愿服务精神在这里代代传承。目前志愿服务已经成为首都图书馆员工的得力助手、志愿者的展示平台、志愿精神的传承阵地、图书馆服务延伸拓展的重要渠道。志愿服务拓展了图书馆服务领域，成为公共文化服务闭环上不可或缺的重要一节。首都图书馆志愿服务团队的坚持和付出，硬生生把一个不属于图书馆主业务的工作干得风生水起、名扬在外。

首都图书馆这10年，我有幸接触了有着前瞻眼光而又务实勤干的肖书记、幽默风趣而又才学渊博的马主任、思维逻辑清晰又功底深厚的小袁老师、多才多艺给我品尝家乡美食的小美老师、心灵手巧经常发表文章的田田老师、给我讲述到贫困山区拍摄奇特经历的小李老师……当然更有每天带着温暖的笑容又生气勃勃的杨老师以及和我一起奋斗的志愿小组的伙伴们。纵目皆是丛丛绿，枝梢难掩点点红。一张张亲切的面容、一幕幕鲜活的场景、一个个温暖的瞬间串起我对积极阳光、团结和谐的首都图书馆大家庭永远美好的记忆。

首都图书馆这十年，我了解了现代化图书馆与时俱进的发展速度，感受了图书馆服务的科学规范，享受了图书馆提供的全方位的文化活动，看到了图书馆人勇于创新进取的精神面貌。图书馆已不仅仅承担着文化传播的功能，还肩负着提高公民的精神文明素养的社会责任。

首都图书馆这十年，我先后做过阅览室上书员、北京地方文献采编工作、文化志愿服务管理工作，虽然只在3个部门工作过，但管中窥豹，正好见证了首都图书馆的台前、幕后、服务的十年发展历程。

感恩首都图书馆给予我丰富而又充满乐趣的工作经历，感恩首都图书馆满足了我对图书馆的所有幻想，感恩首都图书馆让我的职业生涯画上完美句号。

首都图书馆就像北京文化舞台上一颗璀璨的明灯，引领万千读者走进文化的殿堂。虽然已离开了首都图书馆的工作岗位，但我会永远关注首都图书馆公众号和首都图书馆小伙伴们的朋友圈，通过他们会让我时刻看到首都图书馆的动态和发展，续写与首都图书馆割舍不掉的情缘。

祝福首都图书馆110周年华诞，祝福首都图书馆一路向前。

（马英 首都图书馆退休人员）

趣闻逸事

爱在图书馆

李 杰

我们家是书香门第，爷爷原是个私塾先生，家里的私藏书籍非常多，都用木质箱装着。父亲秉承了爷爷的嗜好，也爱书。我们家姐妹兄弟9个，有一段时间，家里穷得揭不开锅，可父亲仍然读书订报。受父亲影响，我也是个书迷。读初中的时候，特别爱读书，但是受当时条件所限，能读到的书籍种类不多。父亲在图书馆办了张借书证，而父亲平时又没时间去借书，于是这借书的事就落到了我的头上。对此，我倒是十分高兴。

当时的首都图书馆也不像现在馆藏这样丰富多彩，除了一些红色书籍，如《红岩》《青春之歌》《铁道游击队》《林海雪原》等，别的图书种类少，册数也不多。但是等着借书的人特别多。有时，图书馆的库存会告罄，要想读到这些书就得等到有人来还了，才能借到。有一次，我去图书馆借《红岩》，这部书当时非常火，借的人非常多，我等了好长时间也借不到，但是，读的欲望却越来越强烈，我干脆去图书管理员那里查，看是谁借走了这部书。经过图书管理员的查询，终于查到了这个人，并查到还书日期。等到了那一天，我就待在图书馆里守株待兔。有时候，你越急，就越办不成事。整整一上午，也没有等到那人来还书。到了下午，我仍然去等，终于等到了还书的人。然而，等那人把书拿来，却早已有人跟他约好了借书。面对如此尴尬的场面，我只好央求道："这部书我等的时间挺长了，能否照顾一下？"这下还书人犯起了难。看还书人面露难色，约好借书的人就发扬风格，把书让给了我。我感激万分，答应这部书看完后，先借给他。后来，认识的朋友多了，我们就利用这种机会，相互约好转借，就这样读了《青春之歌》《铁道游击队》《林海雪原》这些书。

朋友多了，常见面就熟识了，每次在图书馆碰面了，大家坐下来，都在谈论一些读书的体会。图书馆里有个阅览室，我们相聚于此，谈天说地，恰如一个文学沙龙。这个文学沙龙，一直持续了很久，形成了一个爱好文学的圈子，虽然过去了好多年，可这些文友现在还彼此保持着联系。

我们家家庭条件不好，我高中毕业后，没有考上大学。当时就业很难，我心情非常郁闷，一个人躲在屋子里流眼泪，总觉得自己前途暗淡，生活也颇觉无味。无奈之下，我就每天泡在图书馆里，一待就是一天。幸好图书馆藏书丰富，足以补充自己缺乏的精神营养。在书的海洋里徜徉，让我渐渐走出了高考失利的阴影。

从此，我对图书馆的感情更深了。有一次，我想借一本《红楼梦》，然而，这本书恰好被人借走了。我找管理员一查才知道，又被当年那个借《红岩》的人借走了。当时，心里就一动，世上真有如此巧合的事？后来，他还书的时候，我就借过来了。还有好多时候，是我刚借来的书，他又等着看。因为常在图书馆里碰面，时间长了，竟然成了朋友。

我20岁生日那天，他送了我一部书。他学着马克思对燕妮的求爱方式，在书上画了一个心形图案，上面写满了我的名字。当我拿到那本书，怦然心动，随后便接受了他的求爱，成了一对亲密无间的恋人。结婚那天，他送我一张崭新的借书证，还有一本《爱的艺术》，这本书是德裔美籍心理学家和哲学家艾里希·弗洛姆最著名的作品。于是，我拿着借书证和那本《爱的艺术》走上了红地毯……我们的婚姻应该感谢图书馆。

首都图书馆的两件美事

王德新

关于首都,关于图书馆,我有两件美事特别应该记一下。

第一件美事发生在20多年前,我在首都图书馆读了《鲁迅全集》,是利用工余零碎时间慢慢读的,犹如蚂蚁啃骨头。在这里读,好像可以更好地与鲁迅先生直接沟通。

书读对了,《鲁迅全集》引导我慢慢走上了创作之路,以散文为主,作品主要发表在报纸文学副刊。我的作品基本来自现实观察,这姑且称为鲁迅杂文式"文学敏感"。一些现实素材,在鲁迅经典作品审美框架的衡量中,会被萃取出来,形成参悟和拐点一类的东西,而拐点一定会孕育出文学的种子,其观念、情节都会体现到作品中,成为作品内容。然后,依靠"创作意志"驱动创作,素材也会聚集起来,脉络也会愈加清晰。总之,不论是鲁迅先生,还是首都图书馆,都与我缘分不浅。

该说第二件美事了。我在首都图书馆学会了微信。

那是一次"逛一逛",需要扫码,可我的手机没那功能。管理员小姐姐问:"大叔您没有微信?"我一个快60岁的老头子,当然没有那玩意儿。"那您得学呀。我爸都80了,微信还玩得很溜呢。"那天,我没能参加图书馆里的那个扫码活动。临走时,小姐姐向我介绍了微信,说微信里可以买菜付款,可以交电话费、水费、电费、网络费,还可以买票、订餐、叫外卖、聊天、浏览新闻等等，我动心了。过了两天，我更换了智能手机，又专程来到图书馆，找了管理员小姐姐，在她指导下我学会了微信操作，绑定了一张最有活力的银联卡，开始习惯微信扫码和支付。终于，我可以扫码参与图书馆的活动了，关注了公众号，图书馆有啥活动，我都是第一时间知道的。至于杂七杂八的十多项交费也再不用去营业厅，掌中智能手机，进入微信，手指轻点，完活儿。

我们这帮人年龄偏大了，手里也有几个闲钱，因此容易被投资公司盯上，尤其是李鬼公司。不少老兄弟姊妹会被忽悠去听讲座，搞理财。为这事，我特意加了图书馆那位管理员小姐姐的微信，她就时常发来一些识别诈骗的小妙招，提醒不要上当。为了从思想深处筑起防诈墙，她还推荐有关书籍让我阅读。其中一本书的一篇文章，讲的是几何级数。我读了几遍，忽地茅塞顿开，彻底清楚了传销的数学原理和死结，也就从根子上提高了防范能力。是啊，譬如折一张纸，如果折一百下，会叠多高？请用几何级数计算一下吧，比喜马拉雅山还高！几何级数就是传销的滚雪球，不难理解，要叠一个喜马拉雅山的高度，我们谁也做不到，因为我们的身高不够啊。

不过，数字技术日新月异，我也提醒自己要与时俱进，所以即便没有阅读时间也还是经常跑一趟首都图书馆，去感受那里的气氛，有事没事跟管理员聊上几句，看看最近上没上新玩意儿。首都图书馆可是领风气之先的数字化排头兵啊，在这里会与社会前沿同步，在这里还会练就火眼金睛，免得掉进骗局。

有一天，一个新的微信号加我好友，我一看是单位的小林。小林在验证说明中说是交党费的事。我立即通过验证，小林立即发来一串文字消息，其意思是：组织部最近出台了一项新规，不让各单位从工资里代扣党费了，党员个人必须每月主动缴纳一次党费，而单位领导考虑到实际情况，决定变通执行，确定了几名联系人帮大家代交党费。

我明白了。我向小林道了辛苦和拜托，小林也很快传来一份党员名单和交费明细表。我一看，都是单位的同事，上面是每个人的党费数额，都不错。

小林又发来信息称，之前三个月的现在须一次交清，之后再每月一交，现在要交的是三个月的党费。

我自然而然地想到了微信转账。我回复道，"我马上转账给你"。可是，最后时刻，我突然想到了首都图书馆，就起身下楼，去了一趟，对管理员说了加微信交党费的事。管理员眼睛一眯，问我给单位打电话核实没有，我说没有。他就催我打一个电话问问。我于是将手机拨到了单位的人事科。一问，竟然没有这回事。天呐！我顿时恍然大悟，瞧这网上的骗局，真是防不胜防……幸亏有首都图书馆的明白人当我的后盾呢。

现在，虽谋生外地，但是我一直关注着首都图书馆，每当打开那赏心悦目的网页，总感觉心里热乎乎的，那是我的一条根呢。

我与首图共成长

王 涛

首都图书馆的历史可追溯至1913年，它是由鲁迅先生亲自参与倡建的京师图书分馆、京师通俗图书馆和中央公园图书阅览所合并演变而成的。今年首都图书馆迎来了110周年华诞，而我与首都图书馆相识于2008年，至今已有15个年头，15年来我与首都图书馆共同成长。

2008年我大学刚毕业，工作单位就在首都图书馆附近，闲暇的时候常去首都图书馆看一看。第一次去就被它独特的建筑风格吸引，高大漂亮的馆舍中间用玻璃砌出了"老馆"标志性建筑物辟雍的剪影，这是新老的融合，也是古典与现代的完美结合。

进入首都图书馆后，我被它的藏书品种之多，数目之广震撼，犹如天上星斗数不胜数。刚毕业那会儿我最喜欢看小说了，跟随着福尔摩斯一起进行血字的研究，和波洛一起探究东方快车谋杀案，乘着鹦鹉螺号畅游海底两万里，笑看三国英雄斗智斗勇，品味红楼的儿女情长……书籍打开了我的眼界，让我认识到了世界的多彩。

刚刚离开象牙塔的我，面对社会的错综复杂还有些不知所措，唯有在首都图书馆读书的时候，可以得到心灵的慰藉。在书的海洋里我是自由的，无所不能的。我跟随着作者的笔触翻山越岭，上天入地。我也喜欢首都图书馆的报刊杂志，可以让我及时了解古今中外的时事新闻、奇闻趣事。随着电子设备的不断发展，越来越多的年轻人已经习惯阅览电子图书，而我却更喜欢将书报拿在手中阅读的感觉，因为不仅可以看到，还能够触摸到。

2012年9月28日，首都图书馆新馆二期（B座）正式对外开放。伴随着首都图书馆B座的开放，更多的图书、报刊杂志以及音像制品等可供读者借阅。我最喜欢的是B座3层的中文期刊，因为我的专业是中药学，撰写论文需要参考大量专业期刊，首都图书馆的期刊借阅正好能够满足我的需求。对于一些出版时间较早的书籍期刊，还可以去库本借阅室进行借阅。同时在首都图书馆的官网上资源栏内，也可以查阅相关论文进行参考。在首都图书馆的帮助下，我也顺利地评上了职称。

后来有了孩子，首都图书馆就成了孩子的乐园。从幼儿园起我就带着他来首都图书馆A座2层的少儿书刊借阅图书，除了书刊借阅区外，这里还有连环画借阅室。首都图书馆平时经常举办少儿答题活动，只要有时间我就会带着孩子参加，在增长知识的同时，还可以得到小奖品。在少儿外文图书借阅区内有许多原版英文绘本，这些图书不仅可以开阔孩子的视野，还可以提高英文阅读水平。3层的青少年多媒体空间也是个遛娃的好去处，能看电影，还能借阅光盘。光盘的种类很多，有儿童教育类的，也有动画片和电影。我家孩子最喜欢超级英雄了，蝙蝠侠之类的看了个遍。我喜欢宫崎骏的动画电影，比如哈尔的移动城堡之类的。

由于疫情的原因，我去首都图书馆不太方便了，首都图书馆的数字图书馆又给我开辟了新的读书途径。在首都图书馆数字图书馆里面，可以阅读中文图书、英文图书，听音乐，查阅期刊文献，孩子还可以看连环画。首都图书馆的官网还可以看影视剧，查阅报纸杂志。虽然不能去首都图书馆现场，数字的图书馆也给我们带来了欢乐。

今年由于工作的调整，我需要学习高等数学的相关知识，已经毕业十多年了，上大学的书早就找不到了，正好可以在首都图书馆借阅大学数学的相关书籍，解决了我的燃眉之急。

  时光飞逝，转眼 15 载已经过去，我从一个刚毕业的学生变成了学生的家长，首都图书馆也将电子科技融入图书借阅。首都图书馆是个多彩的知识宝库，无论老人还是小孩，无论男人还是女人，都能在其中找到属于自己的一片天地。随着科技的发展，无论身处何处，只要有网络，就能触摸到首都图书馆的知识。首都图书馆就像哆啦 A 梦的口袋，随时可以取到各种宝贝。首都图书馆，风风雨雨，我们一起成长。

我追随首图十八年

张廷赏

2005年时，我们单位从朝阳区的亚运村搬至大兴亦庄，那时没有业绩考核，还提供食宿，日子过得优哉游哉无忧无虑。无奈附近商业设施不完善，下了班常常是无所事事、无处可去，唯有在一个偌大体育场逛逛。虽然不愁吃喝，当时也没有手机电脑，此地远离市区，仿佛与世隔绝，不知道外面的世界，隐隐感觉精神空虚，荒废了太多光阴。

在一个周日，忘记是哪位同事突然说起，咱们干脆去首都图书馆看书去吧。没想到一呼百应，我们一行十多人浩浩荡荡，兴冲冲地马上出发。那是我第一次来首都图书馆，当时首都图书馆与现在不可同日而语，还没有B座。我也见证着图书馆日新月异的发展变化。

有些学者认为，最适合当代人阅读的就是名家的散文。因为其中既囊括了作者的智慧，又不会太费时间，能偶尔读上几篇散文，经年累月也会有不少的收获，非常值得。说实话，虽然酷爱写作，我在首都图书馆几乎没有读什么名著，一是感觉名著厚厚的，还人物众多，关系复杂，故事往往多线并行，读起来会比较吃力。我对含有文学副刊的报纸情有独钟，读来津津有味。好多副刊都有个很雅致的名字，如百花、花地、晚会、花地、繁星、布谷、夜光杯、五色土、青什了等等。

据说当年的鲁迅先生，就是从副刊走出的文坛巨匠，他一生都钟爱报纸副刊，很多脍炙人口的不朽杰作，都是在当时的报纸副刊上最先发表出来的，后来收入各种选集中，更广泛地流传于世。

我不自量力，期望着自己也能有朝一日，通过阅读副刊，写下不朽杰作。副刊文章短平快，语言朴实，贴近时代，生活气息浓，用最新最美最接地气的语言文字，去体悟百姓的酸甜苦辣，看着真实有味道。

俗话说得好，好记性不如烂笔头，将语言优美，值得品味有趣的段落记录下来，脑勤、手勤、笔勤，遇到有心得就写下来，多动笔，多写，多记。古人云：书读百遍，其义自见。长时间地阅读诸多报纸副刊，我受益匪浅，从中不仅学习写作技巧与选择标题，也在读报中不断领悟人生，感悟生活，悟千愁，品百味。积累的词汇犹如泉水从地下往上涌，好像一串串珍珠，达到融会贯通、触类旁通的效果，得到随心所欲的乐趣。

我忙里偷闲地写作，写自己的喜怒哀乐，写自己对未来的美好憧憬，写散落在尘埃里的光芒。利用业余时间写稿、投稿成为我的一种自觉和爱好。

每周末我们都乐此不疲地来首都图书馆看书，成为常态，带个杯子和零食，甚至有时还废寝忘食。说来有趣，我们十多个人，到最后能坚持下来去首都图书馆看书的，仅仅剩下我和一位叫张宝金的女同事。有一次我们返回单位很晚了，客厅里就剩下我们两个人在面对面地吃饭，另一位在洗衣服的女同事脱口而出说，看你们两个像一家人似的。说者无心，听者有意。长此以往，我们渐渐有了感情，饭后一起散步，交流看书的心得感想、当下的一些工作心得，也畅谈了对自己未来的一些想法。

记得在周末的晚上，我口述，她用单位唯一的电脑给我打稿件。文章成稿后，我们两个一边读一边思考，一边读一边修改，对于读起来不通顺的句子，使用不恰当的词语，及时加以修改。而后便投给某省级报纸，不久还真的喜从天降发表了，我们两个当时都兴奋得手舞足蹈。

　　这世界上最美妙的事情，莫过于一个真正懂你的人与你一起分享生命的美妙和感动，慢慢地我们走得越来越近，发展成了恋人关系，并于2006年1月23日结婚，而今已经十多年。正所谓书中自有黄金屋，书中自有颜如玉。图书馆看书也有颜如玉啊！

　　而今智能手机功能越发强大，无论是走在路上，还是坐在车里都可以电子阅读，我是比较喜欢图书馆的氛围和它丰富的书籍，喜欢手触到书的感觉，当然还是喜欢看报纸，一进首都图书馆的大门，一种怀旧的感觉从心中涌出，喜欢那里的书香味，喜欢里面整洁安静宽敞舒适的环境，喜欢里面散发着一种特别怀旧的文化气息，著名诗人博尔赫斯说，"如果有天堂，应该是图书馆的模样"。读书看报不仅是创造智慧的源泉，还是精神上的享受。

　　从2003年开始搬过多次家，不变的还是喜欢去首都图书馆看书，特别是在图书馆中的某一本书或者某一张报纸上，发现自己的一篇"豆腐块"发表时，那种妙不可言的惊喜，是所有语言不可比拟的，心情无比激动，就像中了大奖般兴奋。

　　几年来我的文章有的还被以"专稿""特稿"栏目刊发，有的被编进各种专集出版。在不经意间发表多篇，我还蠢蠢欲动地打算出版一部散文作品集。当然取得这一点点收获，与在首都图书馆锲而不舍地汲取精神食粮密不可分。正所谓品书中百味，留无尽余香。而一旦发现文友们的大作，我也及时拍照发给他们，并送上祝福。他们也为得到我的欣赏，而感恩不已。

　　今年首都图书馆迎来110周年华诞，岁月如歌，我从2005年至今，已追随首都图书馆18年。其间还参加几次首都图书馆讲坛，我也不知道来过几次了，而且2022年的大年二十八，以及正月初四，我都是在首都图书馆度过的。上班做新年分享时，我没走亲访友，首都图书馆过年期间不打烊，图书馆里过大年，在品读书香、增长知识的过程中感受别样的"年味",书香年味两相宜,在图书馆度过一个文化新年。大伙都对我耳目一新的过年方式,投来敬意的眼神。

　　爱读书烟酒不沾的我,圈子简单干净,谈笑有鸿儒,往来无白丁。基本每天都是单位、图书馆、家里三点一线,所有的节假日和业余时间,差不多也都是在首都图书馆度过。我与首都图书馆结下了不解之缘,它成为我生活中的一部分。出门就习惯性地往那个方向而去,我去首都图书馆,看书啦,我要追首都图书馆到老……

跟着国家级非遗传承人学染纸

王静斯

2023年是首都图书馆建馆110周年，我馆拍摄了纪念首都图书馆建馆110周年口述历史纪录片。摄制组来馆拍摄期间，恰逢故宫博物院古书画修复专家徐建华老师来我馆古籍保护中心指导工作，并教授古籍修复中的染纸技艺。馆方与摄制组都认为这是记录古籍修复工作不可多得的机会，遂将徐老师的这次来访从头至尾拍摄下来。参与纪录片拍摄工作的我得此机会领略了染纸这项传统技艺，于是结合古籍修复的相关资料将徐老师当天的讲授梳理成一篇小文，和大家分享。

徐老师是古书画装裱修复国家级非遗传承人，曾参与修复张择端的《清明上河图》、展子虔的《游春图》、韩滉的《五牛图》等国宝级古代画卷。2023年3月1日一早，徐老师按约定的时间到达首都图书馆。他年过古稀，体态微腴、面容和善，没有过多寒暄，他便戴上眼镜，走到布满纸张、绫子、颜料等物品的工作台边开始讲授染纸技艺。徐老师面对摄制组架起的诸多灯光和摄像机并无紧张情绪，对摄制人员拍摄时的穿梭走位也不觉打扰，他认为古籍修复技法的传承正需要多做一些影像记录。与传统的讲习不同，古籍修复这项工作延续了多年的师徒传承制，尤其重视实践操作。徐老师鼓励年轻修复人员们随着他的讲授现场上手练习，他每讲一个步骤，大家跟着练习一个步骤，于是古籍保护中心的办公室在当天俨然变成了一间古籍修复的工作坊。

图1 徐建华（左二）在指导古籍修复工作

古籍的修复为什么离不开染纸这项技艺呢？那是因为古籍多磨难，虫蛀、鼠啮、火燎、水渍、脆化、酸化、絮化、粘连等情况时有发生，古籍修复要想做到修旧如旧，就要考究原书用纸的薄厚、颜色、纹理等，不能直接使用新纸。可在现代，旧纸不易得，抑或价格颇高，修复人员于是采用染纸的方法，运用现代仿古染色技术，将新纸染制成与古籍色泽相似的仿古纸，用以代替配旧纸。

染纸的步骤：

第一步是选色。

首先将需要修复的古籍放在自然光线下观察颜色，要避免在暖色或冷色光源下观察，防止观测有误差。古籍用纸的颜色主要呈灰黄色调，需尽量选配和原书相近的颜色，遵循宁浅勿深的原则。例如，需要修复的书页上有蠹虫蛀的洞，那么修补这个洞的纸张就宁可比原书浅，也不可像一块补丁一样比原书颜色深。

第二步是调色。

纸张纤维主要是植物纤维（如树皮、竹子、苎麻等），较为脆弱，故染纸不宜用化学染料，宜选择植物和矿物颜料。常用的染纸颜料有藤黄、赭石、花青等。藤黄为藤黄树分泌的黄色树脂，藤黄稍加赭石可显现茶褐色，对于修补年代久远的书画尤为适用。赭石是一种矿物颜料，主要成分为三氧化二铁，赭石加藤黄可调出朱色，再加墨出古铜色，加朱砂为老红。花青由蓝蓼草的叶子沤制加工而成，常用于修复书衣或包首，颜色古雅。此外，我们还可以利用生活中常见的原材料，比如红茶叶水、栗子壳水、橡斗水、烟叶水等也是可用的染料。

除了颜料外，还需要在调配的颜色里加胶。胶能使颜料与水更好地融合，让染出的纸张颜色均匀不花。胶有皮胶、鱼胶、骨胶、树胶之分。鱼胶黏性强，但有臭味。骨胶在夏天容易腐败，失去胶性。染纸用的胶首选皮胶，皮胶中的驴皮胶和鹿胶是价格贵重的中药材，染纸可选用较为经济的牛皮胶（产地为广东的质量最佳），如黄牛皮熬制的黄明胶。胶一般需提前一天泡好，天冷时可用不烫手的温水泡制。需要注意的是，胶的用量也有讲究，不可加入过多，胶重则纸脆易碎。

最后，将墨、颜料、水、胶混合均匀，过滤掉颜料和胶中不能溶于水的渣滓，选用一个稍大的敞口水盆装调好的颜料水备用，使排笔和鬃刷可以方便地在里面蘸取。

第三步是上色。

上色前可将宣纸裁成小条，用预先调好的颜料水试色，根据试色纸呈现出的深浅调整，添加水或颜料，直至试出适宜的颜色。上色的第一步是在工作台面上刷上调好的颜料水，然后上覆一层要染色的纸（纸张的规格一般为4尺宣纸），纸需要离案边近一些，便于稍后揭起风晾。先用鬃刷后用排刷，蘸取颜料水一排一排顺序上色（纸的一头留两指宽约3厘米的窄边不上色，便于风晾）。如此往复，最多能覆盖20张纸。如果数量再多，就要用木槽盛纸了。最后用鬃刷再刷一遍，让不易出色的赭石色沉淀下去。蘸颜料水时可先搅动水盆里的水，使沉淀在水盆底部的颜料微粒更均匀地融入水中。上色的中途不能再次加水，以免颜色变浅。

第四步是风晾。

将纸张一侧留好的空白窄边点刷浆糊，用木杆或竹竿粘贴在窄边上，将整张染纸挑离工作台，置于晾纸架上晾干。纸张浸湿后拉力减弱，容易破损，挑起时需小心。如挑起时出现粘连或褶皱，不要上手抚平，可轻轻吹平。

经过上述4步，一张纸就算染好，可以裁切成需要的尺寸用于修补古籍了。

除了上述用于古书画修复的仿古染色技法，古代还有一种染纸，其目的是为了防蛀。如魏晋隋唐的潢纸，是用黄檗木的树皮浸泡熬煮出的汁水染色，取黄檗中的小柏碱可以防虫辟蠹，散发清香。敦煌遗书的防虫主要采取的就是这种方法。唐代的碧纸，用蓝紫色的植物茎叶（马兰、木兰、兰草、槐兰）浸液染制。宋代的椒纸，用蜀椒（一说罗椒）浸液染制。又如在广东流行的万年红，用传统中药红丹染制，呈现出鲜艳的红橙色，常衬在文献的扉页和底页。这些染料都是为了起到防蛀的作用。

经过了一天的工作，我与摄制组将染纸的步骤分别用文字和镜头记录了下来。从徐老师的身传口授中，我明白了古籍修复这项工作更加注重从实践中积累经验，切不可唯书是从、一概而论。比如季节、干湿度、水质、工作台面材料等因素，都会影响到染纸时纸张的性质变化，还需根据客观情况因地制宜、因时制宜。

看着徐老师从早到晚一直站在台案边，带着修复人员们一遍又一遍地练习染纸，没有坐下休息过片刻，让人不禁想起陆游的诗篇，正可谓：

古人学问无遗力,少壮工夫老始成。

纸上得来终觉浅,绝知此事要躬行。

(王静斯 首都图书馆北京地方文献中心)

旧 友

李晓东

2023年2月,一个偶然的机会我借着单位出公差的机会来到了首都图书馆,望着眼前的图书馆我的思绪又回到了数年前刚来到图书馆的一天。也正是我眼前的这座图书馆,陪伴我走过了人生中最为重要的两年。也伴随着我见证了自己从当年一个对社会懵懵懂懂的大学毕业青年成长为了如今可以独当一面的家庭栋梁。

那是2016年的7月,刚刚大学毕业的我满怀着想要干出一番事业的热情踏上了自己人生中离开校园后的首条奋斗之路。那一年,本来已经考上家乡事业单位的我或许是想走出自己的家乡去更远的地方看看,抑或是厌倦了单位里朝九晚五的固定打卡式生活。最终我在家里人的一片不解的疑惑声中辞去了在家乡人眼中人人羡慕的高薪"铁饭碗"工作。也是碰巧,在我离职后的第二天,那一年北京"三支一扶"的公告也发布了出来。后来我也报名了参加北京"三支一扶"考试,在历经了笔试、面试后,最终因为同岗位人的放弃我也成功在北京市的某个基层就业管理处成功上岗,开始了为期两年的基层工作。在刚来到异乡的两个月里,我虽然满怀热情与干劲,但基层的烦琐工作却也一点点磨灭了我的心气,甚至一度让我产生了二次辞职的想法。我记得那是一个平静的午后,我一路沿着东三环的道路欣赏着这一路上难得的风景,慢慢地我来到了首都图书馆。当时的我内心烦躁无比,带着郁闷烦躁的心情来到了图书馆中，办理了图书卡并借了本书，找到一个阅读区坐下希望以此来平复下自己烦躁的心境。或许图书馆是一个可以囊括万物的极海冰川，在我来到了图书馆以后烦躁的心情也慢慢地静了下来。我看着自己手中这本名为《三体》的书籍，也慢慢地饶有兴致地读了起来，一直到图书馆几近下班的点才发现自己似乎已经对眼前的图书馆有了一种别致的看法。在以后的日子中，每当我遇到心情不畅或在工作中遇到难题时，总是会来到这座坐落于东三环道路中的图书馆，一点点地让自己沉静下来，为自己的下一步工作计划与目标留下清晰的实施方案。而图书馆却也仿佛成了我的一个旧友，陪伴着我走过了我在异乡工作的第一个年头。

2018年4月，距离要结束的三支一扶基层工作还有两个月左右的时间。也碰巧，在那一年我所工作的就业管理处计划要开展一个就业宣讲活动，而这次活动的策划工作也落在了我的身上。那时的我虽然已经在就业管理处工作了近两年，可是对于大学时代一直在和化学品和各种数据打交道的人而言，要开展这么一个庞大的就业计划无疑是一个艰难的挑战。那时的我为了策划好这次的就业宣讲活动，甚至一度成了深夜中的"驻守者"，同事们眼中的"卷王"。后来为了找到就业宣传活动的策划方案，我一度把自己埋到了图书馆的书堆中，也幸好有图书馆工作人员的谅解与支持，每次当他们看到我在寻找策划活动类的书籍时也能及时给我指出具体的书籍在哪个区域，并给我提供相关的看法和他们的见解计划，好像在那一段时间，图书馆的工作人员也成了我的"军师"，虽然他们的计划多少有些不足之处，但是在查阅了相关书籍和策划类活动的案例后我也成功有了一套完整的方案。最终在历经了两个半月后，我的一套完整的就业宣讲活动计划被成功地制作了出来，并且活动也取得了圆满成功。而那时距离完成在岗的工作时间也就只剩下了一周左右。

在北京成功完成了两年基层工作后，异乡的工作也即将画上圆满的句号，在离开北京的前一天，我最后一次来到了图书馆，归还了书籍并注销了自己的图书卡。离开图书馆后，我的心中未免也多了一分离别时的伤感，这种伤感似乎是对旧友的不舍，又似乎是对旧友即将远行的告别。在以后的工作中，因为家庭和工作繁忙，有很长一段时间我没有到过首都图书馆来继续阅读。或许是工作太忙的缘故，我似乎也把那段待在图书馆里的基层工作生涯遗忘在了脑海的最深处。现在的我看着眼前这座阔别数年的旧友，这位无声的旧友似乎也在向我诉说着首都日新月异的变化。想到这里我看了一眼首都图书馆，仿佛又在馆中看到了数年前的自己，看到了数年前那个意气风发努力工作的有为青年。

来过了就来过了

邱永宏

似乎是84年
似乎历史把我
放进大都市的中心
很多内容
对于一个热血青年
选择了爱好与追求
我一下追到了你的粮仓
琳琅满目的渴求者
汲取精神的指引方向
看着看着一个人
看着看着一行字
我就被那些孤行者的博大精深
而感叹不已
我是一个爱书者
犹如生命来源于书的畅想之列
我写心得是为了心中的理念
我写诗是为了书架上难忘的空缺
此情首都

庞大的图书馆对我而笑
容纳我朦胧的初衷
我想，有一位慈祥的老者
常常以此注目于我
我在忙碌的打工生涯
以最为匆忙的行迹
敏锐地光顾那些尊者的仁怀
我来过了就来过了
正于我现在
我的诚意来自你那里，迟迟不归
虽然我已花甲之年
我怎能忘记我是你孵化的婴子
对文学不弃的渲染者

我与首都图书馆的不解之缘

孙家汇

首都图书馆即将110周年华诞。从国子监定名为首都图书馆，再到首都图书馆新馆一期、二期盛大开放，知识殿堂，淡墨书香。我不禁陷入沉思，思绪良久，我的成长之路与首都图书馆密不可分，我们之间有着一种不解之缘。

我是一个年逾七旬的退休老人。记得初中时，我在"理想和志愿"的主题班会上，信誓旦旦地说："长大后我要当一名工程师……"后来，我学习了理工科，20世纪六七十年代，因科研工作需要，在延庆山区工作过13年，为祖国航天事业曾经做出过一些贡献，渴望自己成为名副其实的工程师。

让我永远感恩、不会忘记的是首都图书馆曾助我一臂之力，使我工程师的理想终于得以实现。

记得20世纪80年代，首都图书馆还在国子监老址时，我就是那里的常客。作为一名科研所技术人员，我经常持单位情报室的集体借阅证到首都图书馆查询科技资料，对我工作上帮助很大。

恰好不久我们单位进行工程师晋升考核。我技术答辩顺利通过，在那次工程师专业课考试时，我遇到个难题。有本《冶金物理习题集》的书，被划为必考范围之内的参考书，我手头没有。于是我就像热锅上的蚂蚁急得团团转。几乎把全市所有书店、图书馆转遍了，硬是没有找到。非常幸运的是，最后我在首都图书馆如获至宝借到，解了我燃眉之急，使我顺利地成为一名工程师（那次考试果真就有那本书里面的一道题）。

后来，首都图书馆迁到华威桥东新址。我也随之来到这里。已退休的我，有更充裕的时间来首都图书馆。像当今不少年轻人爱上网、泡吧、打保龄球一样，我嗜好上首都图书馆看书。我爱那里的文化氛围：众多读者，像花丛中的蜜蜂，像畅游在知识海洋的泳者……

首都图书馆新馆那高大的民族式建筑，先进的电脑化管理，浓厚的文化氛围深深地吸引着我。免费听讲座、看电影、各种活动丰富多彩，尤其是工作人员无私奉献的精神，在市场经济下的今天，更是难能可贵。

说到首都图书馆，我不禁又想起这样一段往事：1965年5月2日，我途经王府井南口，看到玻璃橱窗宣传栏里的"新旧北京画廊"有一张张互相对照、非常感人的照片。污秽遍地臭水横流的昔日龙须沟，对照今日一泉清澈金鱼池水，几枝翠柳迎风拂照，岸边健壮的老人在晨曦中练太极拳。只产铁不产钢的"石钢"萧条之景对照石钢联合企业的"钢城夜色"……第二天，我在国子监的首都图书馆阅览室，认真给北京晚报《朝阳》写了篇稿，回来顺路投到北新桥邮局信箱，令我没有想到的是，它竟然刊登于1965年6月12日《北京晚报》上，这是我人生的"处女作"。但非常遗憾的是那张报纸在"文化大革命"时期被毁掉了。为此，我曾向亲朋好友多方寻找过，在旧书市场转悠过……但都没有找到。

21年前，我来到首都图书馆新馆阅览室。李淑琴同志得知我的来意后，热情帮我翻找借阅卡片，很快就找到那张阔别多年已发黄的《北京晚报》，随即，她还帮我复印了，终于使我在阔别37年后如愿以偿地找到了我人生的处女作。

我的朋友修脚技师徐志强，20世纪80年代曾以高超技艺，为一名来京旅游的美国女士安娜治好脚疾（只收人民币1.30元），而且还拒收小费。使美国女士深为感动，发来一封长达180余字的电报。为此，当时《北京青年报》曾以"来自太平洋彼岸的谢意"为题，做过相关报道。徐志强非常渴望能重新看到这篇文章，但只记得是80年代，却忘记月份和日期。为此，我去了四次首都图书馆，在阅览室同志们热情支持和不厌其烦的耐心帮助下，我逐年、逐月、逐日反复认真进行查阅，终于帮他找到这篇文章。徐志强师傅亲口对我说："当我听到这个喜讯时，心情无比激动！"

郭效儒是我国一级工艺美术大师。半个世纪以来，他设计了大量的浮雕、塑像，并培养了一批人才。新中国成立初期，他参与了国徽设计工作。50年代设计"毛泽东号"机车车徽浮雕。1953年为朝鲜中央纪念馆创作《黄继光像》。他还是中国元帅勋章浮雕设计者。此外，他在象牙雕刻、玉器、漆器、陶瓷等方面也都有很高的艺术造诣。

我和郭效儒老先生相识是在20世纪80年代末，当时我刚从科研单位出来办厂。第一次接受了一个光荣任务：为刚开放的天安门城楼制作旅游纪念币。在制作模具过程中，郭老喜爱和我聊天。在和他接触中我得知了许多事：毛泽东号车徽、香山碧云寺的孙中山胸像、南开大学周恩来总理铜像等都曾是他的作品。新中国成立后谁最先上的天安门？对于这个为人们所关心的问题，郭老曾向我做过这样的描述：1949年2月初，作为文管会（文化工作委员会）成员，他曾和军管会（军事工作管理委员会）成员一起，第一次登上天安门，打开城楼有些发锈的锁，打扫了里面的卫生，光鸽子粪就推出20多车⋯⋯

对于共和国之徽的诞生过程他向我做过讲述：高庄遇到问题（模具打不开）曾多次到"美术供应社"找到他，郭老当时是北平国立艺专（中央工艺美院前身）雕塑科出身，他将高庄制作的石膏全部立体部分的凸起角度改为75度角⋯⋯最终成为共和国之徽的定稿。小样被中国革命博物馆收藏。但对这段历史，当时却鲜为人知。郭老虽也有些遗憾但只是说:"唉,人已故去,同死人争这个,也没多大意思。"

对于这样一位淡泊名利没有留名的共和国国徽制作者和有着新中国成立后最早登上天安门经历的郭效儒老先生,我充满了崇敬,顿时产生一种写作欲望。

后来,我曾在《北京纪事》上发表过一篇至今仍具有些史料价值的文章:《解放后最早登上天安门的人》。讲述了已故的国徽制作者之一、国家一级工艺美术大师郭效儒的故事。

记得文章发表前,我急需翻拍一张郭老的照片,令人惊喜的是在首都图书馆找到了。但由于室内光线暗,总是拍不好,按规定资料是不能拿出室外的,图书馆的李淑琴同志请示领导后,本着首都图书馆特事特办的精神,春寒料峭之时,她穿着薄薄的蓝工作服陪着我,在室外阳光好的地方,完成了照片拍摄工作,使我的文章终于锦上添花、图文并茂地发表了。

我至今珍藏着一张20年前首都图书馆的请柬,敬邀我作为热心读者代表(数千人中选两个),荣幸地参加了"鲜花送给最可爱的人全国劳模与首都图书馆职工、读者共庆首都图书馆建馆90周年座谈会"。在那次座谈会上,我和全国劳动模范黄国诚、黄文改、张永江、闵燕等一起促膝谈心,从这些老劳模身上,我看到的是他们在新历史时期,再创新功,蓬勃向上的精神风采。会上,让我感到惊奇的是这些老劳模为党和人民做出那么多奉献,赫赫有名了,却非常谦虚平和,对过去的成绩只是一带而过。上午刚从宣化出差赶回来的张永江同志,三句话不离本行,手里拿着公司的产品说明书、光盘,便说上了。而今已退休的黄文改,在全国有28个徒弟,有的已是五一奖章获得者,至今还被其他单位聘任为顾问,忙碌着传授她的微笑服务。黄国诚同志也在为企业维权做着新奉献……

会上,我作为一名热心读者代表,也讲述了自己与首都图书馆之间的一些感人故事,至今让我难以忘怀的是倪馆长对我讲的一句话:"等我们首都图书馆建馆100周年时,欢迎您再来。"

正如黄文改同志的人生格言:"人生只有三天,昨天、今天和明天。昨天固然辉煌毕竟已经过去,明天兴许灿烂,要靠我们去创造;只有今天才最实在。我要抓住今天,创造美好,无愧于昨天,迎接明天。"

劳模们的话使我深受感动。虽然我也已步入退休人员行列,但也要继续发光发热。老汉自知夕阳晚,激情奋进谱新篇。

阅读改变了我的生活。退休前我参加过1992年全国海峡两岸年轻的梦征文活动,在13000多名参赛者、7万余篇稿件中,我的作品《根连根》获奖并被选入优秀作品选。这篇文章曾被北京电视台"人间有爱"栏目选用,由主持人季燕配乐朗诵播放过,被称为是一篇"情思浓浓的爱的故事"。

我退休后主要的生活安排就是写作、唱歌、旅游,退休后,光顾图书馆的次数多了,看过去想看而没时间看的书。我还提高了电脑使用水平,能上网浏览国内外大事。还学会用电脑写稿,并和照片用电子邮件形式一同发出,为多家媒体写了几百篇文章,多次受到不同级别的奖励。

在北京广播电台55周年台庆上,我作为全市55名听众代表之一,荣幸地参加了《历史的画卷流动的音符》大型纪实广播节目录制。60周年台庆《曾经的记忆》征文中,我的文章《我向电台倾诉家事》获二等奖。

2019年,我在《壮丽70年奋斗新时代——我的通信故事》全国征文获三等奖、《祖国、故乡全球汉语千字美文征文》获铜奖。

我还出版了个人京味散文专集《有点儿意思》。

2016年春节,我受中央人民广播电台老年之声《春节特别节目》李佳主持人之邀,作为嘉宾,给全国人民拜了年,讲述了老北京过春节的故事。我曾荣幸地被原崇文区评为健康老人之星并被推选为北京市第二届健康老人。

感谢党的改革开放，感谢首都图书馆多年来伴随我成长，我与首都图书馆有着一种不解之缘，在首都图书馆看书是一种精神享受。

在首都图书馆阅读的过程中，我深刻体验到首都图书馆的各项建设和各种服务越来越有人情味。这样的图书馆，昭示着新的文化气象，犹如温润如玉的君子，可亲近、可触摸。衷心希望首都图书馆明天更美好，更上一层楼。

遇上你是我的缘
——致首都图书馆诞辰110周年

钱 海

我的老家在云南滇中腹地的半山区，书报是我了解社会、汲取生命养分的沃土。邂逅首都图书馆，是人生中的必然，结缘首都图书馆，我便寻找到了心灵的牧场，品尝到回味无穷的心灵鸡汤，寻找到寄托灵魂的殿堂。

认识首都图书馆，我的人生便多了一个博学的老师，多了一个前行的引路人。掐指细算，与首都图书馆初遇至今，光阴已过四十多载，转身，我已不再是当初的懵懂少年，可与首都图书馆的朝朝暮暮在我心底却历久弥新，每一个点滴仿佛就在昨天。

1985年，缠绵病榻多年的奶奶去世，接到电报，首都工作的姑妈急匆匆地赶回老家奔丧。奶奶走了，父亲再也不用为医治奶奶四处筹钱而犯愁了，可挖空所有为奶奶治病的家却变得更穷困。看到父亲一眼苦水的样子，再看到我们姐弟四人破破烂烂的样子，一奶同胞的姑妈终于痛下决心，回北京时把我也带走了。为减轻父亲的负担，我被姑妈带到了北京读书，为了让我将来能有点出息，姑妈用自己和父亲对比，让我明白工农在生活上活生生的差别。姑妈为我灌输了大量关于好好读书的重要性。在姑妈的谆谆教诲下，距离姑妈家不远处的首都图书馆就成了我"多读书、好读书、读好书"的课外学习起锚之地。

《平原枪声》《哪吒闹海》《武林志》等，它们是首都图书馆送给我的"见面礼",也是我人生中第一次走进连环画;《红岩》《钢铁是怎样炼成的》《水浒传》《西游记》《安徒生童话》等,丰富的内容让我首尝文学作品的滋味;《作文通讯》《作文选》《学习与写作》等众多学习用书,让我了解到小学生作文写作的奥妙,并能依葫芦画瓢地爱上记叙方式的写作。首都图书馆的馆藏实在太多,我能感受到,就算用我一生的所有时光去阅读也学习不完。看我小小年纪竟然对学习如此用心,好心的图书管理员都主动为我推荐书籍,《苦菜花》和《野火春风斗古城》就是图书管理员张阿姨推荐我读的。与张阿姨一样关心我的还有李阿姨、宋阿姨、王叔叔,他(她)们不但推荐好书给我,还送我小零食和小玩具,40多年后仍在我案头的上了发条就会跳跃的绿皮青蛙就是王叔叔送的。

  首都图书馆是首都人民汲取精神养分的殿堂,也是我等南来北往的"游侠"补充精神之钙的地方,是广大爱好学习的读者交流的"纽带",是传递知识、传承文明、培养人才的"窗口";是首都图书馆让我等思想贫瘠者的灵魂在"润物细无声"中拔节;是首都图书馆让无聊的灵魂嗅到了鸟语花香的气息,焕发出蓬勃的生机;是首都图书馆的搭台让我不可救药地爱上文学创作,并在寂寞崎岖的文学创作小道上独行多年。细细盘点,从第一篇文章见报至今,我的多篇文章爬上《文学港》《滇池》《都市》《作文通讯》《青海日报》《天津日报》《云南日报》《青春期健康》《中华翡翠》等报刊,许多文章在国内各项征文中获奖,发表文字150多万字,获奖170余个(次)。数字的背后充满艰辛,可每一个数字都是与首都图书馆的邂逅所产生的"化学反应",都跟首都图书馆存在着千丝万缕的联系。多年来,我像牢记自己的生辰八字般记着首都图书馆110年的成长足迹,记着首都图书馆筚路蓝缕的每一个瞬间,记着首都图书馆留在首都人民记忆深处的不绝弦歌,记着首都图书馆铢积寸累、踔厉奋发、勇毅前行的历史,记着首都图书馆"大开放、大服务"理念催生出的无数动人故事。

110年，首都图书馆吸粉无数。取名首都图书馆，道破了机构的服务对象。110年来，首都图书馆似涓涓溪流，始终在"全心全意为人民服务"的道路上前行，始终在祖国心脏扮演着重要知识信息枢纽角色，始终是首都人民精神文化中一张响亮名片，始终是知识和文明的传递"窗口"。

110岁，对人而言是一个难以翻越的大山，对一个传递文明的机构而言，代表着无比成熟与强大。百年修得同船渡，能与首都图书馆结缘，我敢肯定这是我上辈子积了不计其数的德换来的。110年风雨兼程，110年风华正茂。遇上首都图书馆是我今生最美的缘。

祝愿首都图书馆的明天更美好！

无 题

母宗美

我与首都图书馆的故事源于一场突如其来的病痛。虽然那该死的病痛令我受尽折磨，但它却让我意外与书籍结缘，重新找回遗落风中多年的梦，我的晦暗人生也因此掀开了新的一页。

因为我从小喜欢看书，也喜欢作文。尤其是初一时，语文老师推荐我的一篇作文参加石家庄举办的中华青少年文学夏令营选拔营员征文大赛并荣获二等奖。从此，我便在心里种下了一个写作梦。

初中毕业后，家中贫困的我只得含泪告别校园，外出投奔在北京打拼的表姐。

初到异乡的日子里，每当夜幕降临，城市的街道霓虹闪烁，工作了一天的人们大都选择去跳广场舞，或是去KTV嗨一晚来释放压力。表姐也和大多数女孩子一样去嗨歌跳舞，而我，却喜欢独自一人蜗居在出租屋里看书。

直到后来，我谈了男朋友，结婚生子后，整日为了孩子、为了我们的小家操劳，看书的时间就越发少了。

一直以为书籍只是我平淡生活中的一味调剂品，然而，当一场毫无征兆的病痛来袭时，它不但成了我疗伤止疼的良药，还给我晦暗的人生带来了无限光明。

2017年3月，还在北京打拼的我被确诊为强直性脊柱炎，医学上称"不死的癌症"。多发于男性,而我却被命运意外选中。在那些疼痛难忍的日子里,我不但饱受身体上的折磨,精神上也颇受打击。

每每想到时好时坏的病情,不可预知的明天,我真有种前路茫茫,不知何去何从之感。甚至窗前飘落的一片黄叶,也能令我触景伤情,潸然泪下。说实话,因为贫穷使我没能继续读书,这成了我心底打不开的一个心结。这些年来,我心里只有一个目标,那就是赚钱赚钱再赚钱。只是,这一病,不但赚不到钱,医药费还如流水般出去。想到自己今后不但要被无休无止的疼痛折磨,而且还会成为整个家庭的累赘,我的心就犹如掉进了万丈深渊。曾经有几次,我甚至动了轻生的念头,想就此一了百了。但是想到年幼的孩子和年迈的双亲,我又打消了这个念头。

那些日子,我就这样任自己的内心在绝望与颓废中越陷越深。我破罐破摔的样子,老公看在眼里,急在心里,却又无计可施。他尝试了多种方法,譬如给我下载手机电影,买来十字绣等试图转移我的注意力,让我不再胡思乱想。可是,最后都以失败而告终。直到一日,他带回来一本《假如给我三天光明》。百无聊赖之际,我顺手捧读起来。

没想到,这一读竟入了迷。读着读着,我对海伦的崇敬之情油然而生,同时我的内心无比震撼。书中的主人公海伦在自己变成聋、哑、盲人后,依然没有放弃自己的人生,她不但克服了常人难以想象的困难,勇敢地面对生活,而且还坚持读书学习,写出了如此经典之作。与她相比,我这点不幸又算得了什么呢?虽然我行动受限,但是我起码能看得见蓝天白云,能听得见鸟语人声。想到这些,我突然觉得自己是多么的幸运,那一刻我心底顿时有一种豁然开朗的感觉。

原来那本书是老公听了同事的建议,去离我们租住地不远的首都图书馆借来的。他见我终于有了感兴趣的东西,索性又去图书馆借书回来给我看。为了激励我走出病痛的阴影,他借的书多是励志型的,诸如《钢铁是怎样炼成的》《简·爱》《活着》之类的。

也许是阅读成功转移了我的注意力，也许是受书中主人公与命运顽强抗争的影响。自从有了书籍的陪伴，那些居家养病的日子似乎也没那么难熬了。

之后不久，我还惊奇地发现，专心致志看书时，后背似乎没有那么痛了。都说"书犹药也，善读之可以医愚"！莫非这书还可以疗伤止痛？我不禁为自己的想法哑然失笑。

然而，事实证明，在那些辗转难眠的夜晚，只要我手捧书本慢慢品读，疼痛真的有所减缓。

一年后，我的病情大有好转，起床穿衣无须别人帮忙，也能自由活动了。天气晴好时，我便自己乘公交车去首都图书馆看书。我至今仍清楚地记得第一次去图书馆的情景。许是受图书馆里宁静温馨的氛围感染，许是被书中情节所吸引，我看着看着便入了迷。等到老公下班回家没见着人，打电话过来，我这才蓦然惊觉天色已晚。

此后，我便爱上了去图书馆看书，也因此认识了一些和我一样爱看书的朋友。虹就是其中的一位，她和我一样都是因家贫无法继续上学才选择出门打工。因为同样的境遇，同样的爱好，我们很快成了无话不谈的朋友。虹告诉我，她是单亲家庭，高中文凭，也是因家贫辍学出来打工。这些年，她边打工边自学，准备考成人大学的汉语言文学专业。她趁周末来图书馆看书就是为了备考。

一次，她从微信发来一个链接，让我给她刚发表的文章点赞留言。我没想到她辍学后依然在写文投稿，而且还成功了。我按照她的提示点赞留言后，心里久久不能平静。于是，我奋笔疾书，将日常生活中那些或开心或悲伤的点滴完全付诸笔端。

当周末来临，我和虹在图书馆见面，就厚着脸皮向她请教如何投稿。她首先帮我注册了手机 QQ 邮箱，还手把手教我如何写发邮件。

注册好 QQ 邮箱后，动笔时我又胆怯了，我一直很不自信，觉得自己阅历浅，水平低，文字功底差，根本写不出好的文字来。但是，虹一直鼓励我一定要相信自己。她说经历就是最好的老师，只要多看书，从身边熟悉的人和事写起。慢慢来，总会有收获的。于是，我按她说的写好，发过去让她帮我把关，然后再根据她提出的意见修改后，抱着试试看的心态发了出去。

没想到过几天就有录用消息传来，当时我的心里别提多开心了。之后，我又陆续写了一些发出去，也渐渐收到录用消息。当然，也有好多石沉大海了。不过，我依然很开心，也很庆幸一些平台不厚名家不薄新人，给了我一个展示与倾诉的平台，让我重新找回了自信。

刚开始虹推荐给我的都是一些比较容易发表的微信公众号或网站，并无稿费，大多需要转发分享。有一次，她发给我一个有奖征文启事，是写求医经历或病中感悟的征文。我一见这题目心中顿时百感交集，思绪如潮。于是，一鼓作气将患病以来的各种绝望与无奈通通宣泄于纸上。没想到居然得了个优秀奖，不仅有200元奖金，还有证书和作品集。为这事我还兴奋了许久呢！物质的奖励固然值得开心，但是，精神上的愉悦真的是金钱无法给予的。这对别人来说，也许不值一提，可是，对于初次涉足文字领域的我来说，这就是一种莫大的肯定和鼓励。

周末，我和虹又如约在图书馆见面，一起去喝奶茶庆祝。末了，她还买了一本《高中语文基础知识大全》作为奖励送给我。她说，只要把这本书读懂读透，无论是标点符号的运用还是遣词造句方面都会得到很大的提高。果不其然，我把这本书置于床头，时常翻看。写作中遇到的一些简单疑难，在书中基本都能得到解答，的确受益匪浅。

此后，每每和虹在图书馆见面，她要么给我推荐一些征文信息，要么推荐一些必看的书单。庆幸的是，图书馆里能找到我想要的任何一本书。我就这样在虹的指引下，在书的海洋中自由遨游。

接下来又有一些文字被录用，有的还在征文中获了奖，我的疼痛也在我的阅读和写文字的快乐中大大地缓解了。更重要的是，我的心态也在书香的浸润中变好了，我已不再自怨自艾，抱怨命运的不公。当然，不可否认这期间药物起到的治疗作用。我不知该说是阅读拯救了我，还是文字拯救了我，抑或是友谊。总之，因为心里重新有了精神寄托，我又慢慢恢复了往日的元气。

生活也许就是这样出其不意，当你越奢望得到一样东西的时候，越是得不到。而当你抱着平和的心态坦然面对时，你会发现自己想要的也许就在身边。如今的我，不但行动自如，能跑能跳，还可以爬爬山，逛逛街。就连西医都说我拒绝注射生物制剂，光靠中医能恢复到如此程度是一种奇迹。我知道，这除了我积极配合治疗外，心态上的变化更为重要，尤其是阅读与写作给予我精神上的支撑。掐指算来，从我提笔至今，已陆续在省报、市报发表了一些"豆腐块儿"，多篇文字还在一些征文中获奖。说实话，自从走出校园，我做梦都没想到有一天我还能以这样一种方式实现自己的写作梦。

如今，当我坐在桌前写下这些文字，我的心中除了感恩还是感恩。虽然病痛令我饱受折磨，好在幸运之神再一次眷顾于我，让我与心爱的书籍再续前缘，也有幸与首都图书馆相遇。它不但引领我走出绝境，还为我打开了知识的大门，意外实现了我的写作梦。这也由此见证了阅读真的能点亮一个人的人生，只要你足够热爱。当然，在这里，我也要感恩这个飞速发展的互联网时代，是它给我提供了广阔的平台，我的文字才有机会呈现在众人面前。

此刻，万语千言都难以表达我心中的感恩之情。我只想说，世间所有的遇见，都是上天最好的安排。此后余生，生命不止，阅读不休，写作亦不停。

也谈我和"首图"的缘分
——从"联合读者卡"说起

史光亮

一、人缘

知道首都图书馆，还得从我大学毕业后5年考中级职称开始。因为我是学旅游英语专业的，考职称得考第二外语。虽然念书的时候我们学过一年半的法语，但工作中用不上就都忘了。于是，趁着我有些《标准日本语》上册的基础，就在1994年报考了北京科技干部局举办的"科技日语"的考前辅导——教材是原大连外语学院出版的。辅导班有50多位学员，来自不同的单位。慢慢混熟了，我就问旁边的一个女生来自哪个单位。她说她是首都图书馆的，姓贾。单位在哪儿呀？贾同学说是在国子监。我也告诉她我的名字和工作单位，并互相留了电话号码。培训班结束后，我们就在不同的考场参加了中级职称的外语考试。1995年，我获得了"翻译"的职称证书。

我和贾同学的联系没有断。再见到她时，其单位已经搬到东三环的大楼里。

第一次去单位找她，一见面，我看她穿着蓝色的大褂儿，有些吃惊：因为当时我在某合资酒店工作，每天都是西服革履。她说我们经常搬书、摆放书，穿大褂儿不脏自己的衣服……临走时，我办了张"联合读者卡"；因为我时常得借外版书，就花500元办了"一卡通"。那是 2011 年。

二、书缘

这张"一卡通"很实用：因为联网，我可以到别的区级图书馆、街道图书馆借书和还书！这大大节省了我跑图书馆的时间，我想这也方便了众多的读者。有时在这些图书馆找不到我所需的图书，就还要到首都图书馆去找书，因为它的藏书更多更全。

改革开放后，人们对于选择职业很自由，拿我自己来说，就换过不少性质不同的工作。从 1989 年大学毕业，到 2007 年，我先后从事过英文导游工作，在不同知名的公司任职，2007 年起又做了 12 年的猎头顾问。因为工作需要，我到首都图书馆借过不同行业的管理书籍，有《金字塔原理》《成功人士的 7 种习惯》(THE 7 HABITS of HIGHLY EFFECTIV EPEOPLE)等书籍，除了工作上的需要，我还借阅了不少文学读物，如《太阳照在桑干河上》《铁道游击队》《城南旧事》等等，特别是这几年我离开职场，做了自由职业者，看书、借书更有时间和条件了，一年我能借几十本书，从《职业生涯规划》(CAREER DEVELOPMENT)，到《雕梁画栋》《北京古建筑地图》《北京旧事》，首都图书馆简直成了我汲取知识的宝库，一看见书架就兴奋，缘分似乎已命中注定。

三、讲座缘

几年前我去首都图书馆还书，路过门口时看见了讲座的介绍：原来每个周末这里还举办免费的"北京历史文化讲座"，主讲人都来自社科院、高校、博物馆等。我一有空闲，就会去听讲座。有一次是原北京地方志办公室主任谭烈飞先生讲的《京西史迹》(主要谈北京煤矿的历史），下课后我就去讲台那里问"怎么才能加入北京史地研究会"（因为主持人解小姐介绍了谭先生是那里的副会长），而且当时我已经是北京市方志馆的志愿讲解员了。谭老师很友好地让我找秘书长，并告诉我有关的联系方式和申请手续。通过讲座，让我有了新的学习和交流平台，也慢慢开始了自己的讲座"生涯"——尽管水平不高。这也是缘分吧。

四、文字缘

从 2006 年开始，我就利用中午休息时间去拍胡同。当时我在崇文门的太华写字楼办公，有时我就买个汉堡，带着数码相机去拍周围的胡同，诸如打磨厂胡同、兴隆街、薛家湾胡同……拍完照后我再查有关古籍，我会在博客上"码字儿"介绍这胡同的由来并上传照片。这图文并茂的形式，让很多发小和读者喜欢。因为他们喜欢看，我就酷爱上串胡同和继续"码字儿"、继续拍照。博客不流行了，我就开始利用微信介绍北京胡同的发展史与现状。胡同离不开历史和文化，我就不断借和买关于北京的书，从《析津志辑佚》到《北京传》，从《北京地方志》到《西城追忆》，后来我发现首都图书馆的九层北京地方文献中心，是一个专门收集与北京相关文献的阅览室，这个阅览室成了我查找文献资料的"利器"。了解的知识多了，我也开始试着写文章并给有关媒体投稿。每当文章发表时，我的高兴劲儿就别提了。

1997 年，我开始做文化公益，除了讲座就是每年写本没有刊号的资料书（因为我们是非营利组织，没有钱申请书号）。2001 年，我接到首都图书馆北京地方文献中心郭老师的电话，她想收集我们编辑的《北京中轴线文化探访线路图册（一）》。我说我们是 NGO，出的书不是正式出版物。她说他们部门就是收集这些地方文化资源的，还按我们公布的成本价一下订了三本。当时给我们这些"码字儿"的人非常大的鼓舞和鞭策。第二年，北京地方文献中心又收购了《北京中轴线文化探访线路图册（二）》和我自己编写的《京城胡同日历书2020》……

2022年，我们在北京建筑大学的支持下，由北京出版集团出版了《发现北京中轴线之美——青少年研学线路精选集》一书，终于我们成了"正规军"！

五、丰富你的生活，滋养你的思想

为了防止借书卡的丢失，每次从首都图书馆借书回来，我都把它夹在首都图书馆的宣传手册中。经过这么多年，手册早已掉页破损了，但我依旧小心翼翼地用胶条把它粘好。

恰逢首都图书馆成立110周年，除了表示祝贺之外，我内心真的感觉到它丰富了我的生活，滋养了我的思想。

首都图书馆远远地伫立在那里，如同知识海洋里的灯塔，始终引领着我们继续航行！

一路有你真好
——致首都图书馆

晓 宇

每个人的记忆底层，总有一些沉淀已久很少触动但又一直存在的东西。这些曾经历的人生片段，虽缄封许久，却是抹也抹不去。高三连考3年，都跌落独木桥，无缘大学。三次离分数线就差那么几分，心灰意冷，却不能怨天尤人，面对父母那期盼却毫无怨言的眼神，偷偷地背着行囊，登上了去北京的列车。期盼在首都北京寻到一块安身立命之地。

偶然经过首都图书馆时，我萌生了进去看一看的想法，当踏进图书馆，一股前所未有的力量从心底升腾开来，仿佛一只脚已迈入了新生活的殿堂。那时起，休闲之余，不管多忙多累，我都会坚持泡在图书馆里，实在没有时间，就借书回去，在工地昏黄的路灯下偷偷地苦读……

首都图书馆让我找到了快乐。一次在去图书馆的路上，我随意翻看将要归还的《汪国真诗文集》，公交车上的发动机发出阵阵轰鸣，但我的内心却很平静，因为我畅游在作者的文字之中。透过车窗，看着穿梭的车辆与行人，只有匆匆而过的身影，而我却在享受心里的那份悠闲。喧闹的声音，被狠狠地挡在了车窗外，此时此刻，我幸福地坐在疾驰的公交车上。走进图书馆，找到自己喜欢的书籍，来到借阅室依窗而坐，把手机调至静音，怕会打扰别人与自己的思绪。一切做好准备之后，便可以遨游书中，享受无处可及的那份幸福。

首都图书馆是我进步的摇篮。也因为爱书，因为我不安于打工的生活，为了给自己充电，我在打工的同时选择了电大的学习，做毕业论文，指导老师要求我们自己选题。因为我喜欢张爱玲的小说，所以我选择了张爱玲作为研究对象。查找资料时，我通过首都图书馆馆藏图书精品推荐，检索到了张爱玲的小说，以及有关张爱玲的评论文章362篇，如《张爱玲的苍凉世界》《荒凉与悲哀——张爱玲文化心态的文本解读》《张爱玲小说的文化品格》《挖掘人性的最深处——谈张爱玲的短篇小说》等等，这些文章大大丰富了我个人对张爱玲的研究资料储备。对这些文章进行研究后，我胸有成竹地开始我的论文写作，这次写论文我真正体验到了"下笔如有神"的感觉，居然一口气写下了5000多字。论文答辩时，我的表现令老师及同学惊叹。因为那天的表现与以前大家印象中的我太不一样了。我的毕业论文获得优秀，更圆了我的大学梦想。心中只有一句："桃花潭水深千尺，不及'首都图书馆'赠我情"。

我始终奔波在成长的路上。"天空了无痕迹，鸟儿确已飞过"，泰戈尔的淡然和空灵，显然还不适合我。我更愿意相信那是成功者的回眸，而不是跋涉者的自慰。作为一名热爱生活、怀揣梦想的年轻人，首都图书馆在无形中构筑了城市的一个文化空间，成了人们"灵魂休憩的好地方"，这是其魅力所在！而作为读者的我们，不妨抽出时间，放松身心，尽情享受这首都图书馆里的温馨——那宁静、温暖的灯光之下，正是精神漫步的地方。

也许是当代人的一个共识，很多人想通过上网阅读来少花点力气，也有些人想通过下载网上的资源节省一笔不小的开销。走进首都图书馆，在这里能访问到的馆外可使用数字资源，包含QQ阅读、云图数字有声图书馆、overdrive赛阅数字图书馆等31个数据库（包括4个少儿类），共有约133万册电子书、1.5万册有声读物、1500种期刊、50

余种报纸、795.8万篇学术论文、5000余部视频等资源。我也将首都图书馆分享给了那些有需要的同事,我相信首都图书馆的建设需汇集来自四面八方的力量,然而要想使其发挥更大的作用,让更多的老百姓通过这样一个平台加入全民学习的行列中,需要的是每一个关注这个图书馆建设的人发挥各自的一点绵薄之力。所谓"独乐乐不如众乐乐",当我们在感谢首都图书馆给予我们点滴之恩的同时,也要将之分享给身边的人,这也是在接受帮助后对其的回馈。

如今虽然有了互联网,但我还是割舍不了与首都图书馆多年的情结,经常光顾,因为我喜欢那里的氛围。图书馆有着一种沉淀的底蕴,在那里,我能感受到一种悄无声息的愉悦,或是多了一种生活的趣味,这是在书店、网络或家里所找不到的东西。首都图书馆的馆员也管理有方,服务热情,他们总是那样和蔼可亲、和颜悦色,从未有过一次不耐烦或冷漠。所以在那里,我如沐春风,赏心悦目。读古时的书,与哲人圣贤对话;读今人的文,与智者时贤交流,深受他们睿智的启迪。

书卷多情似故人,晨昏忧乐每相亲。首都图书馆,一路有你真好,你陪伴我,鼓励我,给我温暖,让我喜欢首都图书馆,爱上首都图书馆!以鲜活的生命去面对具有生命的文字,用平凡的血肉之躯感知天才伟人的不朽思想和灵魂。能与首都图书馆结缘是我一生中最值得骄傲的事情。

图书馆温馨如家

彭 波

上初中时，自己的思维像是突然间开阔起来，就像是害病一样，觉得肚子的东西特别少，而胃口又特别大，就想多读书，什么样的书都想读一读。当时正值"文化大革命"，图书市场封闭，书店里的书不多，也不丰富，有些书即使买回家，还要偷偷地读。为了读到更多的书，唯一能够满足读书需要的只有图书馆了。

那时的首都图书馆仅次于电影院，非常吃香，办借书证都要走"后门"，办一个借书证，不但要有单位证明，图书馆还需要有熟人才能办。幸好我有个同学，他母亲是图书馆的图书管理员，为了能办一张借书证，我学会了巴结同学，星期天，同学都休息，我却要帮着同学干家务，嘴巴也学得特别甜，"阿姨""阿姨"地叫个不停，这样，感动了阿姨，才通过父亲的单位弄到一张证明信，再通过同学的母亲办了一张借书证。

当拿到这张借书证时，就像中了百万彩票一样高兴。星期天，我去图书馆借书，当时的红书《红岩》《林海雪原》等，都是去图书馆借来家看的。父亲当时也爱读书，有时为了一部书，我们爷儿俩都抢着看，可我毕竟年龄小，父亲常以学习为名，剥夺我的读书机会。记得我们父子俩迷上了《林海雪原》，读到精彩处，我和父亲讨论林海雪原的故事，内心便生出一种愉悦感。

这些书当时都属革命书籍，可有些书父亲就要限制我了。如四大名著，父亲觉得像我这样的年纪，四大名著都不应该读，读《三国演义》，跟坏人学，常在河边走，没有不湿鞋；看《西游记》耽误学业；读《水浒传》，讲哥们义气，容易出现问题；更不应该读《红楼梦》这样的书，那时流传一句话，"老不读三国，少不读红楼"。父亲说归说，我一进入四大名著以后，仿佛到了一个世外桃源，那是一个十分精彩的世界，自己栽进去，导致无法自拔。

为了限制我读这些闲书，在家里父亲坚决控制，我只有星期天跑到图书馆，一个人静静地伏在阅览室里读个痛快。对一些精彩情节，如《三国演义》中的"三英战吕布""煮酒论英雄"等章节、《水浒传》里的"醉打蒋门神""斗杀西门庆"等、《红楼梦》里的《葬花词》以及许多诗词等，都成了我抄写的内容，久而久之，抄写的内容攒了几大本，功夫不负有心人，书中那些精彩的情节我至今还倒背如流。以至于图书馆里的人大都认识我，看我读书读得苦，有时候会饿得肚子"咕咕"叫，大概有人听见了，不知是可怜还是同情，也会有人给我点吃的。

大概是我对书的特殊爱好吧，语文我学得格外好，学文言文更胜一筹。有一阵子，学校闹学潮，学习白卷先生张铁生，学校里没人学习了，大家除了搞游行，就是打倒在校的"走资派"，开批斗会，而我对这些不感兴趣，只有躲到图书馆里读自己喜欢的书，我把图书馆当成自己的家。读初中高中那几年，我读了司汤达的《红与黑》，雨果的《悲惨世界》《巴黎圣母院》，玛格丽特·米切尔的《飘》，列夫托尔斯泰的《战争与和平》，肖洛霍夫的《静静的顿河》，高尔基的《童年》《母亲》《我的大学》，还读了苏联作家奥斯特洛夫斯基的《钢铁是怎样炼成的》，马卡连柯的《教育诗》，法捷耶夫的《青年近卫军》等，并做了大量的读书笔记，这也成为我在那个时期唯一骄傲的事情，直到现在，跟人讲起话来，仍旧觉得自己心里有底气，这大概与当年的读书生活不无关系吧。

后来，我借了一本《苦菜花》，刚读到一半，就听父亲说这书成了毒草，让我不要再读了。可我已经到了"箭在弦上，不得不发"的境界，难以割舍，就偷偷地读。这次父亲没有像以前一样给我机会，那次我正读得欢，他愤怒地一把夺过去，扔进了火炉，看到熊熊的火舌吞噬着我心爱的书，我哭了，哭得很伤心。后来，听父亲悄悄对母亲说，那书是毒草，如果让人看见，这事可不得了，虽说烧了怪心疼的，可总比成了反动派好得多吧。为这，父亲赔了单位好多倍的钱。母亲没有吱声，只是深深地叹了一口气。因为我的借书证也在这部书里，没有了借书证，我可能从此就不能再去图书馆借书了。

虽然没有了借书证，但我对书的感情却没有变，由于与图书馆里的人都熟悉了，没事的时候，我就去读书，读完了马上还给人家，这样持续了好长时间。虽然没有借书证，却也没有耽误读书。

转眼到了1977年，"文化大革命"后第一次高考，我以优异成绩考上了大学。那时候，大学里的图书馆成了我的家，几年的大学生活，我多数时间是在课堂上及图书馆里度过的。

大学毕业后，我回到家乡，第一件事就是办一张借书证，利用业余时间去图书馆读书，一来补充自己的知识，二来使自己心情愉悦，还不会浪费时间。肚子里的东西多了，就要向外挤，有种写作的冲动，业余时间写稿子，成了我最大的爱好，至今已经发表文学作品千余篇，并在全国得奖无数，看到自己这些成绩，我觉得是图书馆的功劳，图书馆与我相伴这么些年，我早已把图书馆当成了自己的家。

钟情图书馆

彭 震

大概离首都图书馆比较近的缘故吧,我有个习惯,周末总要去图书馆,找一个安静的角落坐下来,静静地捧起自己喜欢的书,并且沉浸在书本的角色之中而不能自拔。这个习惯我已经坚持了许多年,对我这种习惯,许多人都不理解。曾有人问我,在家读书不是很好吗,有书房,有茶,有人陪伴。面对这种问题,我无法回答,也不想回答。家里再好,没有图书馆那卷帙浩繁的书籍,更为缺乏的是那种安静的场合,最适合读书。

在读书方面,我似乎是有些洁癖的,能够击中我要害的书籍,就是名著,没有之一。除了社会认可的名著,我也曾经试图去欣赏当今名人们的名著,《围城》《红岩》《活着》《平凡的世界》《白鹿原》《骆驼祥子》《茶馆》类著作,是作家们用心写出来的,有的甚至是用血写就的,读来对我帮助颇大;但也有一些现代"名著",特别庸俗,一直把你往"下水沟"里带,读其一而知全貌,读着读着,就会散发出一种异味来,这并非人家写得不好,只是我这人有洁癖,还是不读为妙,也省得把一些病菌传染给了我。

对中国的古典名著,似乎那种洁癖还在进行着,《金瓶梅》也曾经尝试过,却还是感受到了它的污染性,没有继续读下去。再如四大名著,除了《西游记》之外,其他的我已经读了好几遍,多数都是在图书馆里读的。我有种感觉，在图书馆里读过的书，记忆力格外好。而在别的地方读过的书，只能称一时之快。

除了中国的名著，外国名著也读了不少，如《静静的顿河》《红与黑》《复活》《漂》等名著，也只有在图书馆里，才能把书的内容，像小河流水一样，一个字一个字地淌进我的心田。

对于读书，我不但有洁癖，而且还有许多怪癖，比如，我喜欢雨天去图书馆读书，外面或大雨瓢泼，或细雨连绵，对我来讲，这宛如给我伴奏的音乐，我很快就能从书中入境，独守着那份读书的心境。

有人说我修炼得好，人看上去文雅，脾气还特别好，我承认我是一个迂腐之人，没有改革者那种豪气冲天的劲头，唯有读书，才能让我冲动。有一次，我读一部《基督山伯爵》，当读到基督山伯爵报仇逞一时之快时，自己竟然拍案叫绝起来，吓得图书管理员直朝我这边看，那时，才知道自己入戏太深，影响了别人的安静。

我感觉我读书的快感来源于情商低，情商高的人，大概不会把书中人物当现实，他们读起书来狼吞虎咽，就像吃苹果一样，自己把苹果里的虫子吃到了肚子里，还不知道呢。我情商低，心很容易被书点燃。书读到深处，自然会成为局中人而情不自禁，为书中之人之苦而苦，也为书中之人之乐而乐，有时，自己想改掉这个毛病，却始终没能如愿。这大概就是我的迂腐之处吧，像我这样常常被书感动的人，大概也越来越少了。

读书，我喜欢做读书笔记，每次去图书馆，都会带着我那本笔记本。我特别喜欢书中的金句名言，对这些金句名言，还会抄下来，没事的时候翻看这些笔记，常翻常新，弄得满脑子金句名言，害得我跟人聊天的时候，常常嘴里蹦出一个金句，跳出一个名言，人家便急不可待地说我，像一个哲人，却不知我是一个善于剽窃之人；写文章更是如此，不知不觉间，这些金句就像金子一样，布满了我那些碎铅烂铁的文章之中。

读书，我还喜欢品尝一些苦的、辣的东西，《鲁迅全集》大概是我的最爱。有一阵子，我喜欢上了鲁迅，特别是鲁迅的《狂人日记》，读了几篇都读不通，翻出那些赏析的文章，读了又读，终于把酸葡萄吃出了甜味。

　　随着社会的不断进步，手机已经代替了书籍，去图书馆的人越来越少，可我迂腐的本质也终于发挥到了极致，拿手机读书，没有读书的感觉，用了几次，竟然读不进去，仍然坚持去图书馆读书，有时候，偌大的图书馆里只剩下我一个人，我总有种不舒服的感觉，起身想走，管理员却说，你多待会儿吧，好跟我做个伴。我笑了，不知道她说的是真话还是假话，不管怎么说，我还是有些用途的。

谢谢你，首图的好姐姐

田 甜

记得还是小学二年级放暑假的时候，妈妈要查阅戏曲方面的一些资料，先是去了通州区图书馆，在那里耽误了半天时间无功而返。第二天一大早就催着我跟她一起去了首都图书馆。一路骄阳似火，中途还要换乘公交，到了首都图书馆时早已汗流浃背，我的心里也不免产生了一点小怨气：跑这么远就能找到想要的东西吗？首都图书馆有什么了不起，通州图书馆没有它就会有？带着一脸的不高兴我跟在妈妈的身后走进了首都图书馆。

一进门一股清凉的风吹散了我的小怨气，门口负责接待我们的是一位年轻的小伙子，回答我们的问题热情、简单、准确，在他的指引下妈妈很快找到了想找的书籍，时间太久远了，我记不起书的名字了，应该是关于京剧、评剧和河北梆子剧目表演论述方面的书籍。因为找得顺利，妈妈的心情也一下放松了起来，带着我兴冲冲地奔向儿童图书区域。这里的书真多：有中国的，也有外文翻译，甚至有英文原版；有文字书籍（多数里面都有精美的插图），也有各种画本；有课本，更多的是各种课外读物。我的脑瓜当时在想：如果把我关在这里，我得用多少年才能看完呀，那一次震撼了我，也似乎为我开启了一扇窗户，让我知道可以通过看书满足我的好奇心，通过看书可以让我不再迷糊。

可惜首都图书馆离我家太远，妈妈工作又太忙，我的学业也很紧张没有时间常来首都图书馆。通州图书馆也搬迁扩大了，我在初中高中学习过程中需要到图书馆找答案的事情就都在通州图书馆解决了。似乎首都图书馆离我越来越远，其实不然，它为我开启的那扇求知的窗户始终敞开着，虽然没有来首都图书馆，但学校图书馆、通州图书馆我是常客，每一次想到这里我都会在心里默默地感谢首都图书馆让我长的见识。

一转眼我成了一名大学生，专攻民族音乐。武汉音乐学院图书馆几乎是我每天必去的地方，在这里各种音乐理论和音乐知识的书籍就像土壤和清泉在滋养着我，为我的专业学习打下了坚实的基础。老师还教导我们不仅要看音乐方面的书籍，还应该多看一看哲学方面、文学方面、戏剧方面的书籍，全方位地锻造自己的人文素养。记得大二那年暑假我连续来了三次首都图书馆，那一阶段我重点阅读了一些中外文学作品，包括《简·爱》《安娜·卡列尼娜》《红与黑》《呼啸山庄》《复活》《蛙》《平凡的世界》《人生》等，每看完一本书都感觉自己多了一段特殊的经历，似乎又多明白了一些事情，对这个世界对这个社会多了一点点了解，多了一点点思考，也多了一点点宽容，这时我也会在心里默默地感谢：感谢书的作者，感谢首都图书馆。

有些书籍如果在通州图书馆找不到就到首都图书馆来找，时间一长这就成了我的惯性动作。即将升大四那年的暑假前，老师提醒我们最后一年的学业要为写毕业论文做准备，建议大家多多阅读中国民族音乐的理论书籍。我晚了一步，学校图书馆相关的书籍已被同学们在临放假时抢借一空，望着空空的书包，我并没有太多的沮丧，因为我早打定主意，回到北京立刻就去首都图书馆，抓紧暑假好好阅读，做好笔记，为几个月后的论文写作做好充分准备。

第二天我坐上了回京的列车，坐在车里我上网搜索查选书籍，确定好要借的书目。到家后的第二天一大早直奔首都图书馆。来到存放音乐方面书籍的书架前，放缓脚步，一本本认真检索，可这一次让我有点失望，我想要借的三本书只找到了一本《中国民间音乐研究》，另外两本《中国民歌文献考》《中国民间音乐与表演艺术》都没有找到，我怕是自己不小心不细致漏掉了才没有找到，所以来来回回在书架前还有散放的书柜前一次次寻找，正在这个时候，一位身穿工装的年轻姐姐走了过来，年轻姐姐中等身材，皮肤白皙，长着一双会说话的眼睛，虽然不大，但却透着明亮、柔和，年轻姐姐对我说："看你半天了，是不是找不到想要找的书？告诉我想找什么，我来帮助你。"那话虽然没有过多的热情，但眼神却透着真诚，我说出了没有找到的两本书的名字，年轻姐姐立刻去到电脑上检索这两本图书，不一会儿查清了情况：这两本书图书馆里已经没有了，都被读者借走了，也很难判断近期是否会还回来。年轻姐姐让我留了电话，告诉我：书一旦被还回来她会第一时间通知我。虽然书没有借全，但面对年轻姐姐的周到服务还是感觉像夏日里迎面吹来的凉风，令人舒畅。我愉快地抱着那本借好的书，心里想：说不定明天另外两本书就有人还回来了，于是迈着轻快的脚步奔向车站。

　　第二天、第三天、第四天，在我已经把《中国民间音乐研究》看过一遍的时候，我接到了首都图书馆年轻姐姐的电话，她告诉我那两本书回来了一本。放下电话我就立刻赶到首都图书馆，年轻姐姐等在那里看我这么着急的样子，就问了我一句：这么着急找这些书做什么用呢？我把在为写论文做准备告诉了她，她不仅点头表示理解，还很同情地说："暑假说长也不长，一晃就会过去，还真应该快一点帮你找到那本《中国民歌文献考》。"接着又说："这本书我们馆里只有两本，一本刚被借走，肯定近期还不回来，另一本其实已经借出去一段时间了，不知为什么一直没有还回来。这样吧，我想想办法帮你尽快找到这本书。"离开图书馆我的耳边还总是回响着年轻姐姐的话语，心里感叹：真不愧是首都图书馆，有这么优秀的员工！

　　没想到仅过了两天，我就接到了首都图书馆年轻姐姐的电话，通知我那本《中国民歌文献考》已经回来了。拿到那本书的时候我如获至宝，简单翻看了一遍感觉对我的论文编写一定很有用。首都图书馆的年轻姐姐看我的样子也很开心，一脸轻松的微笑。我忽然好奇，问："这书怎么这么快就回来了？"年轻姐姐轻描淡写地说："我们找到了那位读者，他已经用完了，所以就还回来了呗。"其实真实的情况没有那么简单。

直到我即将结束暑假，到首都图书馆还书时才从另一位首都图书馆员工的嘴里知道了那本《中国民歌文献考》是如何找到的。那位读者确实已经用完了这本书，但他因病住进了医院，一直没有还回这本书，年轻姐姐不知打了多少电话才终于找到了那位读者的家人，并亲自上门取回了那本书。年轻姐姐真是把我一个普通读者的事情看得比自己的事情还重要，急人所难尽职尽责服务无边界。

几个月后我的论文顺利完成初稿，几经修改并通过了答辩。在感谢给予我帮助的所有恩师的同时，我在心底一遍遍默念：谢谢你，首都图书馆的好姐姐！